KB234229

숲 유치원

개정판
숲유치원

개정판 1쇄 | 2011년 12월 1일
개정판 3쇄 | 2016년 12월 5일

지은이 | 장희정

책임편집 | 박지웅

주간 | 조인숙
편집부장 | 박지웅
편집 | 무하유
펴낸이 | 홍현숙
펴낸곳 | 도서출판 호미
등록 | 1997년 6월 13일(제1-1454호)
주소 | 서울시 서대문구 성산로 312 북산빌딩 1층
편집 | 02-332-5084
영업 | 02-322-1845
팩스 | 02-322-1846
전자우편 | homipub@hanmail.net

표지, 본문 디자인 | (주)끄레 어소시에이츠
인쇄 | 수이북스
제본 | 은정제책

ISBN 978-89-88526-85-9 13370
값 | 18,000원

ⓒ장희정, 2011

설립에서 프로그램까지

숲 유치원

호미

아이들이 따뜻한 마음을 지니며 건강하게 자라는 배움터

윤여준 | (사)나를 만나는 숲 상임이사, 전 환경부장관

최근에 국내 사회현상을 조사한 보고서 내용이 충격적입니다. 우리나라 사람들이 40분마다 한 명꼴로 자기 목숨을 스스로 끊고 있다고 합니다. 또 청소년 자살률이 지난해보다 47퍼센트나 늘어났다고 합니다. 삶의 의미가 무엇인지 미처 깊이 고민해 보지도 못했을 초등학생마저 제 목숨을 스스로 끊기도 합니다. 청소년 자살 원인은 가정불화가 가장 큰 원인입니다. 그 뒤를 이어 우울증, 성적에 대한 부담과 비관 등이 주요 원인으로 꼽힙니다. 또 여성가족부에 따르면 가출 청소년 수효가 무려 19만 명이나 됩니다.

그런가 하면, 다른 한편으로는 아토피 피부염을 앓는 어린이가 해마다 늘어나 전체 아동의 약 25퍼센트나 되고, 그 때문에 환경이 깨끗한 시골학교가 아토피 치료 학교로 각광을 받고 있습니다. 알다시피, 자연환경과 갈수록 멀어지고 있는 우리 삶의 방식 때문에 확산되고 있는 아토피 피부염은 성인이라고 예외가 아니어서 더러 증상이 심한 사람은 사회생활을 하기가 어려울 정도입니다.

청소년 자살과 어린이 아토피 피부염은 증상은 다르지만 그 근본 원인은 결국 모두가 우리 어른들한테서 비롯된 것입니다. 가정불화, 우울증, 성적 비관, 가출, 환경오염 등은 모두 우리 어른들이 빚어낸 문제입니다. 어른들이 함께 풀어나가야 할 문제입니다.

이 책을 쓴 장희정 박사는 그 해답을 숲유치원에서 찾아냈습니다. 아이,

어른 모두가 자연에서 그 절대 지혜를 배워야 하며 그럴 수 있다는 것입니다. 그렇기에 이제 새로운 교육철학이 필요하다고 역설하고 있습니다.

새로운 교육철학이 필요하다는 사회 담론은 우리 어른들의 성찰에서부터 시작되어야 합니다. 숲유치원은 이 시대에 꼭 필요한 대안교육 과정입니다. 그렇지만, 부모님들이 그 의미를 깨닫지 못한다면, 또는 여전히 지식 공부가 행복하게 사는 유일한 방법이라고 믿고서 아이들에게 억지 공부를 강요한다면, 아무리 숲유치원과 같은, 사회의 병폐를 치료할 수 있는 명약이 있다 해도 별무소용이 되고 말 터입니다. 그런 점에서, 어쩌면 아이들에 앞서서 부모님부터 숲유치원을 다녀야 할는지도 모르겠습니다.

아이들이 자유롭게 말하고 그 말에 귀 기울일 수 있는 소통의 장이 마련되어야 합니다. 컴퓨터가 친구를 대신하는 비인간적인 환경에서 벗어나, 푸근한 정을 느끼며 마음을 나눌 수 있는 벗을 만나도록 해 주어야 합니다. 인성은 우리 삶의 가장 중요한 뼈대를 이루는 철학입니다.

그 어느 때에 그렇지 않았겠습니까만, 특히 21세기는 인성과 함께 창의성이 무엇보다 절실한 시대입니다. 개개인의 행복한 삶을 위해서도, 사회 각 분야의 참다운 발전을 위해서도, 창의성은 필수불가결한 자질입니다. 창의성은 어려서부터 자발적이고 주체적으로 문제를 푸는 가운데 키워집니다.

숲유치원은 아이들이 스스로 배우고 문제를 풀어나가는 가운데 자연스럽게 인성과 창의성을 키워 나가는 큰 배움터입니다. 자연에서 뛰어놀며 강하게 커 가는 우리 아이들을 상상해 보면 행복과 희망 가득한 미래 사회가 보입니다.

이 책 「숲유치원」이 우리를 그 길로 안내할 것입니다. 여러 독자의 호응으로 이 책이 생명력을 발휘하기를 기대합니다. 끝으로, '사단법인 나를 만나는 숲'은 이 시대의 문명사적 문제를 성찰하고 점검하는 노력을 게을리하지 않을 것을 다짐합니다.

숲유치원에 대한 고민이 깊어질 무렵, 어른들을 모시고 숲유치원에 대해 설명할 기회가 있었다. 외국의 숲유치원 현장 사진을 제시하면서 우리나라에서도 하루빨리 확산해 나가야 한다고 말하자, 청중 가운데 한 분이 대수롭지 않다는 듯이 말했다. "난 또 뭐 별거라고! 우리 어릴 때 놀던 거 하자는 거네!"

그렇다. '숲유치원'이라는 이름은 낯설지만, 그 내용은 새로울 것이 없으니 그분의 말마따나 사실 '별거' 아니다. '우리가 어릴 때 놀던' 대로, 우리 아이들도 자연에서 큰 배움을 얻으며 놀게 해 주자는 것이다.

요즘 아이들은 풀 한 포기, 흙 한 줌, 나무 한 그루 제대로 만나지 못하는 것 같다. 자연에서 노는 것이 어렵다고 느껴질 정도로 자연과 동떨어져서 살고 있다. 많은 아이가 폐쇄된 건물 안에서, 한정된 공간에 모여 놀고 있다. 모처럼 부모와 함께 여행을 떠나 숲과 바다와 강에 가더라도 그저 휴양지나 관광지로 인식할 뿐, 자연의 참모습은 만나지 못하는 것 같다. '대자연이 어머니 품속 같다'고 하는 이유는, 그 안에서 보호받으며 세상을 알아가기 때문이다. 지금 아이들은 자연으로부터, 아니 어머니로부터 격리된 채 자라고 있는 셈이다. 어느 시대든 아이들은 어머니 품속인 자연에서 '자연스럽게' 살아가기를 본능으로 원하며, 실제로 그렇게 살아갈 수 있고, 또 그렇게 살아가야 한다.

숲유치원은, 한마디로, 아이들을 '자연'에게, 곧 '어머니'에게 맡겨 잘 자라게 하자는 교육 방식이다. 자연은 누구나 쉽게 다가갈 수 있는 큰 배움터이다. 생명의 소중함을 깨닫게 하고, 이웃과 하나 되는 공동체성을 지니게 하며, 세상의 아름다움을 볼 줄 아는 아이로 자라게 하는 교육의 장이다.

아이들이 자연과 멀어진 가장 큰 원인은 이 시대 어른들의 몸과 마음이 자연을 떠난 데에 있다. 그래서 숲유치원은 우리 어른들의 잘못된 관념과 삶의 방식에 대한 성찰 기회를 제공하는 '어른을 위한 유치원'이기도 하다.

최근 들어 우리나라에서도 숲유치원에 대한 인식이 널리 퍼져 가고 있다.

우리나라는 숲뿐만 아니라 강, 호수, 바다, 계곡, 들녘 등 온갖 자연이 펼쳐져 있어서, 어디든 자연유치원이 가능하다. 숲이 있는 곳은 숲유치원이 되고, 바다가 있는 곳은 바다유치원이 되며, 들녘과 강이 펼쳐진 곳은 들녘유치원과 강유치원이 된다. 자연유치원의 선구자가 된 북유럽이 가장 쉽게 접근할 수 있는 자연환경이 숲이다 보니 '숲유치원'이 자연유치원의 대명사로 자리 잡았을 뿐이다.

몇 해 전, 우리나라 첫 숲유치원 연구 프로젝트(산림청)를 수행한 뒤로 숲유치원에 대한 강연과 국내 포럼, 한국연구재단의 연구 과제, 국제 세미나, KBS 환경스페셜 유럽 숲유치원 방영, 일본 전국 숲유치원 포럼 참가 등으로 바쁜 나날을 보냈다. 인천 청량산을 비롯하여 북부지방산림청 관내 스무여 곳 숲유치원과 서울시 송파구 및 대기업 등이 숲유치원을 시작하는데, 작은 힘이나마 보탤 수 있었다. 숲유치원 홍보와 숲유치원 협회 설립을 위해 애쓴 지난날들을 돌아보니, 그 시간 동안 혼자 달려온 것이 아니었음을 분명히 깨닫게 된다. 아이들의 지혜를 통해 이 세상에 '성찰하는 문화'를 이끌어 내려고 애쓰신 여러 분들이 계셨기에, 우리나라 숲유치원은 힘찬 출발을 할 수 있었다. 수경 스님을 비롯해, '사단법인 나를 만나는 숲' 대표이신

박경조 대주교님과 신경림 선생님, 김지하 선생님 같은 여러 이사들께서 숲유치원을 구현하는 데 매진할 수 있도록 힘을 모아 주셨다. 특히, 상임이사이신 윤여준 전前 환경부장관께서는 숲유치원 일을 의논드릴 때마다 '어떻게 해야 하는지'보다는 '왜 해야 하는지'를 깨우쳐 주셨다.

국내 숲유치원 발전을 위해 기꺼이 자료를 보내준 독일, 스위스, 일본 숲유치원 전문가와 교사, 학부모들에게도 고마운 마음이 크다. 아울러 그들과 소통할 수 있는 능력과 자질을 키워 주신 부모님께 감사드린다. 아흔을 바라보시는 아버지께서 내 환갑잔치에 함께하시겠다니, 무척이나 큰 행복이다! 이 책이 그 약속을 지키시는 데 작은 힘이 되길 바란다. 내 인생의 든든한 버팀목이자 영혼의 동반자인 남편 한광용과 그런 아들을 내게 보내주신 시부모님께도 고개 숙여 감사드린다. 내가 어머니 역할로써 만나는 사랑하는 승관, 승빈과 자주 함께하지 못해 미안한 형제자매들, 그리고 이웃 역할로써 만난 모든 분들과 이 책이 세상의 영롱한 빛을 볼 수 있도록 애써 준 '도서출판 호미'와 박지웅 시인 그리고 장여숙 교무님께 두 손 모아 고마운 마음을 전한다.

끝으로 하늘에 계신 어머니께 이 책을 읽어 드리고 싶다.

2010년 9월

지리산 자락에서 장희정

차례

숲유치원

더 이상 병원은 도움이 되지 않았다. 용하다는 병원을 찾아 백방을 떠돌고 백약을 구했으나 아무 소용이 없었다. 온몸에 퍼진 아토피 피부염으로 팔과 다리가 펴지지 않았다. 아이는 걸을 수도 없었고, 몸 전체가 가려워 잠을 잘 수도 없었다. 학교에 다니는 것은 말할 것도 없고 일상생활 자체가 불가능했다. 긁지 못하게 아이 오른손은 남편 왼손에, 왼손은 내 오른손에 묶고서 잠자리에 들어도, 아침마다 피묻은 아이 이부자리를 빨아야 했다. 몸은 야윌 대로 야위고, 자신감을 잃어 갔을뿐더러 정신의 피폐함은 날마다 심해졌다. 그렇게 좋아하던 제주도 할머니가 오셨을 때에도, 아이는 제 방문을 잠그고 끝내 나오지 못했다.

큰아이의 대안 중학교 입학과 아토피 피부염으로 고생하는 작은 아이를 위해서, 서울이라는 대도시에서 살던 우리 식구는 지리산 자락으로 삶터를 옮겼다. 아이가 아토피 피부염으로 고생하는 것을 알고 동네 어르신들은 불편한 몸을 이끌고 우리 집 문 앞에 유기농 채소를 두고 가시곤 했다. 성탄절 선물처럼 문 앞에 놓여 있던 채소와 과일들, 그리고 지리산 자락의 맑은 공기와 물, 땀과 흙으로 범벅되곤 하던 학교생활! 그런 이웃의 정성과 맑은 자연의 기운, 온 가족을 행복하게 해 준 교육 환경 덕분에 아이를 괴롭히던 아토피 피부염은 물러나기 시작했다.

지리산 골짜기로 내려온 뒤 두 아이는 뭇 생명이 살아 숨 쉬는 자연을 온몸으로 받아들이며 자랐다. 흙장난하고 물놀이하고 풀밭에서 뒹굴고 나무에 오르며, 흙과 물과 바람을 사귀었다. 마치 떼어 놓은 조각을 제자리에 붙인 듯, 아이들은 자연에 꼭 맞았다. 육체적 에너지가 풍부한 시기에 온몸을 움직이며 자연의 흐름을 만끽하는 방법을 스스로 익혀 갔다. 교사와 학부모, 학생들이 함께하는 지리산 종주가 이어지고, 인간관계와 공동체성을 중요하게 여기는 대안학교의 생활은, 두 아이가 건강한 삶을 살 수 있도록 이끌었을 뿐만 아니라 무한한 자신감과 자립심을 길러 주었다. 보고, 듣고, 만지고, 냄새 맡고, 맛보는, 원초적 감각기능을 체계적으로 활용하여 자연 순환의 원리를 배우는 독일의 숲유치원과 이름만 다를 뿐, 온몸과 마음으로 자연을 받아들이는 두 아이의 생활은 내용에서는 다를 바가 하나도 없었다.

독일 유학 시절 두 아이가 다니던 유치원은 숲가에 있었다. 아이를 배고 있을 때 의사의 권유에 따라 날마다 뱃속에 함께 데리고 산책하던 숲이었다. 그 몇 해 동안, '숲유치원'이라는 이름으로 유치원에서부터 훌륭한 정예부대가 자라나는 것을 보았다. 비가 오면 비가 오는 대로, 눈이 오면 눈이 오는 대로, 자연에서 눈보라와 비바람을 이겨내는 지혜를 터득하며 강인하게 자라는 아이들! 이십 년, 삼십 년 뒤면 온실 속 화초처럼 자라는 우리나라 아이들이 그들과 국제 사회에서 경쟁해야 한다.

숲유치원 교육은 시간별로 정해진 교육과정이 없다. 다 함께 숲에 가서, 하루를 시작하는 모임을 열고, 간식을 먹고, 그리고 집으로 돌아가는 마무리 모임 시간을 가지는 것이 기본 과정이다. 이것은 곧 교사가 주도하여 수행하는 주입식 교육과정이 없다는 뜻이다. 아이는 자기 생각을 공간과 시간의 제약 없이 행동으로 표현한다. 행동 표현은 철저히 주체적이고 자발적이며, 그 결과를 온전히 자기가 책임지는, 자연법칙에 입각한 생활 방식이다. 숲속에서는 도와주는 사람이 아무도 없다. 오늘 무엇을 할 것인지, 무엇을 먹고, 어떻게 정리하고, 언제 쉴 것인지 모든 것을 아이들 스스로 결정하고 행동에 옮기면 된다. 교사는 아이를 살피고, 함께 놀아 주며, 보호해 주는 역할을 할 뿐이다.

최근 유럽에서는 숲유치원 교육과정이 해당 연령 아이들만을 위한 것이 아니라, 초등학교 저학년을 위한 숲학교까지 정식 교육과정으로 인정받고 있다. 교육과정을 수정하고 보완하는 데 어떤 법률 개정보다 엄격한 과정을 거치는 독일이 숲유치원을 정규 교육과정으로 채택한 이유를 세심하게 살펴보고, 우리의 교육 현실을 짚어 보아야 한다.

숲유치원 자연 활동의 내용은 우리가 어릴 때 친구들과 어울려 들판과 개울가, 뒷동산에서 뛰어놀던 바로 그 모습이다. 옛 생활 문화가 새로운 이름으로 우리 곁으로 다시 돌아온 셈이다. 그런데 이 책에서 굳이 외국 사례를 연구한 이유는, 유럽과 일본 숲유치원이 현실 환경에 맞게 체계화시킨 구체적인 방법들을 꼼꼼하게 살피며 받아들이자는(비판적 수용) 뜻이다. 한편, 대안교육을 전공하고 독일 유학 시절에 아이들을 낳고 키운 경험, 귀국한 뒤 보고 들은 유아교육의 현황, 지리산으로 삶의 터전을 옮겨 자연과 더불어 살아가면서 직접 경험한, 대안교육 1세대인 두 아이의 성장 과정 등이 이 책을 쓰는 데에 크나큰 도움이 되었다.

이 책은 크게 4장으로 꾸려져 있다. 1장에서는 숲유치원의 역사와 의미, 숲유치원 연구 결과, 그리고 전문가와 교사와 학부모의 생생한 목소리를 담았다. 2장에서는 숲유치원 설립에 대한 정보를 다루었고, 3장에서는 독일, 스위스, 일본 그리고 우리나라 숲유치원 사례를 보여준다. 그리고 마지막 4장에서는 다양한 숲 활동 프로그램을 상세하게 제시한다. 그러나 숲유치원에는 정해진 교육 방식이 따로 없다. 다만 이 책이 우리나라에서 숲유치원이 활성화되는 데에 첫 디딤돌이 되기를 바랄 따름이다.

숲유치원의 이해

숲유치원은 공간 제한도.

상상력의 한계도 없는 숲을 교육 공간으로 활용한다.

아이들은 사계절을 날마다 자연에서 활동하며

다양한 체험과 주체적인 경험을 하며

대자연의 숨결을 몸과 마음에 새긴다

숲유치원의 역사와 배경

숲유치원은 스무 명가량의 통합 연령 아이들이 숲을 교육 공간으로 활용하는 교육 시스템으로, 계절이나 날씨에 상관없이 날마다 숲에서 자유롭게 활동하며 자연의 다양한 구조와 색깔, 형태, 냄새, 변화를 온몸으로 익히는 대안교육이다.

스웨덴의 자연교육학이 그 발원지라 할 수 있는데, 그것은 스웨덴의 한 민간 협회가 모든 연령층이 사시사철 숲에서 활동할 수 있는 자연 교육 프로그램을 제공한 것이 민중운동으로 확산되었고, 그 뒤 덴마크에까지 영향이 미쳤기 때문이다(잉그리트 미클리츠Ingrid Miklitz, 2005).

그 가운데 하나가 1950년대에 덴마크의 졸레로드에 사는 엘라 홀라타우 부인이 자기 아이와 이웃 아이들을 데리고 날마다 숲을 찾아 활동한 것이 계기가 되어 세워진 숲유치원이다. 덴마크에서는 지역의 공립학교가 마음에 들지 않으면 학부모가 주도해서 학교를 세우는 제도가 보편화되어 있었기 때문에 유아 대안교육으로 숲유치원이라는 교육기관이 설립될 수 있었다. 바로 이것이 숲유치원이 부모주도형 대안교육으로 자리 잡는 계기가 되었다.

21세기초 숲유치원은 덴마크와 인접한 독일의 훌렌스부르그에서 주 정부가 인정하는 정식 유아 교육기관으로 출발한다. 그 뒤 숲유치원은 이론적으로 체계화되었을 뿐만 아니라 설립 조건 등 운영을 위한 법령까지 만들어졌다.

독일 숲유치원 설립 조건에는 덴마크와는 달리 악천후에 아이들이 몸을 피할 수 있는 대피소를 두는 것을 법으로 정해 놓았다. 그 뒤 숲유치원은 독일에서 가까운 스위스와 오스트리아로 빠르게 퍼져 나갔다.

스위스에서는 1998년에 처음으로 취리히 주의 부루텐과 상갈렌에 전형적인 숲유치원이 설립되었다. 상갈렌 숲유치원에서는 초등학교 1, 2학년 과정, 방과 후 숲유치원, 숲놀이 그룹, 숲유치원 교사를 위한 다양한 프로그램을 제공하고 있다. 2003년에는 바덴 숲유치원에서도 상갈렌 숲유치원을 모델로 하는 초등학교 1, 2학년 과정의 두 번째 사립 숲학교가 문을 열었다. 스위스와 오스트리아에서는 다양한 여령층을 위한 자연 체험형 숲학교기 숲유치원보다 더 활발하게 운영되고 있다. 그 뒤 숲유치원은 영국, 스코틀랜드, 벨기에, 핀란드 같은 여러 유럽 국가에서 잇따라 설립되었고, 이어서 미국, 캐나다, 일본, 한국 등으로 확산되고 있다.

일본에서는 1986년 나가노 숲에 설립된 '어린이의 숲유치원'이 1995년 일본 정부로부터 인정받으면서 숲유치원 교육이 활기를 띠기 시작했다. 설립자인 우치다 고이치 선생은 자연교육, 생태교육, 자주보육을 하는 활동가들과 함께 숲유치원 전국 네트워크를 설립해서 해마다 한 차례씩 전국 숲유치원 포럼을 개최하고 있다. 이 포럼에는 오래 전부터 자연에서 아이들을 키우는 자주보육을 펼쳐 온 사람들과 야외보육, 자연체험교육, 자유학교와 같은 활동을 하는 사람들이 일본 전국에서 참가한다. 최근에는 공동으로 아이를 돌보는 자주보육이 숲유치원으로 명칭을 바꾸는 추세라고 한다.

우리나라에서는 2008년부터 북부지방 산림청에서 일반 유치원과 어린이집을 대상으로 숲해설가들이 이끄는 '숲유치원 프로그램'을 제공하면서 숲유치원에 대한 관심이 커지기 시작했다. 북부지방 산림청은 국내에 숲유치원을 홍보하고, 확산시키는 데 가장 큰 역할을 한 공공기관이다. 그 뒤 2010년에는 서울시 송파구청에서도 구립어린이집에서 영아와 유아를 대상으로 하는 숲유치원 시범운영을 시작했다. 이처럼 공공기관이 주도하여 숲유치원 활동 장소와 프로그램을 제공하는 경우는 세계에서 우리나라가 처음이다. 숲유치원은 그 밖에도 연구소와 민간단체에서 여러 유형으로 운영되고 있다.

숲과 자연에서 찾은 새로운 대안 유아교육으로서 세계적인 공감대를 형성하고 있는 '숲유치원'이라는 명칭은 특정한 유형을 가리키는 말이 아니다. 따라서 유럽의 경우와 마찬가지로 국내에서도 '숲유치원'이라고 하는 명칭은 유치원이나 어린이집의 숲체험 활동이나 숲놀이 방과 후 활동 등을 포괄하는 상위 개념의 보통명사로 사용될 수 있다.

숲유치원의 의미

자연 숲은 뭇 생명의 집합체이며, 모든 환경 구성 요소 간의 관계성을 담보하는 철학 근간의 통섭統攝(Consilience)으로서, 인류가 완성할 수 없는 온전한 텍스트다. 숲유치원 교육과정이 높이 평가되는 가장 큰 이유는 바로 이러한 숲을 교과서로 채택하기 때문이다.

숲은 비단 아이들만의 교과서는 아니다. 대상과 나이에 따라 각기 다른 내용을 제공해 주기 때문에, 주체적인 인지력을 바탕으로 하는 사실 인식 과정과 자발적으로 생각하고 스스로 결정하는 자기실현 과정은 모두에게 필요한 교육과정이라 하겠다. 닫힌 공간에서의 주입식 교육 방식은 우리의 사실 인식 능력과 자발적 사고 능력을 현저히 떨어뜨린다. 숲에서의 자연 체험 교육이 단순한 체험이 아니라 진정한 진리를 추구하는 교육임을 확신하기까지 수십 년이 걸렸다. 관계성의 집합체인 숲을 교과서로 접해 본 적이 일찍이 없었기에, 아이들이 경험하며 변화하는 모습을 보고서야 비로소 확신하게 된 것이다.

요즘 시대의 화두인 사실, 진리, 합의, 소통, 배려, 존중, 사랑, 생명, 평화 등과 숲 생태계를 이루는 나무, 물, 흙, 동식물 등의 자연환경 요소 간의 관계성을 인식하고, 그리고 그들을 통합적으로 인식하기까지 참으로 오랜 시간이 걸렸다. 깨끗하고 좋은 시설을 갖춘 건물이 곧 좋은 교육 환경이라고 여긴 지 채 반세기도 지나기 전에 우리는 자연에서 뛰어놀면서 배우던 옛 교육 방식으로 돌아가고 있다.

숲에서 하루를 시작하고 마무리하는 숲유치원 아이들은 주위 모든 대상에 대해 끝없는 관심을 보인다. 살아 있는 자연의 움직임을 살피면서 계절에 따른 자연 변화와 뭇 생명의 생존 방식을 체험하게 된다.

아이들은 풀잎과 거미줄에 맺힌 이슬방울에 빠져들고, 진흙놀이를 알고부터는 비를 기다리며, 날씨에 따라 달라지는 동식물의 움직임을 배운다. 이렇게 끊임없이 변하는 자연 요소들은 아이들에게 호기심과 탐구심을 불러일으키며 인지력을 강화시킨다. 이 모든 것은 아이들이 자연 섭리와 질서에 다가가는 과정이다.

도시 생활을 하던 아이들은 처음 숲유치원에 들어올 때는 소박한 숲 생활이 낯설고 불편할 수 있다. 그러나 아이들은 언제 그랬냐는 듯이 금세 자연에 동화되며 자기 세계를 발견해 간다. 이때 교사는 아이들이 스스로 놀이를 만들고 노는 방법을 찾을 때까지 참을성 있게 기다려 주어야 한다. 아이들은 스스로 놀이를 찾아 나가는 과정에서 창의성과 긍정적인 사고, 자아의식을 형성해 가기 때문이다.

숲에 가서 활동한다는 것은 단순히 교육 장소가 바뀌는 것이 아니라, 아이와 교사와 부모의 생활 습관이 근본적으로 변하는 실마리가 된다. 부모는 아이의 숲 활동을 돕기 위해 날씨 변화에 주의를 기울이게 되고, 흙이 더러운 것이 아님을 인식하게 된다.

비가 오거나 눈이 올 때를 대비해서 컨테이너나 숲 소파를 대피소로 마련해 둔다. 컨테이너 내부는 보기 좋게 꾸미는 것보다는 짜임새 있게 꾸며 생활공간으로도 쓸 수 있게 하는 것이 중요하다. 숲 소파는 나무를 단단하게 엮어서 만든 다음 천막을 씌워 사용하기도 한다. 아이들은 이런 간단하고 소박한 생활공간이 숲에서 얼마나 유용한지 체험을 통해 알게 된다.

부모가 아이들을 위해 컨테이너 대피소를 손수 꾸미고 수리하고 청소하는 모습은 그 자체만으로도 아이들에게는 좋은 가르침이 된다.

숲유치원에는 일반 유치원에서 말하는 '단위면적에 알맞은 원생 수효'라는 면적 개념이 중요하지 않다. 따라서 대피소로 쓰이는 컨테이너의 면적은 큰 의미가 없다. 그보다는 숲이라는 공간을 중요하게 여기고, 아이들이 충분하게 움직일 수 있는 공간을 제공하는 자연 친화 교육이 더 중요하다.

숲이 교과서가 되고, 놀이 그 자체가 배움이고, 삶이며, 교육인 숲유치원의 기본 교육철학은 '교사 없는 교육, 프로그램 없는 교육'이다.

여기에서 말하는 '교사 없는 교육'이란 아이들이 스스로 행동하도록 하고 동기를 부여하는 것을 뜻하며, '프로그램 없는 교육'이라 아이들이 자연환경 요소의 변화와 생태 순환의 고리를 스스로 깨닫게 하는 것을 뜻한다. 좀 더 덧붙이자면, '프로그램 없는 교육'은 교사나 교육 도구를 통한 인위적인 개입보다는 아이들이 스스로의 힘으로 자연에서 배움을 얻는 부분이 더 크다. 왜냐하면 간결하고 단순한 교육과정은 자유롭고 다양한 체험을 가능하게 하며, 그를 통해 외부의 자극을 극대화하는 한편 내면의 성숙을 가져오기 때문이다.

이 같은 '끊임없는 외부의 자극과 내면의 성숙'은 자연교육과 생태교육을 중시하는 대안교육의 설립 목표 가운데 하나이기도 하다.

숲유치원이 대안교육인 이유는 특정한 가치 기준에 따라 획일적으로 아이들을 가르치는 교육이 아니라는 점과 교사, 학부모, 학생이 각각 주체가 되어 기존 교육의 내용과 방법 그리고 형식을 달리하는 데 있다. 그리고 교사와 학생 비율이 많게는 1:5 정도로 일반 교육기관에 견주어 현저하게 낮은 소규모 학습 집단을 이루고 있으며, 아이들을 독립된 인격체로 존중해주며 개성을 살려주고 주체적으로 자랄 수 있도록 하는 대안교육의 기본 교육철학을 바탕으로 하기 때문이다. 이처럼 숲유치원은 교육 효과 이외에 교육 방법과 목표, 교사 역할, 교육 주체의 참여도 등에서 대안교육의 평가 기준을 만족시키고 있다.

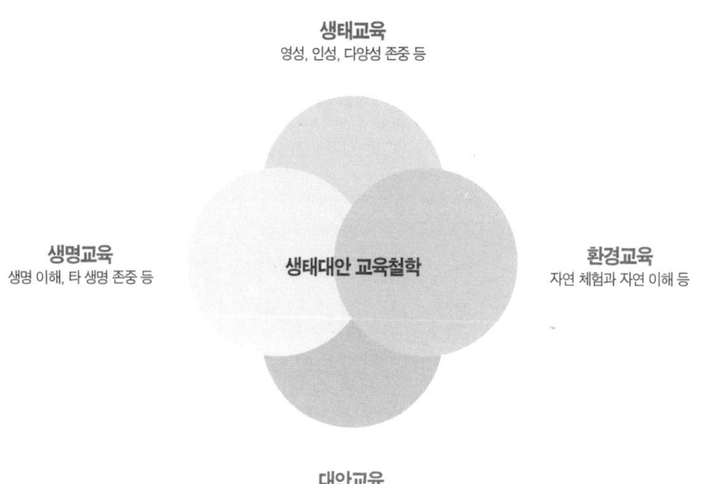

숲유치원은 생태교육, 환경교육, 생명교육, 대안교육을 근간으로 하는 생태대안 교육철학이 바탕을 이루고 있다.

아이들은 숲유치원 교육과정을 통해 자신을 에워싼 환경을 이해하며 그 환경과 하나가 되어 나름의 세계를 넓혀 간다. 기존의 환경교육, 생태교육의 여러 가지 관찰 프로그램에서는 '나'는 관찰자로서 그리고 '나를 에워싸고 있는 환경'은 관찰 대상으로, '나'와 '환경'을 분리하여 이해하게 한다. 그러나 '환경과 하나가 되는 나름의 세계'라는 것은 숲에서의 놀이를 통해 통합적인 이해와 학습이 가능함을 뜻한다. 아이들의 놀이는 삶의 문화, 곧, 생활방식으로 이어지기 때문에 그 중요성이 강조되는 것이다. 숲이라는 대자연에서 자라는 아이들과 폐쇄적인 건물 안에서 자라는 아이들, 그 환경의 차이를 비교해 보자.

숲 생활과 집 생활의 차이

구분		일반적인 숲 생활	현실적인 집 생활
체험 범위	들을 수 있는 소리	빗방울이 흙바닥에, 돌에, 나뭇잎에 떨어지는 서로 다른 소리와 숲의 고요함 등	가족들의 목소리, 라디오 텔레비전과 같은 도시의 여러 가지 복합적인 소리
	볼 수 있는 것들	숲/나무 모양, 바람에 나뭇잎 흔들리는 모양, 곤충들이 움직이는 모습 등	마을/집 모양, 박물관/공연 작품, 글자 모양, TV 어린이 동화 극장, 자동차들이 움직이는 모습 등
	냄새	숲 냄새, 비 온 뒤 흙 냄새 등	자동차 매연과 같은 거리의 냄새, 음식 냄새 등
	신체 활동	숲속 걷기, 나무에 오르기, 흙에서 뒹굴기 등	놀이터에서 놀기, 운동장에서 축구 경기 등
	촉감	나무껍질, 흐르는 물, 흙 반죽	공장에서 만든 플라스틱 물건들
놀잇감		숲에 존재하는 모든 자연물	기능이 제한된 장난감, 컴퓨터 등
놀이 규칙		주체적 결정에 따른 자기 책임이 크다.	규정된 제한 속의 공동규칙을 준수하는 게 많다.
문제 해결 방법		자발적 판단	보호자(교사)의 판단에 의지

도시화로 말미암아 놀이 공간이 좁아지고 놀이 대상이 인위적인 것으로 바뀜으로써, 아이들의 심신에 부정적인 영향을 미친다는 사실이 문제가 되고 있다. 숲유치원은 이에 대한 해결 방안을 숲과 자연에서 찾아낸 대안교육이다. '모든' 교육과정의 구성 요소를 포함하는 숲이 공식적인 교육 공간으로서 인정받은 것이다. 숲에서는 무엇을 가르쳐야 한다거나 아이들이 무엇을 배워야 한다는 교육 압력이 없다. 좋은 교육 도구나 교사 혹은 특별한 교수법이 좋은 교육의 바탕이라는 등식도 성립되지 않는다. 그 대신 공동체적인 유대 관계와 자연과의 공존, 그리고 생명과 생태를 중시하는 교육 이념으로써 행해지기에 시대적 요구와도 그 맥을 같이한다. 이러한 숲유치원은 성인들에게도 자연이 교과서가 되는 숲 교육의 필요성에 대한 인식이 확산되는 계기가 되고 있다.

숲유치원의 효과

자연에서 놀면서 자라고 배우는 숲유치원 아이들은 흙먼지를 뒤집어쓰기도 하고 갑자기 쏟아지는 굵은 빗줄기를 맞기도 한다. 떨어진 낙엽을 주워 나무에 다시 붙이기도 하고 새록새록 돋아나는 새싹을 쓰다듬기도 한다. 자연 변화를 오감으로 느끼며 삶의 지혜를 스스로 익히는 것은 곧 실제 사실을 보고, 느끼고, 관찰하며 자연과의 교류를 통해 다양한 삶의 형태를 이해하고 자기주장과 감정을 조절하는 능력 등을 키워 가는 것이다.

1. 몸과 함께 마음과 생각이 유연해진다

아이들은 돌부리와 나무뿌리 등이 어우러진 울퉁불퉁한 숲길이나 비탈길을 거침없이 뛰어다니고, 쓰러져 있는 나무에 기어오르고, 숲에 놓인 통나무 위를 몸의 균형을 잡으며 걷는다. 크고 작은 나무 위를 날렵한 몸놀림으로 오르내리며 "나무에 매달려 노는 원숭이가 바로 이런 기분이겠지?"라고 외치며 행복해한다.

몸을 움직인다는 것은 단순히 육체적인 활동으로 그치는 것이 아니다. 몸과 함께 마음과 생각이 움직이는 것이다. 놀이의 종류와 난이도에 따라 온몸의 근육을 다양하게 사용하는 숲유치원 아이들은 반사신경이 발달하는 동시에 여러 상황에 맞는 적절한 행동을 통해 판단 능력이 향상된다. 또한 지속적으로 유연하게 움직이며 자신의 한계에 도전하는 과정에서 긍정적인 사고와 의지력이 키워진다.

그 밖에도 숲에서의 활발한 움직임은 대근육과 미세근육 사용, 균형 감각 등을 유도함으로서 두뇌 발달에도 깊은 영향을 준다. 두뇌와 학습에 대한 전문 의사인 만프레드 스피처 박사는 움직임이 부족하면 뇌세포 사이의 연결이 잘 이루어지지 않는다고 한다. 의학적으로는 뇌세포 사이의 연결이 촘촘하고 정교할수록 두뇌 발달이 활발하게 이루어진다고 말한다. 그런데도 현대 사회는 아이들이 움직임에 대한 욕구를 풀 수 있는 공간적, 시간적 여유를 제공해 주지 못하고 있다. 따라서 감각의 통합 기능을 하는 움직임이 현저하게 부족한 현대의 도시 아이들은 상대적으로 식욕 저하와 불면증, 과체중 등으로 체력이 약해지고 저항력도 약해질 수밖에 없다.

건강과 관련해 알렉산더 켈러 박사는 알레르기를 유발할 수 있는 물질과의 접촉 없이 깨끗한 환경에서 생활하는 아이일수록 알레르기 또는 감기와 같은 질병에 걸릴 확률이 높다고 한다. 숲에서 활동하는 아이는 실내에서 많은 시간을 보내는 아이보다 근육이 잘 발달되어 있고, 체력도 훨씬 좋을 뿐만 아니라, 밀접한 거리에서 서로 접촉을 하지 않기 때문에 병균에 전염될 확률이 낮다고 한다.(2009년 환경스페셜 ‘학교가 숲으로 들어왔다’)

사람들은 아이들이 숲에서 다치지 않을까 걱정한다. 한 연구 조사에 따르면 아이들이 많이 다치는 것은 움직임이 부족한 탓이지 숲이라는 환경 때문은 아니라고 한다. 숲에서 다양한 움직임을 경험할수록 아이들은 위험에 노출된 자신을 방어하는 능력을 키우므로 좁은 실내에서보다 다치는 경우가 적다. 다음은 안전사고와 관련해 독일 숲유치원들에서 제시한 글이다.

독일의 한 보험협회는 최고의 안전기준을 통과한 유치원에서 안전사고가 증가하는 이유를 밝히기 위해 ‘유치원에서 자주 일어나는 안전사고’에 대해 연구한 적이 있다.

연구 결과를 토대로 보험협회는 유치원에서 체육 수업 외에도 신체 활동으로 이루어지는 놀이를 더 많이 추가할 것을 제안했다. 보험심리학자가 밝힌 바로는 유치원이 내포하고 있는 위험 요인은 유치원의 안전성을 지나치게 믿는 데서 비롯된다는 것이다. 그러면서 그는 이렇게 말한다. "작은 위험 요소를 모두 없앴다고 해서 위험성이 사라지는 것은 아니다. 미리 시도해 볼 수 있는 것은 아무것도 없기 때문이다. 추락을 연습할 수는 없는 일이다."(독일 엠멘딩엔 숲유치원 홈페이지 참조)

아이들에게는 본디 강한 활동 욕구가 있다. 그 욕구를 충분히 채워 주는 것이 교육의 기본 조건이다. 숲에서 아이들은 강렬하게 치솟는 활동 욕구를 자기 나이에 걸맞게 풀어낼 수 있다.(독일 뒤셀도르프 남부 숲유치원 홈페이지 참조)

2. 숲에서 얻는 영성과 감성

숲에서 신선한 공기를 마시며 아침을 시작하는 숲유치원 아이들은 밤새 자신을 기다린 '나의 나무'에게 다가가 보듬어 주고 인사를 한다. 다른 생명과 사랑을 나누는 아이들에게 인간이 붙인 나무 학명은 아무 의미가 없다. 보고 만지고 느낀 대로 마음에 받아들여 울퉁불퉁한 나무, 매끈한 나무, 키 큰 나무, 뚱뚱한 나무, 차가운 나무로 인식할 뿐이다.

숲은 문명의 이름으로 만들어진 인위적인 소리에서 벗어나 자연의 소리를 들을 수 있는 곳이다. 숲에서 들려오는 새들의 아름다운 노랫소리, 맑은 시냇물 소리, 바람결에 나뭇잎이 뒤척이는 소리 들은 모두 인간의 영혼을 평화롭게 이끄는 자연의 소리이다. 아이들은 이러한 숲의 소리를 날마다 들으며 심신을 밝고 맑게 가꾸어 나간다.

이렇듯 신비한 자연 속에서 놀이의 즐거움과 의미를 배운 아이들은 풍부한 영성과 감성을 지니고서 자기 주변 세계에 대한 기본적인 신뢰감을 쌓아 간다. 여기에서 말하는 영성이란, 사실을 보는 힘을 말한다. 자연의 법칙과 질서라는 절대 사실을 인식할 수 있는 능력인 것이다. 절대적인 사실을 글과 말로 표현하는 데는 한계가 있다. 그렇건만 현대 교육은 거의 모든 사실을 글과 말로써 전하고 배우려고 한다. 영성은 사실이라고 하는 총체를 있는 그대로 온전히 받아들일 때만 그 깊이를 더할 수 있다. 자연의 원리를 글과 말이 아닌 존재 그 자체로 함께하는 숲유치원 아이들은 날마다 영성이 깊어진다.

인간은 이미 오랜 세월 동안 정서적인 안정과 평안함, 건강을 숲에서 찾았다. 숲의 아름다운 경관을 보는 것만으로도 마음이 평온해지고, 녹지율이 높을수록 정서적 안정감을 준다.(제1회 숲치유 국제심포지엄 자료집) 숲유치원 아이들은 이러한 자연이 주는 혜택을 온전히 받으며 자란다.

아이들은 스스로 사물과 동화할 수 있고, 무엇인가에 깊이 몰입할 수 있고, 능동적으로 대처할 수 있는 능력과 보고 느낀 것을 내면화하는 힘을 지니고 있다.(독일 빌링엔 숲유치원 홈페이지 참조)

3. 자신에 대한 믿음과 자아의식을 갖는다

배낭을 메고 집을 나서는 순간부터 숲유치원 아이들은 스스로 판단하고 움직이게 된다. 아침 모임 장소에서 활동 장소까지 가는 숲길에서 '누구와 손을 잡고 가고' 또 '누구 옆에서 아침을 먹을 것인가?'에 대해 이야기를 나누며 타인과 원활하게 관계 맺는 방법을 배우고, 더 나아가 사회성과 공동체성을 키워 간다.

아이들은 배낭을 챙기거나 아침을 먹은 뒤에 도시락을 정리하는 일 등 많은 것을 스스로 해결해야 한다. 숲 활동을 하는 동안 아이들은 또 날씨에 따라 스스로 옷을 벗거나 입으면서 체온을 조절해야 한다. 이처럼 아이들이 스스로 물건을 정리하거나 체온 조절을 하기까지 교사는 인내심을 가지고 기다려 주어야 한다.

아이들은 숲길에서 또는 활동 장소에서 만나는 자연 현상에 대해 끝없이 호기심을 갖는데 이것은 본능적인 반응이다. 이러한 본능에 따른 행동을 반복함으로써 자연과 깊은 관계를 맺고 풍부한 경험을 쌓는다. 또 그러는 가운데 자기 자신이 자기 행동을 결정하는 주체임을 인식하게 된다.

스스로 놀이 방법을 선택하고 만들어가는 것 또한 주의력과 집중력을 요구한다. 그리고 한 가지 놀이를 마칠 때마다 아이들은 성취감과 자신에 대한 믿음과 함께 자아의식을 갖게 된다. 아이들의 자발적인 움직임은 숲에서 일어나는 생리 현상을 해결하는 데에서도 엿볼 수 있다. 어쩔 수 없이 교사의 도움이 필요한 상황이 아니라면 아이들은 서로 의식하지 않고 자연스럽게 숲으로 들어가서 자연 친화적으로 해결한다.

무엇이든 스스로 해결하는 행동을 반복하면서 아이들은 주체가 되고 자립심을 갖게 된다. 한 행동정신발달 연구가는 아이들의 자발적인 활동에서 언어 습득과 추상적 사고 및 수학적 사고를 위한 기본적인 조건을 찾기도 한다.(독일 비젠탈 숲유치원 홈페이지 참고)

'무엇을 스스로 배웠다는 것', '무엇을 스스로 해냈다는 것', '무엇을 자기 힘으로 변화시켰다는 것'은 매우 중요하다. 아이들은 가르침에 따라 배우는 것이 아니라 오로지 스스로 배울 뿐이다. 이와 관련하여 신체 능력은 학습 능력과 직접적인 관계가 있다.(청소년 연구가 돈나 에쉔브로이히, '슈피겔' 인터뷰, 독일 북흐홀쯔 숲유치원 홈페이지 참고)

4. 삶의 지혜를 배운다

숲 활동은 자연스럽게 학습 활동으로 연계되고, 그것을 통해 아이들은 살아가는 데 필요한 지혜를 배우게 된다. 아이들은 자유롭게 뛰어놀면서 유연한 사고와 감각 능력을 얻게 되고, 뭇 생명의 생존을 위한 몸부림을 보며 생명과 생태를 통합하여 이해하게 된다.

예를 들어 어느 따스한 봄날 양지쪽에서 땅을 뚫고 올라오는 파란 새싹의 모습을 보고서 아이들은 원인과 결과가 명확하게 드러나는 과학적 사고로 인식한다. 그리고 자신이 알고 있는 혹은 알고 싶어하는 글자, 숫자, 모형 등을 활용하여 이미지화시켜 인식한다.

그 밖에도 숲에서 생활하는 아이들은 인위적인 소리나 색상으로는 표현해 낼 수 없는 자연의 소리와 형상을 가슴으로 보고 느끼면서 자라기 때문에, 훗날 악기를 다루거나 그림을 그리는 데 필요한 상상력과 창의력을 키우게 된다.

이렇듯 아이들의 주체적인 이해를 바탕으로 진행되는 숲에서의 놀이는 공간의 제한도 상상력의 한계도 없다. 놀이는 그저 자연스럽게 학습으로 연계되면서, 아이들은 편안하게 학문적인 경계를 지을 수 없는 다양한 지식과 지혜를 얻게 된다.

숲유치원에서 교사와 아이들은 하나의 과제를 해결하기 위해 항상 충분한 시간을 가지고 여러 가지 가능성을 찾고, 생각하고, 고민하고, 해결한다. 아이들은 이러한 과정이 반복되면서 논리적인 사고력, 이해력, 창의력, 분석 능력 등을 갖추게 된다. 그리고, 교사는 자연은 무엇이고 자연과의 만남이 인간에게 주는 의미는 무엇인가에 대해 자문하면서, 아이들과 함께 자연에서의 삶을 어떻게 교육 문화적인 가치로 표출할 것인가에 대해서 고민하게 된다.

자유로운 놀이를 통하여 아이들은 자아 계발을 하며 앞으로의 삶에서 필요한 여러 능력을 습득한다. (독일 슐레스빅 숲유치원 홈페이지 참조)

수집하기, 정돈하기, 측정하기, 평가하기 등을 통하여 세밀한 감각과 인지 능력 및 언어 능력을 익히게 된다. 이야기나 동화 구연하기, 작품을 듣고 이해하기, 노래 부르기, 손가락 연극이나 역할극 등을 통해서도 마찬가지다. 온갖 자극적인 것에서 벗어나 숲에서 맞는 고요함은 '몰입'을 촉진시키기 때문에 아이들이 자기 행위에 온전히 집중할 수 있게 된다. 이를테면 개미가 무거운 짐을 운반하는 것을 관찰하고, 밤이나 도토리를 줍고, 동물들의 흔적을 조사하고, 나무 나이를 추정해 보거나 어떤 이야기에 귀를 기울여 듣게 되는 것이다.(독일 에드백 숲유치원 홈페이지 참조)

인간에게 있어서 움직임이란 살아 있음을 느끼게 하는 기본적인 행위이며 기초적인 감각을 인식하게 하는 배움의 방식이다. 그러나 현대사회는 동적인 교육보다는 한자리에 오래 앉아 있기를 요구한다. 이러한 정적인 교육방식은 아이들로 하여금 작은 불편도 참아내지 못하게 한다. 우리 미래를 만들어 갈 아이들에게 필요한 것은 삶의 변화에 적응할 수 있는 능력이다. 숲유치원은 바로 이러한 미래 지향적인 교육을 제공한다. 생태대안 교육철학을 바탕으로 하는 숲유치원 교육이 필요한 이유를 알아보자.

1. 야성을 일깨우고 자기감정을 조절하는 능력을 키울 수 있다

인류학자 로렌 아이슬리는 모든 사람은 야성을 가지고 있고 내면에 숨 쉬는 야성으로부터 놀라운 것을 찾아낼 수 있다고 했다. 그런가 하면, 공간을 다루는 학자들은, "공간이 정신을 지배한다"고 말한다.

지금 아이들은 유치원이나 학교 공간에 맞추어 행동함으로써 자신들이 하고 싶은 행동을 끊임없이 제약받고 있다. 숲유치원은 바로 이 제한된 공간으로 말미암아 발생하는 문제들을 간단하게 해결하는 교육 방식이다. 숲에서 활동하는 아이들은 자기 마음대로 몸을 움직이며 자신 안에 잠재된 욕구를 행동으로 옮기며 야성을 발견한다. 여기에서 말하는 야성이란, 억압되지 않은 움직임으로서, 행동실천의 결과 범위를 인식하며 자신의 한계를 아는 것을 뜻한다. 야성을 통해 아이들은 자신의 한계점을 깨우치게 되고 그 한계를 뛰어넘으려는 시도를 하게 된다. 이처럼 아이들이 자기 한계를 인식할 때, 비로소 내면 욕구를 행동으로 실행할 힘이 생기고, 더불어 감정으로 표출하는 것을 절제하는 힘도 생긴다.

2. 자연을 통해 통합적으로 사고하는 것을 배운다

현대 교육은 말과 글로 지식을 주입한다. 마치 퍼즐을 맞추듯이 조각난 사실과 지식을 끼워 맞춰 전체 그림을 그린다. 반면, 숲유치원은 피교육자가 스스로 깨닫는 교육 방식이다. 날씨에 상관없이 야외에서 활동하는 숲유치원 아이들에게 자연의 변화는 오감과 마음으로 느끼고 인지하는 당연한 일과이다.

비가 오고 바람이 불고 새잎이 돋고 잎이 떨어지는, 당연한 자연 변화를 아이들은 신기해한다. 숲에서 일어나는 작은 변화를 경험하고 느끼는 그 자체가 아이들에게는 '알고 싶다'는 지적 욕구의 동기로 작용한다. 그리고 자연의 법칙과 질서에 대한 사실을 스스로 체험을 통해 인식해 가는 과정은 자연에 대한 좀 더 깊은 이해와, 생물과 무생물들과의 관계성을 깨닫는 과정으로 발전하게 된다. 이렇게 숲유치원 아이들은 자신의 인지력으로 자연 섭리와 조화로움을 습득한다. 숲과 인간이 지배 관계가 아닌 함께 살아가는 상생 관계임을 자연스럽게 깨닫는다.

3. 스스로 판단하고 결정하는 가운데 성취감을 느끼고 자립심이 생긴다

우리나라 아이들은 대부분 유치원에 들어가기 전부터 부모가 세운 학습 계획표에 따라 생활하고, 어린이집이나 유치원에 들어가서도 여러 가지 일과로 바쁘다. 초등학교로 이어지는 이러한 생활은 대학에 들어갈 때까지 크게 변하지 않는다. 이처럼 수동적인 생활이 이어지면 아이들의 주체적인 판단력과 자립심은 현저히 떨어질 수밖에 없다.

반면 숲유치원에서는 아이들에게 충분한 자유놀이 시간을 주며 숲에 널려 있는 자연 소재들을 이용하여 자신이 상상하는 놀이를 구체화해 가고 그 과정에서 많은 시행착오를 겪도록 한다. 아이들은 스스로 선택하고 결정한 일에 대한 결과는 자신이 받아들여야 한다는 것을 자연스럽게 익힌다. 숲에 서의 활동은 딱히 정해진 규칙이랄 것이 없기에 시행착오를 반복하기 마련 이지만, 그로 말미암아 아이들의 판단 능력은 상대적으로 향상된다. 그리고 시행착오를 거쳐 완성된 결과를 통해 진정한 성취감을 맛보게 된다. 성취감 은 인간 감정 가운데 가장 강렬한 것으로서 자신감을 키우는 길이다. '나는 할 수 있다'는 자신감은 자립심을 키우는 바탕이다.

4. 충분한 활동으로 건강한 육체와 강한 정신력, 창의력을 키운다

도시에는 아이들이 놀 수 있는 공간이 거의 없다. 자동차 도로와 빌딩으 로 가득 찬 도시에 사는 아이들은 실외보다 실내에서 많은 시간을 보낸다. 폐쇄된 공간에서 생활하는 아이들은 성격이 폐쇄적이고 공격적으로 바뀌고 신체 저항력도 떨어져 질병에 걸릴 확률이 높아진다. 반면, 트인 공간에서 자유롭게 활동하는 아이들은 건강한 육체와 강인한 정신력을 지니게 된다.

정신과 육체는 서로 밀접한 관계를 이루고 있다. 비탈진 언덕을 오르내리 고 숲을 뛰어다니는 아이들이 균형 감각이 뛰어나고 몸과 마음이 튼튼해지 는 것은 당연한 일이다. 건강한 육체는 강한 정신력의 바탕이다.

숲 활동은 아이들의 대근육뿐만 아니라 평소에는 잘 사용하지 않는 소근 육까지 움직이게 하며 뇌를 자극한다. 예를 들면 숲에서의 걸음은 포장도로 에서의 걸음과는 달리 보폭과 발 높이가 지형에 따라 다르다. 발 디딜 곳의 지면 상태를 파악하고 그 다음 걸음 거리까지도 판단해야 한다. 이렇게 걸 음 하나에도 여러 상황을 복합적으로 이해하고 적정한 판단을 내려야 한다. 또한 숲에서 아이들이 가지고 노는 장난감은 그 기능과 놀이법이 정해진 제 품이 아니라 아이들 스스로 기능과 역할을 부여해야 하는 자연물이다. 개구리로 변한 솔방울이 아이들 손에 따라 풀쩍풀쩍 뛰어가고, 그 솔방울은 조금 뒤에는 왕자가 된다. 그 밖에도 숲에는 풍부한 감성과 상상만으로 할 수 있는 놀잇감이 얼마든지 있다. 아이들에게 창의력이 생기고 발달하는 것은 시간 문제다.

5. 긍정적인 사고와 존재감을 키울 수 있다

핵가족 사회가 된 뒤로 우리가 맞닥뜨린 문제는, 아이들이 공동체를 생각하지 않고 이기적으로 자란다는 것이다. 단순한 생활 구조 속에서 컴퓨터와 텔레비전 같은, 일방적인 소통만 할 뿐인 기계들이 아이들의 놀이 대상이 되면서, 컴퓨터에 중독되고 주의력이 떨어지는 등 여러 가지 문제들이 빚어지고 있다.

우리나라에서도 이 문제의 해결 방법과 치유 방법을 숲에서 찾으려는 움직임이 일어나고 있다. 강원도 횡성에 있는 숲체원에서는 숲치유 프로그램을 운영하여 우울증과 불안감 해소, 존재감 회복에 대한 긍정적인 결과를 제시하고 있다.

날마다 새로운 것을 발견하고 마음의 눈으로 창의적인 상상의 세계를 펼쳐 나가는 숲유치원 아이들의 생활은 그와는 사뭇 다르다. 숲에서 활동하면서 아이들은 즐거워하고 행복해한다. 비 오는 날은 비가 와서 행복하고, 눈 오는 날은 눈이 와서 행복하다. 궂은날이 활동을 하기에 좋지 않다는 것은 어른들의 기우이며, 손에 흙이 묻으면 더럽다고 여기는 것 또한 어른들의 편견이다. 비 오는 날을 궂은날로 규정하는 것은 자연과 동떨어져 사는 지금 우리 삶의 모습을 단적으로 보여주는 예이다. 자연의 질서에 따르며 자연을 있는 그대로 받아들이는 숲유치원 아이들은 다양한 경험을 통해 자아를 발견하고 무한한 존재감을 형성해 간다.

　앞서 말한 숲유치원의 긍정적인 측면들을 현실화하기 위해서는 아이들이 자발적으로 놀이를 발견하고 충분히 즐길 줄 알아야 한다. 교사는 아이들이 무엇이든 스스로 찾아서 할 수 있도록 충분한 시간을 주어야 한다. 숲에서는 자연의 총체적인 사실을 인지하는 통합적인 사고 능력을 기르는 교육 방법이 가능한데, 그것은 직접적이고 구체적인 사실을 관조할 수 있는 인간 형성의 토대인 풍요로운 감정과 감각적인 경험이 가능하기 때문이다.

　숲유치원은 특히 다음과 같은 성향을 가진 아이들에게 필요하다.

- 결벽증이 있다.
- 사회성이 부족하다.
- 감기에 자주 걸리고 몸이 허약하다
- 동아리에서 정체성을 찾지 못한다.
- 스스로 노는 법을 모르고 누군가에게 의지한다.
- 자연과의 접촉 부족으로 자연을 이해하지 못한다.
- 언어 표현 능력이 부족하다.
- 신체 균형 및 조절 감각 능력이 떨어진다.

숲유치원에 대한 연구 결과

우리나라에서도 숲유치원에 대한 관심이 커지면서 "숲유치원에 다니는 아이들이 취학 준비가 잘 됩니까?" 하는 의구심을 갖는 사람들이 있다. 유럽에서도 바로 이러한 의구심에서부터 숲유치원의 교육 효과에 대한 연구가 시작되었고, 그 결과가 잘 알려져 있다.

첫 번째 연구는 2000년 독일 헷센 주 청소년국으로부터 의뢰를 받아 다름슈타트 전문대학의 교육학과 롤란드 고르게스 교수가 수행했다. 헷센 주에 있는 벤스하임 숲유치원 출신 다섯 명 아이를 대상으로 한 이 조사에서, 학부모 한 사람과 1학년 담임교사 한 사람과의 인터뷰가 지속적으로 이루어졌다. 0(평균)을 기준으로 해서 −1(평균 이하), −2(평균보다 훨씬 낮음), +1(평균 이상), +2(평균보다 훨씬 높음)의 평가 등급을 정한 뒤, 학급의 전체 평균과 비교하는 연구 방식이었다.

결론적으로, 연구를 시작할 때 제시한 '숲유치원 출신 아이들은 취학한 뒤 일반 유치원을 다닌 아이들보다 학습 능력이 떨어질 것이다' 라는 명제는 성립되지 않았다. 오히려 읽기와 사회 및 자연 그리고 수학에서 더 우수한 조사 결과가 나왔다.

이 연구 결과에 따르면 '숲유치원 아이들이 일반 유치원 아이들에 견주어 취학에 대한 준비가 부족하지 않은가? 라는 의문에 대한 답은 명확해졌다. 숲유치원에서 아이들은 일반 유치원 아이들 못지않게 취학 준비가 잘 되어 있음을 알 수 있었다. 이 결과는 아이들이 유치원 시기에 '어떤 환경에서 생

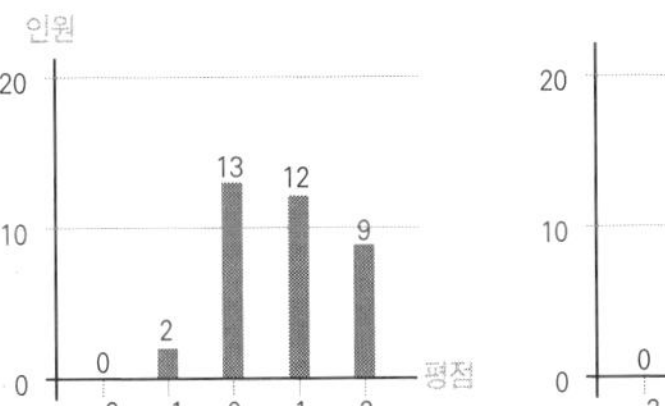
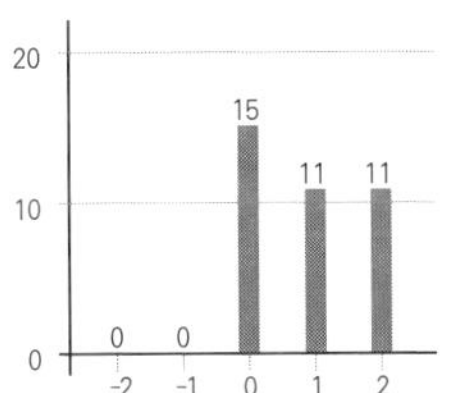
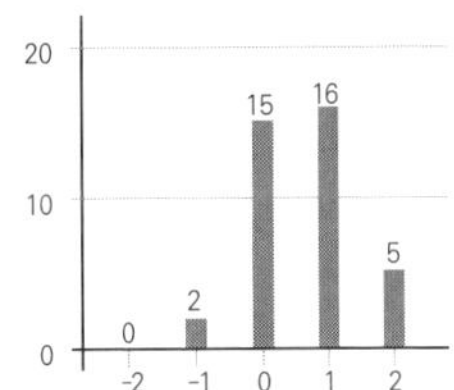

활하는지'가 중요한 변수로 작용한다는 것을 보여주고 있다. 더군다나 숲유치원 출신 아이들이 일반 유치원을 다닌 아이들보다 학교 적응 능력에서도 더 우수하다는 결론이 나왔는데, 특히 차별화된 인지 능력, 호기심이 가득한 태도, 학습 준비성, 과제의 이해, 타인과의 소통 능력과 문제 해결 능력 등이 그러하다.

두 번째 연구 결과는 2003년에는 하이델베르크 대학의 페터 헤프너 박사가 고르게스 교수의 연구를 뒷받침하는 박사논문 '독일에서의 자연과 숲유치원, 취학 전 교육인 일반 유치원의 대안'을 발표했다. 그는 5년 동안 숲유치원과 일반 유치원 출신이라는 연구 대상 그룹 간에 차이가 발생한다면, 그 차이는 과연 무엇이며 그와 같은 결과의 이면에 영향을 미치는 요인들을 어떻게 추정할 것인가를 고민하였다.

연구에는 독일 여덟 개 연방 주에 속해 있는 103명의 초등학교 남녀 교사가 참여하였으며, 취학 전 숲유치원을 다녔던 아이들에 대한 230장의 설문지와 일반 유치원에 다녔던 아이들에 대한 114장의 설문지가 사용되었다.

설문 내용은 여섯 개 상위개념, 즉, '동기 부여-인내력-집중력', '사회성', '수업 참여도', '음악 영역', '인식 영역', '신체 영역'으로 나뉘어 있다. 그 중에서도 '동기 부여-인내력-집중력', '사회성', '수업 참여도'에서 숲유치원 출신 아이들이 일반 유치원 출신 아이들보다 탁월한 것으로 나타났다. 특히 담임교사로부터 받은 설문지 평가에서는 '수업 참여도'가 가장 두드러졌다. 헤프너 박사는 여섯 개의 상위개념 요소와 함께 '제시된 과제를 스스로 해결한다', '상상력이 풍부하다', '수업 시간에 질문을 자주 한다' '수업에 집중하여 참여한다' 등 42개 문항을 조사해 제시하였다.

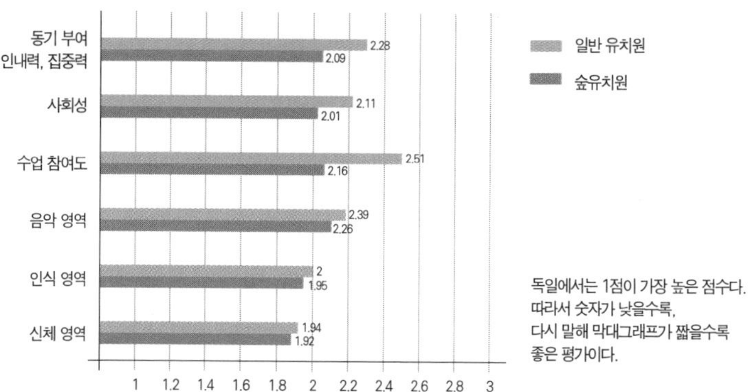

위 도표는 헤프너 박사의 연구 결과 중 가장 핵심이 되는 도표이다. 도표를 보면 일반 유치원 출신 아이들보다 숲유치원 출신 아이들이 '수업 참여도'에서 두드러지고, '동기 부여-인내력-집중력', '사회성', '음악 영역', '인식 영역', '신체 영역'도 더 우수하다는 결과가 나왔다. 여섯 개 연구 요소 가운데 가장 높은 평가를 받은 '수업 참여도'에 대해서는 다시 더 세분화한 질문을 토대로 그 결과를 살펴보겠다.

수업 참여도 영역의 모든 세부 항목에서도 숲유치원 출신 아이들이 일반 유치원 출신 아이들보다 우수한 것으로 나타났다. '상상력이 풍부하다', '수업에서 창의적이다', '사회 및 자연 과목' 항목 등에서 나타난 평가 결과는 숲유치원 출신 아이들이 일반 유치원 출신 아이들에 견주어 수업 참여도가 높은 것으로 드러났다. 그 중에서도 '사회 및 자연 과목' 평가에서 숲유

수업 참여도 영역의 세부 항목 조사 결과

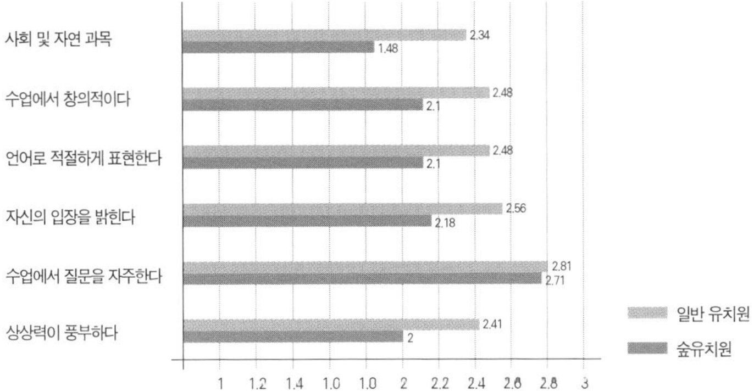

치원 출신 아이들이 교사로부터 월등히 높은 평가를 받고 있는데, 이것은 자연과 끊임없이 접촉함으로써 이에 대한 경험과 지식이 풍부하다는 것을 입증한다.

페테 헤프너 박사의 연구 결과에서도 숲유치원 출신 아이들은 수업과 관련해서 높은 평가를 받았을 뿐만 아니라 학교생활에도 비교적 높은 흥미를 보이는 것으로 나타났다. 연구에 참여한 교사들은 숲유치원 출신 아이들이 대체로 자아 존중감이 높고 전인적인 인성을 갖추고 있으며 수업에 참여하려는 뚜렷한 의지가 있고, 자신의 생각을 수업에 잘 적용한다는 종합적인 평가를 했다.

세 번째 연구 결과로, 2003년 스위스에서 여러 유형의 유치원 아이들을 대상으로 '숲유치원이 근육 운동과 창의력 발달에 어떠한 영향을 미치는 가'에 대한 석사논문이 발표되었다. 현재 두 아이의 엄마로서 숲유치원 교사 겸 자문 역할을 하는 사라 키너는 숲유치원의 효과에 대해 서로 다른 세 가지 유형의 유치원들과의 비교 분석을 통해 연구 결과를 발표했다. 연구에는 기존의 검사 도구가 사용되었으며, 학부모 설문지와 현장 관찰, 인터뷰 등이 함께 이루어졌다. 14개 유치원 그룹에서 266명의 아이가 참가했고 그 가운데 181명 아이의 데이터(약 70퍼센트)가 사용되었다. 날마다 자연에서 활동하는 네 개 숲유치원에서 63명, 일주일에 한 번 숲 활동을 하는 다섯 개 유치원에서 62명, 숲 활동을 전혀 하지 않는 다섯 개 일반 유치원에서 56명 이 참여했다. 연구 결과에 대해 세 가지를 중심으로 살펴보도록 하겠다.

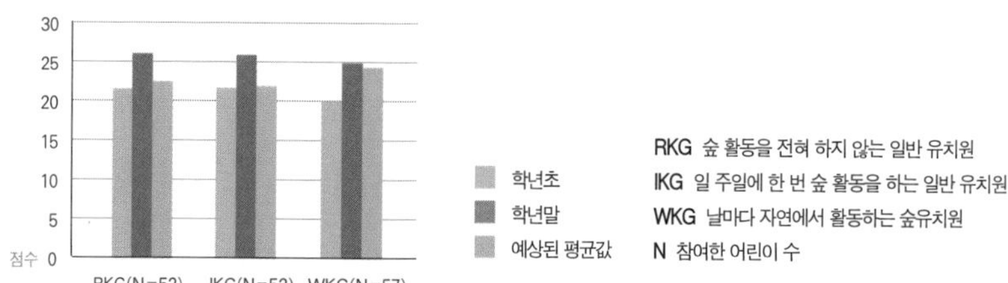

근육 운동에 대한 학년 말 조사 결과 대근육 운동에서 숲유치원의 아이들이 다른 두 유치원에 견주어 더 나은 성과를 보이고 있다. 숲유치원 아이들은 학년 초보다 5점 이상 향상된 반면 다른 두 비교 유치원은 힘들게 4점에 도달했다. 조사에 참여한 학부모의 60퍼센트는 유치원 활동을 통한 아이들의 근육 운동 발달에 대해 긍정적으로 대답했다. 그 가운데서도 숲유치원의 부모들은 자녀의 근육 운동에 현저한 변화가 있다고 언급했다. 조사 결과와 부모들의 대답을 통해 날마다 울퉁불퉁한 길을 걷고, 오르고, 뛰어내리는 활동이 균형 감각 능력뿐만 아니라 점프력 향상이나 대근육 운동 능력 향상에 절대적인 영향을 미치고 있음을 알 수 있다.

소근육 운동과 관련해서는 아이들을 대상으로 개별적인 연구 조사가 이루어졌지만 세 유치원 사이에 별다른 차이가 나타나지 않았다. 이 결과는 '숲유치원은 아이들이 손을 사용하는 섬세한 능력을 키우는 데에는 소홀하지 않은가?'라는 부모님과 교사들의 편견을 불식시킬 수 있는 것이다. 하지만 소근육 운동은 아이들이 유치원에서 얼마나 자주 운동 기구나 도구 혹은 자연 소재를 많이 다루는가에 따라 영향을 받는다. 따라서 실내외에서 자주 색연필과 연필, 가위 등을 사용한 아이들과 부모님과 함께 운동을 하고 정원에서라도 마음껏 뛰어놀았던 아이들이 학년 말에 소근육 운동에서 더 나은 결과를 보이고 있다.

소근육 운동

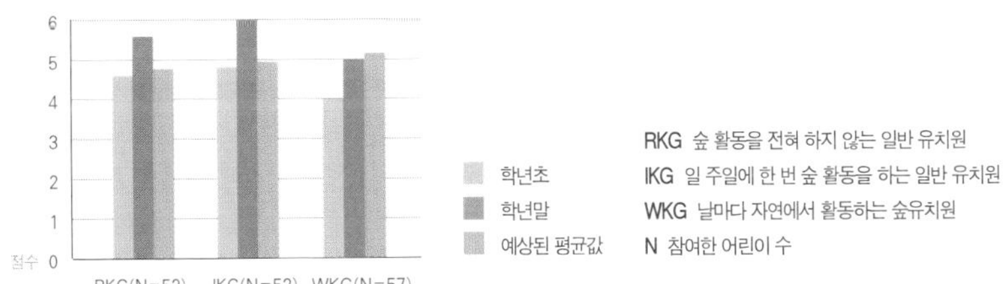

사라 키너는 창의력을 서로 다른 생각과 행동에 대한 능력으로 규정하고 있다. 창의력은 이미 주어진 정보들에 대한 논리적인 결론을 이끌어 내기 위해 상호 접근적인 생각을 하는 동안 주어진 정보로부터 새로운 서로 다른 생각이 떠오르는 것이다. 서로 다른 생각은 지금까지 알려지지 않은 비범한 해결 방법을 제시한다. 숲유치원과 숲 활동을 하는 일반 유치원의 학부모들은 흔히 자녀들에게서 상상력 그리고 창의력과 관련해 매우 긍정적인 변화가 있다 말한다.

이러한 변화들은 무엇보다도 공장에서 제조한 장난감에서 벗어나 창의적이고 지속적인 놀이와 판타지와 창조적인 만들기 등과 관계가 있다. 그리고 사라 키너는 끈기와 도전성이 창의성에 대한 검사 결과와 관계가 있다고 한다. 실제 연구에서도 목표에 도달하기 위해 여러 가지 해결책들을 시도할 줄 아는 아이들은 창의성 테스트를 할 때에도 더 많은 해결안을 제시하였

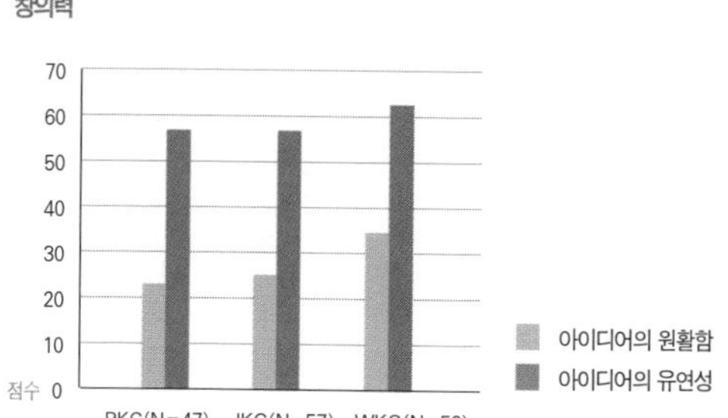

다. 또한 한 가지 활동을 마칠 때까지 반복해서 같은 활동을 실행에 옮긴 아이들이 탄력적인 상상력과 섬세한 미세 근육이 발달한 모습을 보였다. 이러한 결과는 숲에서의 자유로운 활동 시간에 아이들의 유연한 사고력에 영향을 미친다는 사실을 입증하는 것이다

위에서 보았듯이, 세 명의 연구자가 공통되게 지적 교육 수준에 대한 효과를 평가하는 데는 교사의 능력과 관심 그리고 아이들의 개별적인 능력이 연구 결과에 크게 영향을 미친다고 언급하고 있다. 그리고 세 사람의 연구 결과에서, 숲유치원 출신 아이들이 모든 부분에서 우수한 결과를 보이고 있고, 일면에서는 숲유치원에서 아이들이 오히려 취학 후 학교생활을 원활하게 할 수 있는 능력을 키우고 있다는 것이 입증되었다.

숲유치원이 첫걸음을 내딛고 있는 우리나라에서는 시작 단계부터 산림청이 주도하여 숲유치원의 과학적 효과 검증을 위한 연구 용역을 추진하고 있다. 아울러 송파구청에서는 현대 아산병원과 함께 숲유치원 효과에 대해 일정 부분 의학적 연구까지 진행되고 있다.

숲유치원 전문가에게서 듣는다

페터 헤프너Peter Häfner
독일 아이히발트 초등학교 교사

숲유치원 출신 아이들의 취학 능력에 대해 연구하게 된 동기는?

또 논문을 통해 숲유치원과 일반 유치원 출신 아이들의 어떠한 차이점을 입증하게 되었는가?

인터넷에서 숲유치원을 알게 된 뒤 숲유치원 출신 아이들의 학교 적응 능력에 대해 궁금증이 생겼다. 마침 박사학위 논문을 준비할 때여서 그 영역을 주제로 연구를 시작했다. 논문에서 제시한 집중력이나 수업 참여도, 사회성, 지구력 등이 일반 유치원 출신 아이들보다 숲유치원 출신 아이들이 뛰어날 것이라는 가설이 입증되었다. 반면에 숲유치원 출신 아이들은 소근육 운동이 부족한 것으로 나타났는데 그림 그리기나 공작 활동 등을 보강하면 보완이 가능하다.

숲은 아이들에게 어떤 이로움을 준다고 생각하는가?

자연에서 자유롭게 활동하게 되면 심신이 건강해진다. 취학 연령의 아이들에게 이보다 더 중요한 것은 없다고 생각한다.

로란드 고르게스Roland Gorges
독일 전前 다름슈타트 대학 교육학과 교수

어떻게 숲유치원에 대한 연구를 시작하게 되었는가?

'취학 전 교육'에 대한 제 수업을 받던 한 학생에게서 처음으로 숲유치원에 대한 이야기를 들었다. 그는 다름슈타트에 있는 숲유치원에서 실습을 한 적이 있었다. 그로부터 약 1년 뒤, 헷센 주 청소년 복지국의 한 담당자가 '숲유치원과 취학 능력'이란 주제로 연구할 의향이 있는지 내게 물었고, 그것이 숲유치원에 대한 내 연구(탐험)의 시작이었다.

숲유치원 효과에 대한 연구를 시작하기 전에 긍정적인 평가가 나올 것이라는 생각이 들었나?
벤스하임에 있는 숲유치원을 방문하고, 숲에서 교사와 아이들과 하루를 함께 지내고 난 뒤 숲유치원의 매력에 흠뻑 빠졌다. 당시 이미 내 연구가 긍정적인 결과를 나타내리라는 것을 예상할 수 있었다.

유럽에 있는 다른 나라보다 독일에 유달리 숲유치원이 많은 이유는 무엇이라고 생각하는가?
일간지, 전문 잡지, 텔레비전, 인터넷 같은 대중매체를 통해 덴마크에서 숲유치원이 활발하게 진행되고 있다는 내용과 함께 숲유치원에 대한 개념이 빠르게 전 독일로 퍼졌다. 자연과 더불어 생활하며 자라나는 아이들의 생활 모습은 독일 학부모들에게 충분한 공감대를 형성할 수 있었다.

사라 키너Sarah Kiener
스위스 자연교육학자, 프리베르그 숲유치원 자문

서로 다른 세 유치원을 연구하는 데 어려운 점은 무엇이었는가?
교육 방식이 서로 다른 세 군데 유치원에서 모두 14개 반을 방문하고 비교 연구했는데, 특별한 문제나 어려움은 없었다. 좀 힘들었던 점은 학부모를 대상으로 한 설문 조사와 아이들을 대상으로 한 다양한 검사, 학년 초와 학년 말에 유치원 교사들과 인터뷰하는 것이었다. 여러 종류의 조사 방법을 활용하느라고 복잡하기도 했지만, 덕분에 각 연구들이 체계화될 수 있었다. 또한 연구 과정에서 어떤 한 아이에게서 어쩌다 한 가지 검사가 빠지는 경우(아이가 검사하는 바로 그날 아파서 학년 말 검사를 놓친다거나 학기 초 학부모 설문 조사가 빠진다거나 하는 경우)도 있었는데 그런 작은 편차도 조사 결과에 영향을 주기 때문에, 모든 데이터가 다 갖춰진 아이의 조사 결과만 수용해야 했다. 결국 조사 대상자 수는 전체 14반 266명이었지만, 181명의 데이터만 연구에 썼다. 그 밖의 어려움이라면 아이들이 테스트들을 표본에 따라 수행할 수 있도록 어른들을 신뢰하고 익숙해지도록 하는 것이었다. 그것은 고려해 테스트하기 전에 반나절 정도 아이들과 함께했다.

운동 능력 테스트는 항상 두 명이 함께 수행했고, 창의력 테스트는 나 혼자 수행했지만, 낯을 익힌 사이여서 별 문제가 없었다. 그러나 세 유치원 아이들의 평균 연령이 일치하지 않은 점은 또 다른 어려움이었다.

숲유치원을 연구할 때와는 달리 두 아이의 엄마가 된 지금, 숲유치원은 어떤 의미로 와 닿는가?

내 아이들은 숲유치원을 다니기에는 아직 어리고, 2010년 여름부터 큰아이를 하루 5시간 지낼 수 있는 숲놀이 그룹에 보낼 예정이다. 우리가 사는 집 근처에는 주 5일 운영하는 숲유치원이 없어서, 딸이 만 4세가 되면 내가 숲유치원 개원을 도울 수 있을 것 같다. 한편으로는 마을의 다른 아이들과 사귀며 일반 유치원을 다니는 것도 중요하다고 생각한다. 그럴 때 교사에게 일주일에 한 번 정도는 아이들과 숲에 갈 것을 제안하는 것도 좋겠다는 생각이다. 무엇보다 학교나 집에서 아이들이 자연적인 환경에서 놀 수 있도록 외부 환경을 바꾸는 것이 좋다.

숲유치원에 관심 있는 한국의 부모님들께 전하고 싶은 말이 있다면?

아이들이 자연 환경과 가까이 지내는 것은 몸과 마음의 총체적인 발달을 가능하게 한다. 배움이란 모든 감각을 통한 구체적인 경험으로 자연스럽게 얻는 것이기 때문이다.

자연은 아이들로 하여금 복잡하게 변화하는 이 세계에서 자신만의 고유한 특성을 키울 수 있게 한다. 그리고 아이들은 자연과 감성적인 관계를 맺어 가면서 자연인으로서의 존재 의미를 발견하고 배워 나간다. 우리 주위에 있는 자연과의 관계가 삭막해질수록 우리 안에 있는 자연, 곧 우리 자신과의 관계도 삭막해지기 마련이다. 오늘 우리는 「자연에서 멀어진 아이들」의 작가 리처드 루브가 지적한 '자연 부재로 인한 혼란'에서 아이들을 구해야 한다.

야나 로쉐 Jana Losche
독일 하이델베르크 숲유치원 교사

언제부터 숲유치원 교사로 재직했으며 이 직업을 선택한 이유는 무엇인가?

나는 드레센 대학에서 임학을 전공한 뒤 국립공원에 근무하다가 숲을 연구하고 보호하는 담당자로서 아이들과 자연스럽게 만나게 되었다. 2005년 하이델베르크 숲유치원에서 유아교사 자격증 없이 교사로 일을 시작한 뒤 2년에 걸쳐 유아교사 보완 교육과정을 마쳤다. 하이델베르크에서 숲유치원 교사로 시작할 수 있었던 게 행운이었다.

숲유치원 교사는 자연과 생태에 대해 풍부한 지식이 있어야 하는가?

함께 일하는 동료들을 보면 조류, 동물, 약초 등에 대한 정보를 수집하고 조사하는 것을 취미로 하는 경우가 많다. 이러한 지식은 숲에서 활동하는 데 많은 도움이 된다. 숲유치원 교사는 정기적으로 자연교육학과 같은 강좌에 참여하는 게 바람직하다고 생각한다.

숲유치원 교사가 되고 싶어하는 분들에게 어떠한 조언을 하고 싶은가?

나는 숲유치원 교사가 아름다운 직업이라고 생각한다. 우리는 다음 세대인 아이들이 자연의 아름다움과 다채로움, 생태 순환 체계를 경험하는 장소에 함께하는 사람이다. 숲에서 활동하는 것은 교사 자신도, 아이도 내적으로 자연에 대한 이해가 깊어지는 것이라는 점을 인식하며 생활하기를 바란다.

에디트 슈테펜스Edith steffens
독일 리히트비제 숲유치원 설립자

숲유치원을 설립하면서 가장 어려웠던 점은 무엇인가?

숲유치원을 운영해야 하는 책임감과 관계 기관에 제출해야 하는 많은 서류들을 준비하는 것이었다. 그러나 숲유치원에 대한 학부모들의 높은 관심으로 시市로부터 인가와 보조를 받는 모든 절차를 잘 처리할 수 있었다.

독일 학부모들은 왜 숲유치원에 관심이 크다고 생각하는가?

학부모들이 자연과의 교류, 자연에서의 활동이 아이들에게 얼마나 중요한지를 깨닫기 시작했다. 부모들은 아이들이 취학하게 되면 많은 시간을 의자에 앉아 생활해야 한다는 것을 알고 있다. 그래서 취학 전 자녀가 자연의 품에서 마음껏 뛰어놀고 자유롭게 활동하며 배우는 기회를 제공하는 숲유치원에 관심이 많을 수밖에 없다고 본다.

왜 아이를 숲유치원에 보내는가?

숲유치원 교육에 대해서는 오래 전부터 알고 있었다. 아이들이 자연에서 활동하며 건강하게 자랄 수 있는 그 자체에 끌렸다. 동식물을 오감을 통해 가까이 접하며 자랄 수 있다는 것이 얼마나 행복한 일인가. 더군다나 내 경우에는 직장 때문에 아이들에게 자연을 접할 수 있는 시간을 충분히 주지 못하는 상황이어서 숲유치원에 꼭 보내고 싶었다.

카롤리네 레어허|Caroline Lerche
독일 헤데른하임 숲유치원 학부모

숲유치원에 다니는 아들의 취학 준비에 대해 걱정하지 않는가?

걱정해 본 적이 없다. 나는 내적으로 준비된 아이들은 어디에서 무엇을 배우든 잘 배우고 이해할 수 있을 거라고 확신한다. 예를 들어, 한 아이가 수를 세는 것에 관심이 있다면, 그 아이는 숲의 일상에서 수를 이해할 수 있는 무엇인가를 찾을 것이다. 나뭇가지나 돌멩이, 솔방울 등으로 숫자 세기를 하거나, 손으로 땅바닥에 글자를 쓰거나 할 것이다.

아이가 날마다 옷을 더럽혀서 집으로 돌아오는데 귀찮지 않은가?

숲유치원에는 일반 유치원과 전혀 다른 것이 있다. 모든 아이가 더러운 신발과 옷을 입고 다니는 것이 예삿일이다. 나도 아이들에게 옷을 깔끔하게 입히려고 하지 않는다. 가끔 옷이 심하게 더러울 때만 빨아 준다.

아이가 숲유치원에 다닐수록 자연에 대해 더 많은 것을 이해한다고 생각하는가?

큰아들은 이태 동안, 작은 아들은 일 년 동안 숲유치원에 다녔는데, 흥미롭게도 초등학교에 다니고 있는 큰아이는 지금도 자연과 동물들에 대해 관심을 갖고 새로운 아이디어를 찾고 몰입한다. 물론 작은 아이도 자연과 가까이하는 시간이 많지만, 아직은 텔레비전이나 컴퓨터에 빠지는 경향이 있다. 작은 아이도 곧 자연에 더 관심을 보일 거라고 확신한다.

잉그리트 미클리츠 Ingrid Miklitz
독일 바덴부르텐베르그 주 숲유치원 협회장

어떻게 숲유치원에 대한 책을 쓸 생각을 하게 되었는가?

지금은 다 자라서 사회인으로서, 대학생으로서 열심히 살고 있는 아이들을 키우면서 많은 고민을 한 것이 계기가 되었다. 아이들이 어렸을 때, 일반 유치원에 다닐 때에 힘들어했는데, 지금 대학생이 된 막내아들은 그 뒤에 숲유치원에 다니면서 아주 행복해했다. 그 뒤 취학하고는 몇 차례 월반을 할 정도 학습 능력도 좋았다.

숲유치원에 대해 쓴 책이 많은 호응을 얻게 될 것이라는 생각을 했는가?

많은 사람이 관심을 보이리라고 짐작했다. 숲유치원 설명회나 강연을 할 때마다 사람들은 숲유치원에 대한 자료를 얻고 싶어했다. 숲유치원에 관심 있는 분들이 설립, 운영할 수 있을 정도의 체계적이고 정확한 정보를 담은 책이 필요하다고 생각했다. 요즘 사회 분위기가 자연 친화적인 새로운 교육학을 요구하는 것 같다.

한국에서도 숲유치원들이 세워지기 시작했다. 해 주고 싶은 도움말이 있다면?

아이들은 호기심이 많다. 교사들은 탐구하려는 아이들의 욕구가 충족될 수 있을까를 끊임없이 고민하고 터득해야 한다. 숲유치원은 교사뿐만 아니라 부모도 함께 고민하고 힘을 모아야 효과적인 교육으로 나아갈 수 있다는 점을 인식해야 한다.

이미라
산림청 산림휴양등산과장

산림 정책 입안자로서 숲유치원에 대한 견해는?

숲에서 오감을 통해 생명의 존귀함과 자연의 이치를 배우며 강건하게 자라는, 전인적인 성장을 도와줄 수 있는 공간이자 프로그램이라고 생각한다.

우리나라에 숲유치원 제도가 필요할 때라고 생각하는가?

우리나라 산림은 녹화에 성공한 이후, '심는 정책'에서 국민이 숲의 가치를 '누리는 정책'으로 전환해 나가고 있다. 이러한 정책 패러다임에서 숲유치원은 미래세대인 유아의 눈높이에 맞는 제도로서 앞으로 지속적으로 발전시켜야 할 분야라고 생각한다.

숲유치원의 장점에 대해 세 가지만 꼽아 본다면?

1. 회색 도시에서 생명의 터전인 숲을 접할 수 있는 기회를 제공함으로써 어릴 때부터 자연과 생명을 존중하는 사상 등을 자연스럽게 습득한다는 점.
2. 다양한 숲체험 놀이를 통해 유아의 창의성, 사회성 등을 배양할 수 있는 기회를 제공하는 점.
3. 나날이 늘어나는 아토피, 천식 같은 환경성 질환, 비만율 등에 대응하여, 유아의 건강을 고려한 자연친화적 보육 프로그램을 제공하는 점.

숲유치원 만들기

숲유치원 구성 요소

1. 숲유치원 개념

숲유치원을 구성하는 아이들의 수나 연령과 교사와 학부모의 역할, 활동 장소, 교육 내용 등은, 먼저 숲유치원이 지향하는 교육 목표와 이념이 명확해야 결정할 수 있다. 숲유치원은 기존 유아 교육 기관과는 달리 설립 및 운영 목적에 따라 운영 방법이 다양해질 수 있기 때문이다. 숲유치원을 만들기 전에 꼭 필요한 '숲유치원 개념'을 체계화하기 위해 우선되어야 할 주제들은 교육 이념, 교육 목표, 교육 방법, 교육 내용 등이다.

맨 먼저 숲유치원 교육의 올바른 이념 정립이 이루어져야 한다. 그동안 '자연교육', '녹색교육', '생태교육', '환경교육', '야외교육' 등 비슷하면서도 경계가 분명한 내용이 혼재되어 왔다. 교육과정, 교육 방법, 교육 이념 등 서로 다른 개념이 같은 주제 안에서 논의되고 있음을 알 수 있다. 물론 숲유치원의 교육 이념은 총체적이고 포괄적인 의미를 내포하기 때문에 언어로 규정하는 데 어려움이 따른다. 그러나 숲유치원을 만들어 가는 분들이 서로 공감대의 넓이와 깊이를 더해 갈 수 있기 때문에 숲유치원 교육의 올바른 이념 정립이 우선 필요하다.

2008년 산림청 연구 용역인 '숲유치원의 효율적 운영 방안과 프로그램 개발'의 결과 보고서에 한국형 숲유치원의 교육 이념으로 '생태대안 교육철학'이라는 여러 교육 이념을 통합한 개념을 제시했다. '생태대안 교육철학'의 의미를 분석 및 평가하는 공동 작업이 앞으로 국내에서 만들어지는 숲유치원의 교육 이념 정립의 시작점이 될 수 있을 것으로 생각한다.

숲유치원의 교육 목표는 아이들이 결정한다. 이상적인 구호처럼 들릴 수도 있겠지만, 교육 목표를 선정하는 궁극의 목적은 '아이들이 어떻게 교육 목표를 결정할 수 있도록 할 것인가?'를 찾는 노력이다. 간단한 예를 들어 보자. '지도에도 없는 미지의 세계를 여행한다면 일 년 뒤에 나는 어디쯤 가 있을까?' 이 여행에서 세울 수 있는 목표는 탐구심과 모험심 배양, 호연지기 연마, 미지 문명에 대한 이해와 소통 등이다.

이처럼 숲유치원에서의 배움 또한 미지의 세계를 여행하는 것과 같다. 그래서 숲유치원의 교육 목표는 '아이들이 배우고 깨우치는 만큼'이 될 수 있고, '숲속 다른 생명과 친구하기'라는 것만으로도 모든 것을 품을 수 있다. 생태는 생명과 모든 현상 그리고 사물의 상호 관계이다. 아이들이 숲에서 활동하며 생태를 중심으로 인성과 창의성의 바탕이 되는 영성을 키우고, 정의로운 사회인으로 성장하기 위한 공동체성을 함양하는 교육 목표들은 전인교육 양성 목표와 다르지 않다.

숲유치원 교육의 방법과 내용에 대해서는 다른 장에서 다루었다. 숲유치원의 주체인 아이들은 함께 놀며 공부하는 '평생 도반의 인연'이란 사실을 강조하고 싶다. 다양한 도반들의 모임일수록 교육 방법과 내용이 풍부해지고 이러한 배움의 다양성은 교육의 목표라기보다는 교육 방법을 통한 교육 내용으로 녹아 나게 된다.

'(사)나를 만나는 숲'이 제의하는 숲유치원 구성은 심신 장애아, 보호시설 아이 등 숲 문화의 소외 계층을 일정 비율 포함시킬 것을 규정하고 있다. 이러한 구성은 참가하는 모든 아이가 서로에게 스승과 같은 도반으로서 상호 역할이 가능하기에 적극적으로 권하는 바이다.

2. 숲유치원 구성 주체

대안교육에서는 피교육자인 아이들의 주체적이고 자발적인 결정을 존중한다. 일반 교육기관은 설립과 운영은 말할 것도 없고 선택까지도 전적으로 교사와 학부모의 몫이지만, 숲유치원에서는 개별적인 인격체로서의 아이들 의견을 존중한다.

남원에 있는 대안학교인 실상사 작은학교의 학생 선발 과정을 눈여겨보면 이에 대한 깊은 배려가 있음을 알 수 있다. 작은학교는 방학 때마다 체험교실을 운영한다. 초등학교 4학년부터 신청할 수 있으니, 아이들이 작은학교를 선택하기 전에 3년 동안에 걸쳐 여섯 번의 탐색 기회가 있는 셈이다. 체험 기간에 선생님들은 아이들의 적응 능력을 파악하게 된다.

실상사 작은학교의 예에서 제안할 수 있는 것은, 숲유치원을 개원하기 전에 시범교실을 운영해 보는 것이다. 시범교실 체험을 통해 아이들이 스스로 선택하고 결정할 수 있게 한다면 그 결정에 따른 책임감도 자연스럽게 생길 수 있으리라 생각한다. 더 나아가, 활동 장소 선정과 대피 시설 마련 등 모든 준비 과정에 아이들이 참여함으로써, 아이들 스스로 숲유치원의 주인임을 분명히 인식하게 하는 것이 바람직하다.

숲유치원의 교육철학은 '교사 없는 교육, 프로그램 없는 교육'이다. 앞서 말했다시피 '교사 없는 교육'이란 아이들이 주체적으로 자신의 인지력을 사용해 사실을 깨우치는 것을 뜻하고, '프로그램 없는 교육'이란 끊임없이 변화하는 자연 속에서 활동하는 아이들이 프로그램이라는 인위적인 이해 과정을 거치지 않고 배우는 것을 말한다.

　그래서 숲유치원에서 교사는 아이들이 펼치는 꿈의 세계에 초대받은 행복한 손님이다. 초대받은 손님은 주인공인 아이들이 꿈꾸는 세계가 더 풍요롭고 아름다워질 수 있도록 훌륭한 조연 배우가 되어야 한다. 필요에 따라서 프로그램을 제안할 수는 있지만, 놀이를 이끌어서는 안 된다.

　숲유치원 교사는 일반적으로 다음과 같은 소양을 갖추어야 한다. 숲에서 활동하는 교육에 대한 자부심이 있어야 한다. 곧, 새로운 대안교육으로서 아이들에게 미치는 숲유치원의 긍정적인 효과에 대한 자기 확신이 분명해야 하고, 자연관이 뚜렷해야 한다. 지난 세월 사람들은 자연을 인간 생활의 활용재로 여겨 왔으나, 환경 문제와 자원 고갈, 기후 변화 등을 겪으면서 새로운 자연관이 대두하게 되었다. 이 새로운 자연관의 근간은 인간이 자연의 일부라는 철저한 공존 관계에 대한 인식이다. 숲유치원 교사는 숲을 이루고 있는 생물 및 무생물과의 공존 관계를 정확히 인식하고 행동으로 옮길 수 있어야 한다.

　또 숲유치원 교사는 자신만이 아이를 가르칠 수 있다는 사고방식과 행동 양식에서 벗어나야 한다. 미래는 창조성이 강조되는 시대이다. 창조성은 누군가가 주입할 수 있는 것이 아니라, 다양한 경험과 체험 속에서 키워진다. 따라서 미래 시대의 자원인 시간과 공간을 창조적으로 다룰 줄 아는 아이, 호기심에서 출발해 지적 욕구를 충족하고 싶어하는 아이로 자랄 수 있도록 배려해야 한다. 교사의 개입 빈도와 창의력 발달은 반비례한다.

　숲유치원 교사는 기다림의 교육을 이해해야 한다. 아이가 어떠한 사물과 현상에 대해 주체적으로 사고하고 이해하려고 노력하는 과정이 중요하기 때문이다. 아이들이 질문하면 곧바로 답을 알려 주는 것이 아니라 스스로 고민해서 해답을 찾을 수 있도록 유도하며 기다려 주어야 한다.

　인간의 어떠한 행동도 의미가 없는 것은 존재하지 않는다고 한다. 무엇보다도 교사로서 아이들의 행동을 이해하고, 아이들이 무엇을 하고 싶어하고,

무엇을 요구하는지 알 수 있도록 노력하는 마음이 가장 중요하다.

다음에 소개하는 '숲유치원 교사의 역할과 책임'은 스위스 상갈렌 숲유치원 교사인 마리우스 치르키가 10여 년 동안의 경험을 기록한 '자연과의 만남 4단계'를 바탕으로 정리한 것이다. (이 책 4장의 숲 활동 프로그램 사례에서 단계별로 적용할 수 있는 것들을 확인할 필요가 있다.)

숲유치원을 국내에 소개하며 가장 많이 듣는 질문 가운데 하나가 교사의 역할과 책임이다. 숲유치원의 교육 특성을 '교사 없는 교육, 프로그램 없는 교육'이라고 표현한 데에서 생기는 의문인 듯하다.

"교사 없이 교육이 가능할까요?", "교사는 지켜보기만 하면 되나요?", "누구나 교사 역할을 할 수 있나요?" 같은 질문을 수도 없이 들어 왔다.

내 학창 시절에 선생님들은 교사의 역할에 대해, 자신들은 소를 물가로 인도하는 역할을 할 뿐, 물을 먹거나 먹지 않는 것은 학생이 판단할 몫이라고 자주 말하시곤 했다. 곧 스스로 공부하는 것이 중요하다는 뜻이었다. 이에 대해서도 여러 가지 물음이 이어질 수 있다. 물가에서 교사가 먼저 물 마시는 시범을 보일 것인가, 혹은 물을 마실 때에는 어떤 자세가 옳으며, 마시는 물의 양은 누가 가장 많은지 따위를 평가할 것인가 등이다.

학교 교사나 숲유치원 교사에게 부여된 책임에 따라 현장에서 필요한 역할이 명확히 규정되는데, 그 역할 수행이 어떠한가에 따라 아이들의 자발적인 자기 결정 능력과 자신만의 창의적인 성장 기회를 제공할 수도 있고, 제한할 수도 있다.

숲유치원은 어디부터 어디까지가 학습 공간이며 어떤 과정으로 자연을 이해해야 하는지를 세분화한 교육과정도, 자연 숲에 대해서 기술한 교과서도 없다. 또 대부분 숲에서 놀아 본 경험도 없는 터이기에, 누구에게나 똑같이 미지의 세상이다. 그러니 교사들이 할 수 있는 역할은 대자연으로 통하는 숲이라는 입구까지 아이들을 데려다 주는 것 정도가 아닐까 싶다.

상갈렌 숲유치원의 마리우스 치르키는 어린 아이뿐만 아니라 초중고 학생과 성인들도 대상으로 하여, 자연과 만나는 과정을 네 단계로 나누고 각 단계에서마다 교사의 역할과 책임을 정리했다. 그는 미카엘 칼프(「자연과 환경교육학 개론」)의 이론적 견해와 스위스 상갈렌 숲유치원에서의 실제 활동 경험을 바탕으로, 숲유치원 교사가 지녀야 할 보편적인 지식과 수행해야 할 행동들을 단계별로 설명하고 있다. '자연과의 만남 4단계'라는 제목으로 정리해 놓은 본 내용은 상갈렌 숲유치원 아이들(4살부터 9살까지)과 현장에서 함께하며 10여 년 동안에 걸쳐 보완하고 수정하는 작업을 이어 가고 있다.

숲유치원 교사의 역할과 책임에 대한 연구 결과는 숲유치원 운영, 관리, 프로그램 같은 분야에 견주어 빈약한 편이다. 이 책을 준비하면서 숲유치원 교사의 역할과 책임에 대해 글을 쓰고 싶다고 하자 마리우스 치르키는 기꺼이 응해 주면서 이런 말을 덧붙였다.

"아이들과 자연에서 효율적으로 보낼 수 있는 교육 지침이란 존재할 수 없다고 생각한다. 다만, 대자연에 대한 교사의 이해와 경험 그리고 순간의 느낌이 중요하다."

마리우스 치르키의 말처럼, 숲유치원 교사들은 아이들을 위해 진솔한 열정과 포근한 마음으로 함께하는 것이 무엇보다 중요할 터이다.

아이들이 숲이라는 자연을 만나는 과정을 네 가지 단계로 나누어 각 단계별로 그 내용을 자세히 설명한다.

제1단계: 온몸의 감각으로 자연과 만난다

제2단계: 자연을 발견하고 자연으로부터 배운다

제3단계: 감각의 경험을 심화해 간다

제4단계: 자연과 하나가 된다

제1단계: 온몸의 감각으로 자연과 만난다.

숲이라는 공간을 처음 만나는 아이들 중에는 더러 낯선 환경에 대한 믿음이 없어 마음을 잘 내지 않거나 심지어는 불안해하는 아이도 있다. 이런 경우 교사는 몸의 기본적인 감각을 이용한 놀이를 활용하여 아이가 숲이라는 공간으로 가까이 다가갈 수 있도록 도와준다. 일상생활에서는 등한시하던 감각을 통해 자연을 발견하고 경험하는 과정이라, 다소 부자연스럽게 느껴질 수도 있다. 그러나 잠시 자신의 마음을 들여다보면 이것은 우리가 자연과 떨어져 살아오면서 생긴 벽임을 알 수 있다. "숲유치원 교사는 아이들과 함께 배운다"는 경구를 절감하게 되는 부분이기도 하다.

예를 들어, 아침에 숲으로 들어가면서, 숲에 들어가기를 꺼리는 아이들이 보고 들을 수 있도록 다정하게 숲에게 인사를 한다. "사랑하는 숲아! 안녕! 잘 잤니?"

이어서 주위를 둘러보며 아이들에게 묻는다.

"우리는 지금 어디에 있지요?"

"누가 누가 여기에 살까요?"

"흠흠! 여기에선 무슨 냄새가 나지요?"

"어? 무슨 소리가 들리나요?"

"이 조그만 꽃잎은 무슨 색깔일까요?"

"이 나무는 얼마나 큰지 우리 두 사람이 같이 안아 줘야겠네!"

우리 몸의 감각 기능을 통해 자연 숲과 만나는 방법은 여러 가지가 있을 수 있다. 그것은 현장 상황에 따라 교사가 응용하고 개발하여 적용하면 된다. 그러는 과정에서 아이들의 변화가 감지되면 좀 더 예민한 감각을 요구하는 단계로 아이들을 이끈다. 상갈렌 숲유치원에서는, 모두 함께 등과 손바닥을 땅바닥에 대고 누워 조용히 눈을 감는다. 손과 등으로 느껴지는 대지의 호흡을 감지한다. 숲속 공기를 들이마시고 숲에서 들리는 온갖 소리에 귀 기울여 본다. 그늘과 햇빛이 피부에 와 닿는 차이를 느끼며 어느 부분이 따뜻하고 어디가 차가운지를 느껴 본다. 한참 뒤 교사는 나지막한 목소리로 노래를 불러주기도 한다. 땅바닥에 누운 채 눈을 떠서 위에서 지붕을 이루고 있는 나뭇잎의 형형색색을 감상하고 숲에서 함께 생활하는 식물과 동물을 떠올리며 마음속으로 인사를 나눈다.

아이들이 숲과 감각적인 교감을 하기 위해서는 먼저 교사가 숲 자연과 감각적으로 교감할 수 있어야 한다. 교사의 느낌은 여러 형태로 아이들에게 전달된다. 숲에서 느끼는 다양한 느낌은 아이들이 누리는 여러 자연체험 선물이다. 아이들이 감각기능을 통해 느끼는 자연의 모습은 곧 자연과의 새로운 만남이다. 아이들은 숲에서 만나는 주변 사물에 자신들의 느낌대로 고유한 이름들을 붙여 준다. 나무껍질이 두꺼운 소나무는 '울퉁이!', 종종 발이 걸려 넘어지는 돌부리는 '심술꾸러기!', 물관부, 체관부가 표피 바로 아래 있어서 물질 흐름으로 따뜻하게 느껴지는 '따뜻한 나무!' 등등. 자연과의 위대한 관계 맺기가 시작되는 첫 단계이다. 이제 아이들은 친구처럼 이름을 부르며 자연한테 다가설 줄 안다.

매일매일 아이들은 자연과 대화하는 시간이 길어지고, 말투는 부드러워지며 배려하는 행동들이 눈에 뜨인다. 나이별 또는 개인별 차이가 있기는 하지만 그 차이는 크게 두드러지지 않는다. 이미 동식물의 개별적인 특성에 관심이 많은 일곱 살 또래의 경우나, 또는 학교에서 이론적으로 학습한 초중고 학생 이상 성인의 경우는 기본적인 감각을 경험할 기회를 자주 제공하고, 개별적인 사물에 대한 지식과 동식물에 대한 구분은 부수적인 것으로 유도할 수 있다.

개별적인 사물에 대한 느낌과 함께 숲과 자연을 부담 없이 받아들이며 마음껏 활동하는 것은 자연에 대한 긍정적인 감정의 표출로서 받아들여도 된다. 이렇듯 아이들의 변화가 분명히 감지되면 두 번째 단계로 넘어간다.

제2단계: 자연을 발견하고 자연으로부터 배운다.

온몸의 감각을 활용하여 숲과 결합하는 과정은 그 자체가 아름다운 의식의 시작이다. 아이들은 새로운 친구들을 사귀게 되었고, 이제 서로 알아 가는 과정이 전개된다. 자연을 발견하고 자연으로부터 배우는 과정이다. 좀 큰 아이들이나 초중고생 아이들은 이미 알려진 지식과 교류하는 기존 방식을 터득하고 있기 때문에, 다른 단계보다 교사의 의도와 언어를 쉽게 신뢰할 수 있는 단계임을 경험적으로 확신하고 있다. 자연의 아름다움과 위대함은 주로 대중매체의 환경 전문 텔레비전 프로그램이나 기획보도 등을 통해 우리에게 전달된다. 우리가 직접 자연 속에서 그 가치를 발견하고 배우는 경우는 드물다. 요즘 아이들은 자동차 이름이나 텔레비전 프로그램 제목은 알고 있으면서도, 나무나 꽃 이름은 열 개 이상 알고 있는 경우는 그리 많지 않다. 요즘 아이들에게 자연은, 이미 우리 일상생활과 멀어져 있어서, 자동차나 텔레비전 프로그램에 비해 흥미나 가치 측면에서 뒤떨어진 듯하다. 그럴 수밖에 없는 것이, 우리는 아이들에게 자연의 가치는 물론이고 자연이 얼마나 흥미롭고 재미있는지 찬찬히 보여 준 적이 없다.

그러나 일상생활에서 만나는 자동차나 텔레비전 프로그램을 자연에 견줄 수 없는 까닭은 바로 자연이 가진 생명력에 있다. 자동차나 텔레비전 프로그램은 박제화된 정보인데 비해, 자연은 살아 있는 다채로움의 향연이다. 살아 있다는 것은 끊임없는 변화를 뜻하며, 그 변화는 면밀한 관찰력과 무한한 상상력 그리고 인내력 등을 요구하는 마력 덩어리다. 이 마력이 놀면서 자연을 발견하고 사물에 대한 지식을 얻게 하는 원동력이다. 마치 좋은 친구를 만나기 위해 아침이 기다려지듯, 자연이란 친구는 알면 알수록 더 알고 싶어지는 마력을 갖고 있다.

여기서 교사는 아이들이 새로 사귄 자연 친구가 매우 멋있고, 아주 흥미진진하며, 함께하는 것이 재미있다는 것을 보여주어야 한다. 자연과 만나는 네 단계 중에서 제2단계는 교사의 역량인 '열정의 필요성'이 중시되는 과정이기도 하다. 물론, 제1단계에서 아이들과 충분히 활동한 경우, 아이들은 스스로 제2단계로 자연스럽게 옮겨 가며 자연의 구성 요소인 동식물에 대한 구분에 깊은 관심을 보인다.

아이들에게 제공되는 숲놀이는 자연을 알아 가는 흥미롭고 재미있는 과정이어야 한다. 최근 들어 단발적인 자연체험 과정에서 아이들의 흥미 유발과 주어진 짧은 시간 안에 가시적인 교육 결과를 얻기 위해 여러 가지 숲놀이 체험 프로그램들이 이루어지고 있는데, 아이들의 흥미와 재미를 이끌어 내기에는 시간이 부족하다. 그러나 이러한 프로그램 중에는 제1단계를 거치며 온몸의 감각으로 자연과 만나는 자기 준비가 된 아이들에게는 충분한 마력 덩어리 역할을 할 수 있는 것들이 많다. 그 가운데에서도 아이들이 감각적으로 접근하기보다는 그동안 숲에서의 경험을 종합적으로 연결하여 사고할 수 있는 프로그램들을 선택해야 한다. 나무 초상화 놀이, 먹이와 배설물 같은 동물들의 흔적을 찾아내고 발견한 것들에 대한 평가를 하는 놀이, 식물 퀴즈 놀이, 숲 수프에 사용할 허브 식물과 꽃 찾기, 꽃봉오리 만다라를 만드는 데 필요한 꽃잎 모으기 등이 있다.

이러한 놀이를 진행하기 위해서는 교사들의 철저한 고뇌 어린 준비 과정이 전제된다. 교사는 아이들의 나이와 흥미 분야, 호기심 정도, 자연에 대한 사전 지식 등에 따라 철저하게 놀이 준비를 한다. 그래서 아이들이 놀이를 통해 한 그루의 나무가 포르셰 자동차보다 더 매력적이고, 자연의 변화가 그 유명한 텔레비전 프로그램보다 더 흥미롭다고 느낄 수 있게 해야 한다.

그리고 나서 날마다 자연의 새로운 면을 발견하고, 그 내용이 어제 알았던 내용과 연결되어 내일 발견할 새로운 사실에 대한 기대감을 키우는, 발견과 배움이 연속되는 다음 단계로 연결해 간다.

제3단계: 감각의 경험을 심화해 간다.

지금까지 숲의 변이 과정을 관찰하고 자연의 지식을 배우는 과정은 눈으로만 볼 수 있고, 귀로만 들을 수 있다고 하는 공식화된 감각 기능만을 사용해 왔다. 제3단계는 이러한 일반적인 공식을 극복하여 감각의 경험을 다양하게 심화시켜 간다. 예를 들면, 눈을 통해 '사물을 본다'는 기능은 대상의 모습을 인식하는 과정이다. 그러나 손으로 만져서도 사물의 모습을 인식할 수 있다. 그러니까, 개별적인 감각기관의 기능을 차별화시켜 감각 경험을 심화하는 단계이다. 이 단계를 통해 아이들이 조금 전까지 '우리는 자연과 함께한다'고 느꼈다면, 이제는 '자연이 우리와 함께한다'고 느낄 수 있다. 그 느낌은 자연을 우리 내면으로 깊이 받아들일 때만 가능하기 때문에 아이들과 함께하기 전에 교사 자신이 반드시 먼저 경험해 볼 필요가 있다.

방법은 여러 가지가 있다. 예를 들어, 상갈렌 숲유치원에서는 '발로만 보아라' 프로그램을 진행하고 있다. 준비물은 안대와 밧줄이다. 아이들은 안대로 눈을 가리고 신발을 벗은 채로 밧줄을 꼭 잡는다. 행렬 맨 앞에는 눈을 가리지 않은 아이가 밧줄을 잡고 친구들을 숲속으로 유도한다. 우리가 가장 많이 사용하는 감각기관인 눈의 '보는' 기능을 발바닥이 대신하는 것이다. 두 발로만 숲을 보고 느껴야 한다. 되도록이면 노면이 울퉁불퉁한 자갈길과 물이 고인 습지대나 실개천 등 다양한 느낌을 받을 수 있는 곳으로 이끈다. 그런가 하면 눈을 감고 나무줄기나 잎, 돌 등을 충분히 만져 본 뒤, 눈을 뜨고 확인하는 놀이를 반복하기도 한다.

'발로만 본다. 손으로만 본다'는 것에 의구심이 든다면, 헬렌 켈러의 경우를 상기해 보라. 들을 수도 볼 수도 없었지만, 손끝에 전달되는 떨림으로 나무 위에 앉아 지저귀는 새의 소리를 들을 수 있었고, 손으로 더듬으며 어머니의 얼굴을 볼 수 있었던 헬렌은 '느낄 수 있는 것(I can feel!)'이 자신의 최대 장점이라고 서슴지 않고 말했다. 아이들은 눈을 감고 걸으면 발에 모든 감각신경이 집중되는 것을 느끼게 된다. 그리고 발의 피부를 통해 인식된 외부 정보는 마치 눈의 시신경을 통해 사물의 형태를 인식한 것과 같이 느끼게 되고 평소에는 들리지 않던 소리가 들린다고 할 것이다.

'발로만 본다' 숲놀이를 마치고 나서 마무리 시간에 아이들과 앉아 경험한 느낌들을 종합한다. 이와 유사한 숲놀이를 다양하게 펼쳐 아이들의 감각 기능을 차별화하여 자연을 종합적으로 느끼는 과정은 그동안 부분적으로 인식해 왔던 자연과의 괴리를 줄이는 데 도움이 될 것이다.

제3단계를 거치면서 아이들의 행동과 질문의 수준으로 자연과의 관계 선정이 분명해지고 있다는 것을 느낄 수 있다.

제4단계: 자연과 하나가 된다.

우리는 '인간이 자연과 하나'라는 사실을 인식하고 있다. 제4단계는 사실을 인식하고 그 사실을 실생활로 체화시키는 과정이 포함된다. 교육을 통해 알고 있는 지식을 구현할 수 있도록 추동하는 단계에서 여러 방법을 사용하는데, 그 효과에 따라 교육의 질이 평가되곤 한다.「생각 창조의 기술」(공선표, 리더스북)에서는, 읽는 것은 읽은 것의 10~20퍼센트를 기억하고, 듣는 것은 들은 것의 20~30퍼센트를, 보는 것은 본 거의 30~50퍼센트를, 보고 듣는 것을 동시에 했을 때는 50퍼센트를, 기억하는 것들을 머릿속에서 재구성할 때는 60~80퍼센트 그리고 실제 행동으로 옮겼을 때에는 80~100퍼센트를 기억한다고 한다. 결국, '내가 자연'이라는 사실을 알고 실생활에서 구현하기 위해서는 먼저 의식적인 체험을 통해 내가 자연의 일부임을 인식하고 자연 속에서 자연과 하나임을 확인할 수 있어야 한다.

온종일 숲에서 생활하는 동안에는 인간이 자연과 하나라는 사실마저 인식할 수 없을 정도로 '내가 곧 자연'인 진정한 일체 상태이며, 숲을 떠나 집으로 돌아오면 자연과 분리된 듯한 느낌을 받는다. 숲은 마치 자연에 이르는 입구, 즉 현관문처럼 느껴진다. 문을 열고 나오면 일상생활이고 들어가면 자연과 함께하는 세상이다. 그러나 그런 느낌도 잠깐이다. 집과 숲 사이의 왕래가 반복되다 보면 집과 숲이, 도시와 자연이, 나와 자연의 구성 요소들이 모두가 하나임을 저절로 느끼게 된다. 결국, 우리는 자연의 일부분이고 자연은 우리의 전체임을 알게 되며, 숲 공간과 집 공간의 경계가 소중하게 여겨지고, 숲에서의 생활과 집에서의 생활 간의 가치 구분이 없어지게 된다.

어쩌면 숲유치원 교육이 추구하는 최종 목표일 수 있는 이 과정을 위해 교사는 분명한 임무를 요구받는다. 교사의 직접 경험이 필요하다. 교사 자신이 숲 생활이 안전하다는 경험 없이, 스스로 자연의 일부라는 확실한 느낌 없이 이러한 명상적이고 깊이 있는 자기 체험을 아이들에게 전달하는 것은 불가능하기 때문이다. 따라서 숲유치원 교사는 단순히 소를 물가로 안내하는 역할만 하는 것은 아니다.

제3단계를 거쳐서 제4단계에 들어서면 아이들의 느낌을 세밀하게 분석할 수 있어야 한다.

다음은 제4단계 놀이 가운데 하나이다.

아이들 스스로 나무가 되어 보게 한다. 더 나아가 아이들에게 따뜻한 땅속에서 오랜 어둠을 견디고 마침내 햇빛 속으로 솟아오른 작은 새싹이 되게 마법을 걸어 본다. 아이들은 자신들이 가장 좋아하는 나무가 될 수 있다. 작은 새싹들은 비바람을 견디며 점점 더 강해진다.(이 놀이를 할 때 놀이에 알맞은 노래를 불러 보는 것도 바람직하다.) 몇 번의 나무 체험을 되풀이한 다음, 천천히 상황을 바꾸어 아이들이 다시 사람이 되도록 마법을 건다.(이 과정은 아주 중요하다.) 이러한 체험을 한 뒤 아이들과 함께 무엇을 느꼈는지를 이야기한다. 누구든 이야기하고 싶어하는 아이에게 이야기할 기회를 준다. 어떤 경우라도 강요로 이루어져서는 안 된다. 이러한 유형의 대화는 서로 신뢰하고 사랑이 가득한 분위기에서 진행되어야 한다. 경우에 따라서는 '교사-아이(참가자)'의 구분도 잊어야 한다. 다른 친구의 이야기를 평가하기보다는, 잘 듣고 전개되는 상황에 따라 자신의 느낌을 이야기하게 한다. 제3단계까지의 놀이와는 사뭇 다름을 알 수 있다.

지금까지 소개한 네 단계 과정은 현장에서 다양한 방법으로 차근차근 실행해 볼 수 있다. 무엇보다도 시간 간격을 두고 아이들이 한 단계 활동을 경험하고 다음 단계를 하려고 애쓰는 느낌을 분명히 확인한 뒤에 다음 단계로 넘어가도록 한다. 상갈렌 숲유치원의 경우, 날마다 숲에서 생활한 아이들이 4단계의 원리에 도달하기까지에는 일 년이라는 시간이 걸렸다고 한다. 그런 예에서처럼 충분한 여유를 가지고 진행해야 한다.

매번 '자연과의 만남' 시간이 끝날 때에는 처음에 숲에게 인사를 했던 것처럼 숲과 작별 인사를 한다. 숲과 헤어지는 시간이 중요한 이유는 숲을 어느 놀이터처럼 '오고 싶을 때 오는 곳'이나, 상업적 놀이시설처럼 '그냥 재미있는 곳'으로 받아들여져서는 안 되기 때문이다.

이상이 마이우스 치르키가 상갈렌 숲유치원 활동을 통해 정리한 숲유치원 교사의 역할과 책임에 대한 내용 요약이다. 끝으로, 마리우스 치르키가 '교사들에게 고함'이라는 제목으로 쓴 글을 곁들인다.

"당신 스스로 숲을 생명력이 내포된 하나의 유기적인 생명체로 받아들일 수 있다면 그리고 숲을 통과해서 지나다니는 것이 아니라 항상 자연 속의 자신을 느낄 수 있다면, 당신은 숲이 갖고 있는 이런 신비로움과 함께 아이들에게 좀 더 쉽게 다가갈 수 있으며 다양한 활동을 통해 교사로서의 역할과 책임을 다할 수 있을 것이다. 자신이 자연과 하나임을 느끼는 그 자체만도 얼마나 아름답고 심오한 경험인가!"

마리우스 치르키는 이어서 교사들에게 다음과 같은 구체적인 역할을 요구하고 있다.

"아이들이 자연과, 나무와, 숲과 대화할 수 있도록 도와라! 그러나 아이들 스스로 대화할 수 있도록 해야 한다! 아이들은 대상에 따라 다르게 대화할 수도 있다. 그냥 두어라! 돌멩이는 나무보다 더 오래 전부터 이 땅에서 살아왔고 널리 퍼져 있기에 나무들과 대화하는 것과는 다르다고 여길 수 있다. 아이들이 숲의 요정을 만나고, 난쟁이를 만나도록 내버려 두어라! 또한 그것을 대수롭지 않은 '놀이'로 여기지 말고 진지하게 받아들이고 소중하게 다루어 주려고 노력하라! 숲의 요정과 난쟁이들은 저희의 소리를 듣지 못하는 어른들보다 말이 잘 통하는 아이들과 이야기하기를 즐긴다!"

이 글을 읽으면서 단계별로 이해도가 다를 수도 있는데, 그것은 개인의 경험 차이에 기인한다. 대부분의 사람이 제2단계와 제3단계까지는 확실히 이해할 수 있을 것이다. 제3단계에서 제4단계로 넘어가는 것은 이미 동심의 세계에서 멀어져 머리로 지식을 이해하는 우리 어른들에게는 쉽지 않을 수도 있다. 우수한 졸업 성적을 얻은 예비 교원이 최고의 교사가 아니듯이, 숲유치원 교사 과정을 이수했다고 해서 진정한 숲유치원 교사가 되는 것은 아닌 듯하다. 그래서 경험자들이 "숲유치원 교사는 아이들과 함께 배운다"는 말을 자주 하는 것일 테다.

3) 숲유치원 학부모

숲유치원은 학부모의 절대적인 참여가 필요하다. 기본적으로 자녀들이 마음껏 숲 활동을 할 수 있는 옷차림을 준비해야 하고 옷이 더러워지는 것을 성가시게 여기지 말아야 한다. 학부모는 아이가 집으로 돌아오면 몸에 진드기 같은 것이 붙어 있는지 확인하고 몸을 씻어 주어야 한다. 그리고 아이들이 숲 활동을 하는 동안 옷이 더러워지는 것을 당연하게 받아들이는 마음가짐이 필요하다. 옷이 더러울수록 그 아이는 적극적으로 숲 활동을 하고 있는 셈이다.

또한 학부모 스스로 교육의 주체자임을 인식해야 한다. 숲유치원 운영에 적극적으로 참여함으로써 자녀에게 믿음을 주어야 한다. 부모들이 아이들의 생활 리듬을 정확하게 이해한다면 아이와의 원활한 소통으로 또 다른 행복을 찾을 수 있다.

아이는 지렁이나 개구리를 거리낌없이 만지며 친구로서 지내는데, 부모가 자연에 대한 이해가 상대적으로 부족해서 그러지 못한다면, 부모와 아이는 소통의 영역이 좁아질 수밖에 없다. 자연 속에서 여러 경험을 쌓아 가는 자녀와 마음의 언어로 자연을 공유할 때 부모도 자녀가 그러는 만큼 성장할 수 있다.

그리고 교사와 함께 한 달에 한 번 이상 만나 숲 생활 전반에 대해 의견을 나누는 것이 좋다. 소풍, 학부모 참여의 날, 축제 같은 연중 행사를 치르는 방법과 시기 등을 조율하고, 자녀에 대한 전반적인 사항을 충분히 이야기하며 문제점을 해결해 나가야 한다. 학부모의 역할을 세부적으로 나누어 보면 다음과 같다.

- 교사가 보내는 숲 활동 일지에 학부모 의견을 신중하게 전달한다.
- 필요에 따라 도우미로서 숲 활동에 적극적으로 참여한다.
- 새로운 학부모에게 다양한 경험을 전해 숲유치원 대한 이해를 돕는다.
- 대피소와 아이들의 숲 활동 장소를 관리하는 데 적극적으로 참여한다.

숲유치원 활동 공간은 아이들의 활동을 규정한다. 그러나 숲유치원 교육의 광의적 개념을 적용하면 자연 공간 어디라도 제한을 둘 수는 없다. 환경요소들이 자연적으로 존재하는 곳이라면, 어디든 무방하다.

다만 장소와 함께 고려되어야 할 것은 아이들의 자유로운 활동을 보장하는 최소한의 공간이다. 다양한 생태 환경을 경험하기 위해 여러 곳을 돌아다니며 활동하지만, '본거지' 개념의 공간은 확보해야 한다.

아이들이 낯설지 않은 자신들의 공간이라고 생각할 수 있다는 것은, 공간을 이루고 있는 요소들과의 관계 맺기가 원활하게 이루어지고 있음을 뜻한다. 보통 바다와 강은 장기적이고 연속적인 사용에 대한 소유권 분쟁이 심각하지 않지만, 임야나 숲은 국유지나 사유지 모두 개인적인 활용에 대한 법적 제한이 있다. 특히 보호구역(국공립공원, 자원유전자원보호림 등) 안에서 특별한 목적을 위해 사용하는 것은 매우 엄격하게 규제하고 있다.

앞으로 숲유치원이 더욱 확산되고 그 필요성이 인정되면 국유림 및 공유림(도유림, 시유림, 군유림 등)의 공식적인 활용 허가 제도가 도입되어야 할 것이다. 그러나 그 전까지는 개별적으로 문의하는 수밖에 없다. 우리나라는 다행히 산림청이 숲유치원의 필요성을 인식하여 국유림을 지역의 유아 교육기관에 적극적으로 개방하고 있다. 자세한 활동 공간 선정에 대해서는 '숲유치원 설립 매뉴얼'에서 다루도록 하겠다.

숲유치원 설립 매뉴얼

1. 설립 계획 단계

1) 숲유치원 설립 예비 모임

숲유치원의 필요성을 인식한 주체들의 모임이 이루어지면 구체적인 구상이 시작된다. 구상 단계에서는 기본적으로 주체들 사이의 인식을 서로 공유하는 시간이 필요하다. 먼저, 각자가 구상하는 숲유치원에 대한 개념들을 공유하는 게 첫걸음이다.

독일이나 일본의 경우, 학부모들이 숲유치원 설립 예비 모임을 이끄는 주체로서 교사 초빙과 활동 공간을 마련한다. 설립 예비 모임에 참가하는 학부모 가운데 사유림 소유자가 있거나(밤비노숲유치원, 꽃 숲유치원, 어린이의 숲유치원 등), 학부모가 대안교육에 깊은 이해가 있는 경우(다름슈타트 숲유치원, 어린이의 숲유치원 등), 설립 계획 단계에 도움이 된다. 따라서, 숲유치원 설립 예비 모임의 주체인 학부모는 대안교육과 숲유치원에 대해 자문을 구할 수 있는 숲유치원 전문가를 섭외하고 (예비) 교사, 활동 공간 소유자(산림청, 단체, 기업, 개인 등)와 함께하는 것이 이상적이다.

2) 활동 공간 확보 계획

숲유치원 설립 과정에서 가장 어려움을 겪는 부분은 활동 공간을 확보하는 것이다. 특히 대도시 인근에서 숲활동 공간을 찾는 일은 더욱 어렵다. 숲유치원에 대한 법적 근거가 없는 상황에서 국공유림의 정당한 사용 허가 취득을 요구할 명목이 없기 때문이다. 사유림 소유자들로부터 저렴하게 또는 무료로 사용 허가를 얻어서 활동하는 일본 숲유치원의 경우가 좋은 사례가 될 수 있다.

아래 양식은 '(사)나를 만나는 숲'이 숲유치원을 설립하는 계획 단계에서 토지 소유자인 종교 단체와 체결한, 공간 활용을 위한 계약서 견본이다.

토지 사용 승낙 확약서

1. 토지 지번 : ㅇㅇ구 ㅇㅇ동 ㅇㅇㅇ번지

2. 토지 조서

지번	지목	지적 면적(m^2)	승낙 면적(m^2)	비고
강북구 ㅇㅇ동 ㅇㅇㅇ	임야			
합 계				

*면적은 대장에 의함.

3. 승낙 확약인, 사용자 표시

승낙인	주 소			
	주민등록번호			
	성명		날인	
사용자	주 소			
	주민등록번호			
	성명		날인	

4. 사용조건
① 토지사용 유효기간은 ㅇㅇ년 ㅇㅇ월 ㅇㅇ일부터 ㅇㅇ년 ㅇㅇ월 ㅇㅇ일까지로 한다.
② 토지사용 유효기간 만료 시 사용자는 즉시 점유를 반환한다.

상기 토지를 어린아이들이 자연과 환경을 체험할 수 있는 자연학습장 부지로 사용함에 있어 ㅇㅇ에 토지 사용 승낙을 확약합니다.

년　　월　　일

*첨부서류 : 법인인감증명서 1부

한편, 우리나라 산림청은 산림청이 관리하는 우수한 국유림을 국민의 휴양, 문화, 교육 등의 목적을 위해 '국민의 숲'으로 활용할 수 있도록 개방하고 있다. 국민의 숲 제도를 뒷받침하는 법률 근거는 다음과 같다.

『국유림의 경영 및 관리에 관한 법률』
제14조 (국민의 숲 지정·운영)①산림청장은 국민이 숲가꾸기 등 국유림의 보호·육성사업에 참여하고 산림교육 및 산림문화·휴양의 공간으로 이용할 수 있도록 하기 위하여 소관 국유림 중에서 국민의 숲을 지정하여 운영할 수 있다.

따라서 숲유치원 설립 진행 과정에서 산림청 관계자와 함께 허가 및 신청 방법 등 상세한 사항을 협의해 볼 수 있다.

2. 설립 진행 단계

1) 설립 주체 준비

숲유치원 설립이 결정되면 설립 예비 모임의 기능을 확장한 설립 주체를 구성해야 하는데, 개인보다는 임의단체 또는 법인 형태가 법적 주체로서의 역할을 수행하기가 용이하다.

설립 주체는 아이들의 숲활동 공간과 교사를 확보하는 일에 대한 계획을 예비 모임 때보다 한층 더 구체적으로 세워야 한다. 활동 공간 확보 문제는 이미 조사한 가능성 등을 현실적으로 검토함으로써 법적인 요건을 갖추도록 한다. 그리고 교사 확보와 관련해서는 부득이한 경우, 보호 및 관리 주체의 역할을 당분간 학부모들이 대신 맡는다.

활동 공간과 교사 확보라는 두 가지 과제가 원만하게 해결되면, 대상 아이들 선정을 위한 단계로 넘어간다.

그리고 계획한 유형의 숲유치원에 대해 홍보하고 대상 아동을 선정하기 위해 설명회를 개최한다. 이때에 운영 취지와 목적, 교육 효과와 함께 숲 활동을 위한 건강 검진, 보험 관계, 준비물 등에 대해서도 자세하게 설명해 주도록 한다. 또한 하루의 일과에서부터 주간, 월간, 연간 계획에 이르기까지의 활동 계획, 부모와 가족이 함께 참여할 수 있는 프로그램 등 다양한 운영 방침을 알리고, 학부모 동의서를 받도록 한다.

2) 설립 주체의 법적 지위

설립 주체가 숲유치원 운영에 필요한 제반 사항을, 곧, 교사와의 관계와 지역과의 관계 그리고 대상 아이들 확보 및 보험 등과 관련된 부분을 책임 있게 수행하기 위해서는 법적인 지위가 요구된다. 현재 숲유치원과 유사한 목적으로 취득하는 공익법인의 법적 지위는 정부 각 부처 및 각 지방자치단체의 승인을 통해 가능하다.

설립 주체는 법인 운영 목적이나 방법에 따라 사단법인이나 재단법인을 선정할 수 있다.

다음은 '공익법인의 설립·운영에 관한 법률' 과 '공익법인의 설립·운영에 관한 법률시행령' 이 규정하는 적용 범위를 법제처의 법령 정보를 인용한 것이다.

『공익법인의 설립 · 운영에 관한 법률』

제2조(적용 범위)이 법은 재단법인이나 사단법인으로서 사회 일반의 이익에 이바지하기 위하여 학자금 · 장학금 또는 연구비의 보조나 지급, 학술, 자선慈善에 관한 사업을 목적으로 하는 법인(이하 "공익법인" 이라 한다)에 대하여 적용한다.

기타 자세한 내용은 담당 주무 관청의 법인 설립 담당자와 협의하여 구성할 수 있다. 관청의 승인을 얻은 뒤에는 법원에 법인등기를 마쳐야 정식 법인으로서의 법적 의무와 책임이 가능해진다.

3) 숲유치원 활동 공간 준비

활동 공간 선정을 위한 기준 그리고 숲에 아이들이 쉽게 접근하고 활동할 수 있는 설계 및 조성이 굳이 필요한 경우에 참고할 수 있는 설계/조성 지침 등은 '(사)나를 만나는 숲'이 2008년에 수행한 산림청의 '숲속 유치원 프로그램 개발 및 효율적 운영에 관한 연구' 최종 보고서(184-191쪽)의 내용을 인용했다.

3-1) 자연환경 기준

숲유치원 자연환경 기준은 아이들 활동 공간을 구성하는 자연환경 요소의 포괄적 의미이다. 활동 공간을 구성하는 자연환경 요소는 활동의 안전,

교육 방법의 진정성, 효율성 등을 결정하는 요소이다. 그리고 숲유치원의 활동 공간은, 일반 유치원에서 쓰는 교육에 필요한 교재, 놀이 시설, 교육 도구, 심지어는 교육 프로그램과 교사의 교육적 역할 일부분까지 포함한 그 모든 것과 견줄 만큼 비중이 크다. 따라서 숲유치원 공간은 아이들의 교육 효과 및 내용을 결정하는 근본 요소이다.

활동 공간에 필요한 환경 요소

- 생태적으로 우수한 숲: 자연 생태 요소들(물, 돌, 흙, 생물 등), 경사지와 평지, 다양한 식물, 곤충류 등이 골고루 분포되어 있는 숲
- 걸을 수 있는 길: 평소에 사용하지 않는 근육들의 움직임을 위한 준비 운동으로서, 활동 장소로 이동하는 걷는 길(1-2킬로미터)이 필요하다.

활동 공간의 환경 선정 기준

- 안전성: 활동하는 아이들을 한눈에 확인할 수 있는 지역
- 위험 요소: 급한 경사지, 가지가 약한 나무, 절토지, 험한 계곡, 깊은 물 등
- 위해 요소: 산업/생활 쓰레기 투척 지역, 독충, 독초, 공격성이 강한 야생동물 등

3-2) 숲유치원 공간의 교육환경 기준

활동 공간 필요 요소

- 생물 다양성(최근에 조성된 단일종 숲은 되도록이면 피한다)
- 조용한 공간: 아침 열기, 간식/식사, 책 읽기 등을 함께할 수 있는 장소가 필요하다.

다음의 예처럼 주변 환경 요소가 숲의 자연성을 저해하는 경우는 피한다.

- 건물 밀집 지역과 인접한 경우: 야생성, 영성 발달에 지장
- 도로와 인접한 경우: 소음으로 말미암은 집중력 감소, 차량 배기가스
- 번잡한 등산로가 관통하는 경우: 집중력 감소, 숲유치원 고유 교육 내용 간섭

3-3) 숲유치원 공간의 기타 환경 기준

지형 지물 관련 선정 기준

- 경사도: 적당한 경사에서는 모험심, 도전 의지를 키우고, 평지에서는 여러 가지 놀이를 할 수 있기 때문에 경사지와 평지가 고루 갖추어진 곳이 이상적이다.
- 노면 상태: 흙, 자갈들이 박혀 있는 지역, 풀로 덮여 있는 초지 등 자연 상태의 노면이 바람직하다. (낙엽이 쌓여 노면 상태를 확인할 수 없는 경우에는 각별히 조심해야 한다. 늘 안전을 먼저 생각한다.)
- 물(얕은 계곡, 연못 등)이 있는 지역은 물을 활용한 놀이가 가능하므로 특별히 선호할 만하다.

접근성에 따른 선정 기준

- 걸어서 등원할 수 있는 공간인가?
- 숲까지 걸을 수 있는 거리가 1–2킬로미터가량 되는가?
- 비상시 차량 접근이 쉬운가?

계절/날씨에 따른 선정 기준

- 악천후 시 인근 대피 장소 유무.
- 바람 골인 경우 바람막이 존재 여부.
- 햇빛이 잘 드는 남향과 뙤약볕을 피할 수 있는 활엽수 지역.

4) 숲유치원 교사 선정

이상적인 숲유치원 교사는 숲에 대한 생태적 이해와 아이들 교육에 대한 전문성과 경험을 겸비한 사람이다. 유아교육 경험자로서 숲해설가 과정을 수료한 분들이 있지만 소수에 불과하고, 그런 경우에도 숲유치원 교육에 대한 이해가 추가로 필요한 상태다. 결국, 일반 유아교육기관에서 경험을 쌓은 사람이나 숲해설가로 활동한 경험이 있는 사람들을 대상으로 한 숲유치원 교사 양성 과정이 필요하다.

이와 관련해 '(사)나를 만나는 숲'에서 산림청에 제안한 4단계 교육과정은 다음과 같다.

	1단계 이론 과정	2단계 실습 과정	3-1단계	4단계
교육과정	숲유치원 개념 및 이해, 생태교육, 대안교육, 환경철학, 산림문화	숲유치원 교육 철학 구현(국내외 숲유치원 교사 초청-) 캠프)	숲과 생태계, 신림환경 교육론, 산림과 인간, 환경윤리 3-2단계 유아교육개론, 아동심리, 아동 발달, 유아 언어교육 등 유아교육 관련 과목	숲유치원 프로그램의 이론 및 실습(계절별, 나이별, 프로젝트 프로그램 등)
대상	전체	전체	3-1 대상 유치원(보육) 교사자격증 보유자 3-2 대상 숲해설가자격증 보유자	전체

유치원 및 보육교사와 숲해설가 자격증 소지자는 3-1과 3-2 단계를 제외한 모든 단계에 참여가 가능하다. 그리고 제4단계는 계절에 따라 여러 차례 현장 실습을 한다.

조만간 이런 내용을 골격으로 한, 숲유치원교사 양성 교육 과정이 탄생하기를 기대해 본다.

'(사)나를 만나는 숲'은 2009년 숲유치원 국제 세미나를 개최하면서부터 숲유치원 현장에서 외국 숲유치원 교사들의 교육 프로그램 시연을 함께 제공하고 있다. 유럽의 숲유치원 교사들은 아이들이 숲에서 활동할 때와 보육시설 안에서 활동할 때에 행동뿐만 아니라 언어 표현까지도 다르다고 말한다. 역시 숲유치원 교사는 나무 이름과 풀 종류를 많이 아는 것보다 숲에서 아이들과 관계 맺기에 더 관심을 쏟아야 한다. 바로 이러한 점이 교사가 아이들과 순수하게 만나는 접점이라고 생각한다. 숲유치원 교사는 대자연 속에서 아이들이 유일하게 신뢰할 수 있는 사람으로 상담/보호/치유 등의 포괄적인 역할을 담당해야 한다. 숲유치원의 '교사 없는 교육'이 다시 한 번 강조되는 이유가 여기에 있다.

5) 원아 모집 방안

숲유치원에 다니는 아이는 자연과 동화하며 변화할 뿐만 아니라 식구와 지역사회에도 영향을 미친다. 정복 대상으로 여기던 자연을 생활의 일부분으로 받아들이는 것이다. 그러나 숲유치원이 경쟁적으로 선호하는 교육이 되면 소외 계층을 빚어낼 수도 있다. 예를 들면 심신이 불편해 바깥 활동을 하기가 여의치 않거나, 보호시설에서 자라고 있어서 이러한 정보에 다가가기가 쉽지 않은 경우 등이다.

'(사)나를 만나는 숲'이 창립될 때, 숲유치원 설립 기준에 대해 몇 가지 원칙을 정했다. 아이들은 30-30-30원칙에 따라 선정한다는 것이다. 장애아

30퍼센트, 보육원 시설 주거 아이들 30퍼센트 그리고 일반 아이들 30퍼센트가 그것이다.

3. 설립 완료 단계

설립 최종 완료 단계에서는 활동 공간과 대상 아이들의 현장 생활에 초점을 맞춰 준비해야 한다. 활동 공간은 안전성에 유의해야 하므로 필요에 따라 활동 장소에 아이들이 접근하기 수월한 활동 공간을 준비해야 한다. 다음은 활동 공간 설계, 조성을 위한 지침이다. 〔부분적으로 '(사)나를 만나는 숲'이 2008년에 수행한 산림청의 '숲속 유치원 프로그램 개발 및 효율적 운영에 관한 연구' 최종보고서(192-204쪽)의 내용을 인용했다.〕

1) 숲유치원 활동 공간 조성 지침 마련

선정된 활동 공간 안에 주요 활동 장소를 서너 곳 확보한다. 아이들은 매일 자신들이 활동할 장소를 결정하게 된다. 물론, 아침을 시작하고 마무리하는 모임 장소는 바뀌지 않는다. 숲 상태에 따라 아이들이 접근하기 좋고 안전하게 활동할 수 있는 공간을 마련하기 위해 인위적인 조성이 필요한 경우를 대비해 대상지의 상세 분석과 설계/조성 지침을 마련했다.

2) 대상지 현황 분석

대상지 상세 분석을 위한 기준은 다음과 같다.

- 종단 및 횡단 경사가 완만하여 안전한 곳인가
- 시설물 설치 등 집중 활동 공간에 적합한 구릉지가 존재하는가
- 능선부, 계곡부, 구릉지 등이 적절하게 섞여 있어 다양한 활동을 할 수 있는가

- 구릉지의 경사가 완만하여 자연 비탈이 가능한가
- 계곡부에 물이 있는 경우, 물놀이할 공간이 있는가

3) 숲유치원 필요 시설

대상지 상세 분석 기준에 따라 평가된 숲유치원 활동 대상지에 따라서는 최소 조성 작업과 시설이 필요할 수 있다. 예를 들면 다음과 같다.

- 지형 복원: 기존 훼손지나 훼손 발생 가능 지역
- 노면 정비: 노면에 노출된 그루터기 및 돌 제거
- 야외 교육장: 물, 모래, 나무를 이용한 시설
- 야외 학습 교실: 대피소 겸용
- 휴식시설: 자연 소재를 사용한 의자
- 안전시설: 안전 울타리, 안전 밧줄, 계단 등

4) 설계 및 조성 지침

4-1) 설계 기본 방향

- 활동 장소의 지형, 지세와 종횡단 경사 및 수목 등 세부 현황 파악
- 파악된 현황에서 숲유치원의 필요충분조건 요소들 취사선택
- 활동 장소의 지형, 지세를 적절히 이용하여 설계
- 구성 요소들을 유기적으로 연결할 수 있도록 공간 및 동선 구성
- 현지에서 채취할 수 있는 재료들을 최대한 이용하여 인위적인 조성 요소는 배제한다.
- 목재 및 석재를 우선으로 선택한다.
- 유지 관리 측면에서 지속 가능한 공법으로 설계한다.
- 숲유치원에서 실시될 각종 프로그램을 고려하여 설계한다.

4-2) 설계 기본 지침

경관에서 고려할 사항

- 자연경관과의 조화에 유의한다.
- 주변 자연과 연속성 및 일체성을 유지한다.
- 시설물을 설치할 때 주변 경관과 어울리는 소재와 디자인을 선택한다.
- 공간 구획 및 동선 설치 시 자연스러운 선형을 유지한다.
- 시설물이 두드러지지 않도록 자연스럽게 설치한다.
- 색상을 선택할 때에도 주변 환경과의 어울리는지 고려한다.

환경에서 고려할 사항

- 프로그램과 연계된 자연환경의 보전, 생물 다양성의 확보를 고려한다.
- 자연환경을 훼손할 만한 위험 요소를 제거하고, 이미 훼손된 지역은 군락 복원을 한다.
- 시설물을 설치할 때 부득이하게 훼손된 경사면은 즉시 복원한다.
- 시설물을 설치할 때 식물 집단 서식지, 야생동물 이동 통로 등을 고려하여 설계한다.

기능에서 고려할 사항

- 공종 및 시설물 설치 시 각각의 구획에 있는 지형 및 지세, 자연산물(고목, 바위, 암반, 대형수목)의 구조 및 역할을 상세히 분석하여 최대한 기능적인 측면이 발휘될 수 있도록 설계한다.
- 자연과의 접촉 활동과 자연교육의 장으로서 기능을 갖도록 설계한다.
- 관리하기 쉽게 설계한다.

삼각산 숲유치원 조성 계획 평면도

(1) 관리시설:

(2)광장
:숲속교실 및
놀이용 교목수
Open Space

(3)언덕오르내리
:로프등 간단한
흙장난 유치원

(4)생태식물 학습원
:꽃피는 식물, 먹는 식물
천연염색 식물 찾기등
체험프로그램에 활용

(5)암벽등반
:천연암반지역에 자일등을 설치하고
하단부에 안전매트시설 설치하여
암벽등반이용

(6)숲속 놀이터
:기존의 고사되어 도복된
나무를 이용하고 부족된
일부 시설은 목재를
이용하여 놀이터로 활용

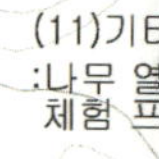

(11)기타
:나무 열
체험 프

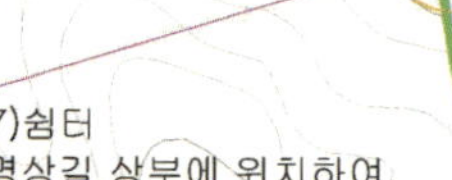

(7)쉼터
:명상길 상부에 위치하여
숲 탐험 프로그램시 쉼터로
이용됨

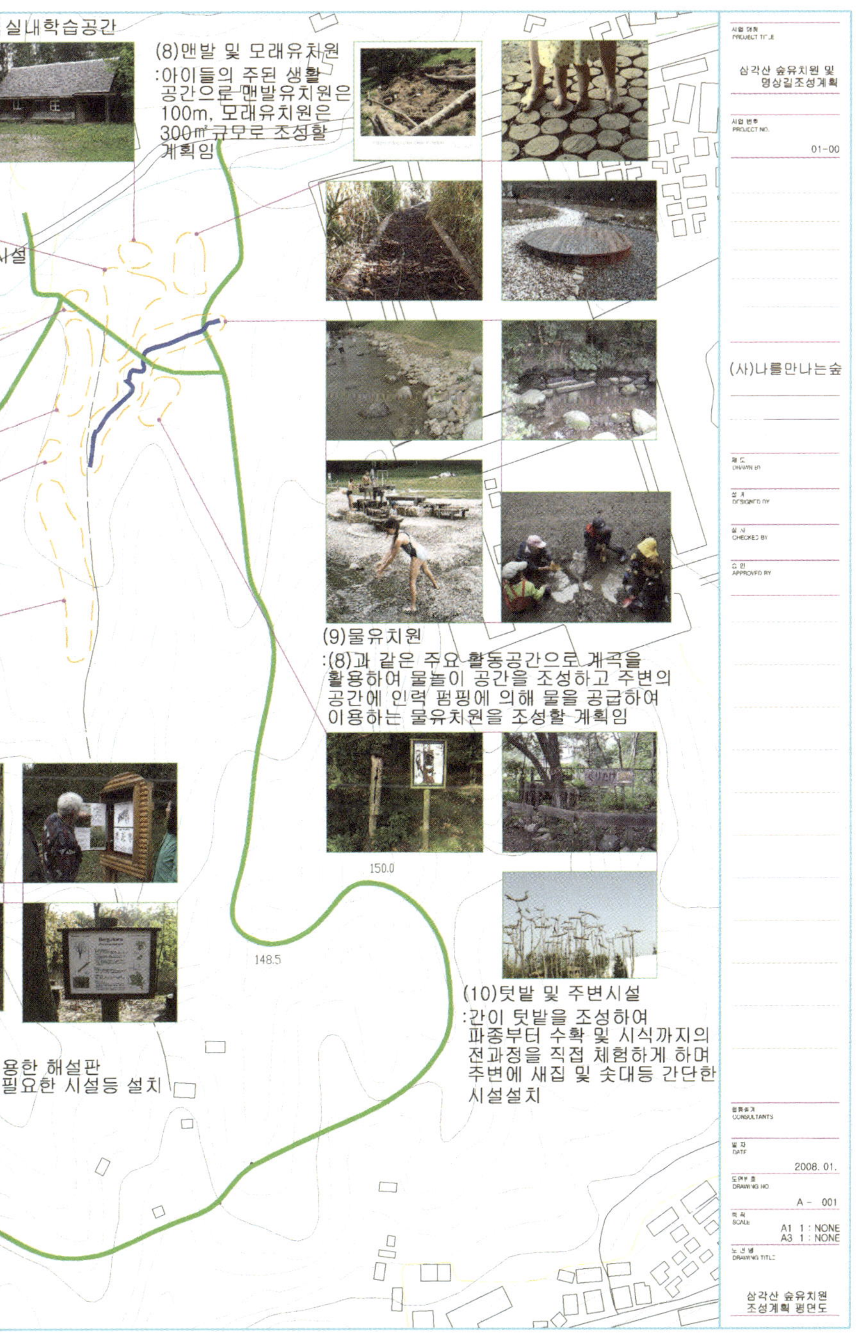

실내학습공간

시설

(8)맨발 및 모래유치원
:아이들의 주된 생활
 공간으로 맨발유치원은
 100m, 모래유치원은
 300㎡ 규모로 조성할
 계획임

(9)물유치원
:(8)과 같은 주요 활동공간으로 계곡을
 활용하여 물놀이 공간을 조성하고 주변의
 공간에 인력 펌핑에 의해 물을 공급하여
 이용하는 물유치원을 조성할 계획임

150.0

148.5

용한 해설판
필요한 시설등 설치

(10)텃밭 및 주변시설
:간이 텃밭을 조성하여
 파종부터 수확 및 시식까지의
 전과정을 직접 체험하게 하며
 주변에 새집 및 솟대등 간단한
 시설설치

사업 명칭
PROJECT TITLE

삼각산 숲유치원 및
명상길조성계획

사업 번호
PROJECT NO.

01-00

(사)나를만나는숲

제 도
DRAWN BY

설 계
DESIGNED BY

심 사
CHECKED BY

승 인
APPROVED BY

협력업체
CONSULTANTS

일 자
DATE

2008. 01.

도면 호
DRAWING NO.

A - 001

축 척
SCALE

A1 1 : NONE
A3 1 : NONE

도면 명
DRAWING TITLE

삼각산 숲유치원
조성계획 평면도

1. 숲 활동 프로그램 계획

하루의 생활 리듬에서부터 주간, 월간, 연간 별로 프로그램을 구성한다. 계획된 활동을 실행할 때에는, 목표나 시간을 염두에 두기보다는, 아이들이 그때그때 보여주는 행동에 더 비중을 두어야 한다. 이를테면, 경우에 따라서는 프로그램에 아이를 맞추는 것이 아니라 아이의 관심이 표출되는 행동에 따라 프로그램을 유연하게 진행해야 한다.

아이들의 사소한 관심과 움직임은 놀이로 이어지면서 자연스럽게 자신이 추구하는 것을 이루어 내게 되며 그것은 곧 주체적인 활동으로 발현된다. 이 과정에서 아이들은 자신을 발견하고 자연 현상에 따른 사물들의 개별적인 변화를 인지하게 된다.

1) 하루 일과 예시

다음 면에서 보여주고 있는 하루 일과 예시는 특정 사례의 모델이 아니라, 숲유치원의 보편적인 일과를 예시한 것이다.

하루일과 세부 사례

시간		아이들 활동	교사, 가족의 마음가짐
09:00 — 09:30	등교	▶아침 인사: 상대 눈을 보며 인사를 한다. ▶출석 카드: 달력을 보며 오늘의 일과표에 자신이 좋아하는 스티커를 붙인다. ▶준비: 자신의 속도에 맞춰 가져온 물건을 정리한다. 날씨나 기온을 생각하여 준비한다.	▶아침 인사 ▶아이들 심신 상태를 살펴본다. ▶아이가 오늘 날짜를 알 수 있도록, 일력을 준비하여 떼게 한다.
09:30 — 09:45	아침 모임	▶노래 ▶출석체크 ▶오늘의 활동 및 하고 싶은 것을 말해 보기. ▶숲길 걷기.	▶숲에서의 활동이 안전하고 매끄럽게 시작될 수 있도록 차분한 분위기를 만든다. ▶걷기는 활동의 기초다.
09:45— 11:20	숲 활동	▶나무 올라가기, 나무의 열매 찾기, 계절에 나는 풀과 꽃 관찰하기, 동물 소리 듣기 등 좋아하는 놀이를 자유롭게 한다.	▶아이들이 안전하게 마음껏 탐구 활동을 할 수 있도록 배려한다. ▶아이들의 자발적인 활동을 지켜본다.

시간		아이들 활동	교사, 가족의 마음가짐
11:45— 12:50	점심 도시락 또는 급식	▶땀이나 흙으로 옷이 더러워졌다면 스스로 깨끗한 옷으로 갈아입는다. ▶식사 준비 ▶점심상을 차린다. ▶음식 맛을 느끼며 맛있게 먹는다. 음식에 감사한다. 도시락 정리. ▶방 청소 ▶양치질을 한다.	▶아이가 바라는 것을 존중한다. ▶밥을 먹기 전에는 다 함께 "잘 먹겠습니다" 하는 인사를 하고, 밥을 먹은 뒤에는 "잘 먹었습니다" 하는 인사를 한다. 아이마다 밥 먹는 데에 걸리는 시간이 조금씩 다르니 개인차를 존중해 식사를 마치는 대로 인사를 한다. ▶음식을 준 자연에 감사하고, 음식을 만들어 준 사람에게 감사의 마음을 가진다.
13:00— 14:20	교실 에서 놀이	▶자기가 하고 싶은 놀이를 찾는다. ▶좋아하는 자리나 양탄자 위에 장난감을 올려 놓는다. ▶손, 목, 귀, 코, 피부를 느끼며 생각하고 시험해 본다. ▶좋아하는 놀이를 한다. 친구의 놀이 모습을 본다. 순서를 기다린다. 놀이가 끝난 뒤에는 원래 있던 자리에 장난감을 갖다 놓고 깨끗하게 정리한다.	▶아이들은 자신이 좋아하는 놀이를 스스로 찾는다. 놀잇감을 준비하는 것부터 놀이를 마친 뒤에 정리하는 것까지 아이들 스스로 하게 함으로서 아이들에게 독립성을 키워준다. 교사는 보호자로서 지켜보며 필요할 때에만 돕는다. ▶'만지고 싶다', '해보고 싶다' 라는 아이의 호기심을 자극한다. 선택은 늘 아이의 몫이다.
14:20— 14:40	간식	▶간식 준비: 테이블을 꾸민다 ▶그날 인원을 고려한다. ▶차를 탄다. 간식을 나눈다. 계절음식을 맛본다. 먹을거리에 고마운 마음을 가진다.	▶간식을 준비하며 간식으로 '숫자세기', '나누기', '같음' 등을 배워본다.
14:40— 15:00	귀가 모임	▶내일 놀고 싶은 것, 집에 가지고 가서 놀고 싶은 것을 나눈다. 거울을 보며 옷이 나 얼굴 상태를 확인한다. 오늘 일어난 일을 얘기한다. 마치는 인사를 한다.	▶그날 활동과 놀이가 다음날에도 즐겁게 이어질 수 있도록 활동의 연속성을 생각한다.
16:00	하교	▶보호자와 함께 집으로 돌아간다.	▶원내에서 일어난 일을 식구에게 전하는 아이들의 마음이 중요하다.

일본 밤비노 숲유치원 제공

2) 사계절 그룹 활동 예시

봄에는 긴긴 겨울이 지나고 얼었던 땅이 녹으면서 일어나는 자연의 변화를 온몸으로 감지한다. 계절 활동으로 봄나물 캐기, 올챙이 관찰, 새싹 탐구, 텃밭 준비 등을 한다.

여름은 강한 햇살과 소나기, 천둥번개와 더불어 푸름이 대지를 뒤덮는 때다. 이 시기에 아이들은 더욱 다양하게 자연과 교감할 수 있다. 계절 활동으로 그늘을 따라 산책하기, 물놀이, 모래성 쌓기 등을 한다.

가을은 결실의 계절이다. 이 시기에 아이들은 아름다운 단풍을 보며 감수성이 풍부해진다. 나뭇잎이 물들고 떨어지는 까닭을 궁금해하고 또 신기해한다. 이러한 아이들의 궁금증을 연극이나 이야기 형식으로 풀어 간다. 계절 활동으로 가을요정 놀이, 벼 베기, 메주 만들기, 고추잠자리와 메뚜기 관찰 등을 한다

겨울에는 날이 추워지면서 하늘에서는 흰 눈이 내리고 시냇물은 꽁꽁 얼기 시작한다. 대자연도 잠시 숨을 고르고 쉬는 기간이다. 방한복을 입고 무장한 아이들은 추위 속에서도 조금도 움츠리지 않고, 오히려 겨울의 정취를 마음껏 느끼며 오감을 일깨운다. 계절 활동으로 크리스마스의 유래 이야기, 에스키모 축제, 눈썰매 타기, 눈사람 만들기, 장 담그기, 팥죽 만들기 등을 할 수 있다.

3) 세시풍속과 절기를 주제로 하는 연간 생활 리듬 예시

월	절기	세시풍속 및 테마	월	절기	세시풍속 및 테마
1월	소한/대한	설(1월 1일)	2월	입춘/우수	정월 대보름 (1월 15일) 눈과 얼음
3월	경칩/춘분	삼월삼짇날 봄나물 캐기	4월	청명/곡우	한식 부활절 씨앗심기
5월	입하/소만	석가탄신일(4월 8일) 단오(5월 5일) 어린이날/어버이날	6월	망종/하지	유두(6월 15일) 초복, 중복, 말복 여름축제
7월	소서/대서	칠석(7월 7일) 다양한 야생화 찾기	8월	입추/처서	백중(7월 15일) 여름방학

월	절기	세시풍속 및 테마	월	절기	세시풍속 및 테마
9월	백로/춘분	추석(8월 15일)	10월	한로/상강	상달(음력 10월)
		단풍놀이			개천절/한글날
11월	입동/소설	할로윈데이	12월	대설/동지	섣달그믐(12월 31일)
		다양한 열매찾기			크리스마스
					동물의 겨울잠
					겨울방학

4) 사계절 세부 활동 리듬 사례(독일 하이델베르크 숲유치원)

1. 봄철 세부 활동

아침 모임	봄 노래와 손가락 인형 놀이
	자연(동물, 식물, 물)을 알기
	봄의 날씨(따뜻한 바람, 봄비)
	봄의 풍습(부활절, 유치원의 봄 축제, 어머니날과 아버지날)
	봄의 시작(낮이 길어진다)
	직업과 도구
	인간과 동물(탄생)
평일	봄 소재 만들기와 그림 그리기
	식물과 씨앗
	부활절 장식품 만들기
	계란에 그림 그리기
	어머니날과 아버지날을 위한 선물 만들기
	아침 모임 장소와 대피소의 봄 장식
탐구의 날	동물(개구리, 도룡용, 살라만더, 달팽이 등) 발견하기
	취학 전 아이들의 직업 탐구
	초등학교 방문
자유놀이	동식물을 관찰한다.
	얼음이 녹는 것을 관찰한다.
	돌아가는 철새들을 엿본다.
	봄의 변덕스러운 날씨를 느낀다.
축제	각 그룹의 부활절 축제
	학부모협회의 공식적인 행사로서의 봄 축제
	시에서 개최하는 축제 참가

2. 여름철 세부 활동

아침 모임	여름 노래와 손가락 인형놀이 성숙된 자연(동식물) 여름 날씨(더위, 천둥번개, 우박, 이슬) 여름 풍습(하지 축제) 여름 시작(일 년 중에 가장 낮이 긴 날; 이제 다시 짧아지게 된다) 이별(큰 아이들은 취학하고 새로운 원생들이 들어온다) 새로운 아이들 알기
평일	여름 소재 만들기와 그림 그리기 아침 모임 장소와 대피소의 여름 장식 몸의 윤곽과 크기를 그리고 서로 비교하기 가족들 그리기 새로운 아이들을 위한 선물 만들기(팔찌 만들기, 숲 활동 사진)
탐구의 날	동물 발견(나비, 벌 등) 꽃나무 심기 탐험 일지로 숲의 책 만들기 상식퀴즈놀이를 하는 취학 연령 아이들의 소풍
자유놀이	물을 소재로 하는 놀이 특별한 테마가 있는 놀이(인디안, 요술가, 해적)
축제	모든 그룹이 연계한 하지 축제 모든 그룹이 연계한 취학 연령 아이들 소풍 학부모협회 주관으로 시에서 개최하는 축제 참석

3. 가을철 세부 활동

새학기	새로운 친구들을 위해 선물 마련 관계 맺기 연습(아침 식사, 배낭 챙기기, 옷 입기, 화장실 가기 등을 돕는다) 대피소 부근의 놀이터를 보여준다. 놀이 장소의 한계를 함께 정한다. 생일 달력을 만든다. 개인 화첩을 준비한다.
아침 모임	가을 노래와 손가락 놀이 숲 열매와 가을 낙엽 들판의 과일과 추수 동물들의 겨우살이 준비(각 동물들의 겨울나기) 식물들의 겨울 준비(낙엽, 수면 상태인 식물의 눈) 가을 날씨(서리, 비) 가을 풍습(추수감사절, 등불 축제) 가을의 시작(밤이 낮보다 길어진다)

평일	여름 방학에 대해 그림 그리기와 이야기 나누기
	가을 나뭇잎과 열매로 만들기와 그림 그리기
	추수감사절 용품 만들기
	등불 축제 용품 만들기
	바람개비 만들기
	아침 모임 장소와 대피소를 가을로 장식하기
탐구의 날	탐구자의 바람을 그림으로 표현하기
	탐구집을 구상하기
	침엽수와 활엽수의 잎과 야생열매 등을 알기
	가을에 맞는 실험하기
	동식물 겨울나기에 대해 배우기
자유놀이	숲 열매와 낙엽 놀이
	숲 열매와 낙엽으로 요리하기
	겨울잠을 자는 동식물 찾기
축제	모든 그룹이 함께하는 가을 축제
	모든 그룹이 함께하는 등불 축제
	학부모협회 주관으로 시가 개최하는 축제 참석(세계 어린이 날)

4. 겨울철 세부 활동

아침 모임	겨울 노래와 손가락 인형놀이
	동물의 흔적
	겨울잠 자는 동물
	겨울 날씨(얼음, 눈, 서리)
	겨울 풍습(성탄절, 새해, 카니발)
	겨울 시작(일 년 중 가장 낮이 짧은 날, 다시 낮이 길어지게 된다.)
평일	겨울에 대한 만들기와 그림 그리기
	부모님과 양로원에 선물할 것 만들기
	동물들을 위한 크리스마스 나무 장식
	아침 모임 장소와 대피소를 겨울로 장식하기
	얼음과 눈 실험
탐구의 날	동물 흔적에 대해 세부적으로 알기
	나무와 덤불들의 눈에 대해 알기
	얼음과 눈, 촛불 실험
	시계와 시간
	매듭과 리본
	색깔과 형태
	학교놀이

자유놀이	동물 흔적 찾기	
	썰매타기	
	눈으로 다양한 형태 만들기	
	동물들을 위해 크리스마스 나무 장식하기	
축제	모든 그룹이 함께하는 니콜라우스 축제	
	모든 그룹이 함께하는 성탄절 축제	
	모든 그룹이 함께하는 카니발축제	

5) 취학전 아이들 대상 연간 계획 사례(독일 하이델베르크 숲유치원)

월	주제	프로젝트/활동
9월	유치원 시작	수채화 물감이나 크레파스로 휴가에 대한 그림 그리기
	행렬용 새	세계 어린이날에 사용할 새 모형 만들기
	가을의 시작	사계절을 나타내는 바람개비 만들기
10월	추수감사절	호박으로 얼굴 만들기
	도토리	새로운 숲 일기장 만들기
	솔방울	여우, 두더지, 다람쥐, 토끼 등 숲속 동물 만들기
	등불 축제	여러 가지 모양의 등 만들 재료 준비
11월	등불 축제	여러 가지 모양의 등 만들기
	가을바람	바람개비 만들기
	가을바람	침엽수의 가지와 열매 알기(마분지에 붙인다)
12월	산타클로스,강림절	강림절 화환 만들기
	크리스마스	크리스마스 바자를 위해 찰흙으로 모양 만들기
	크리스마스	부모님을 위한 선물 포장
1월	새해 시작	방학
	겨울 동물	겨울 동물을 소재로 하는 작품집 만들기
	동물 가족	돼지와 멧돼지의 비교, 첫 장에 붙인다. 그리고 집을 그리고 겨울 삶의 공간을 솜으로 표현한다.
	나와 너(느낌)	각각의 종이에 슬프고, 기쁘고, 화난 모습의 얼굴을 그린 다음 어떠한 몸짓에서 이러한 느낌을 알 수 있는지를 토론한다. 그런 다음 이러한 느낌을 가장 잘 표현될 수 있게 엷은 색 수채화 물감을 칠한다.
2월	나와 너(싸움)	교사는 지난주보다 더 다양한 표정을 보여준다. 아이들은 어떤 모습이 좋고 나쁜지 알아맞히고 그에 대해 토론한다. 아이들은 손가락 인형으로 싸움을 하는 모습과 어떻게 끝이 나는가 하는 몇 가지 상황을 표현해야 한다. (교사는 적절한 때에 신호를 주어 상황극을 중단시킨다.)
	축제	축제에 사용할 가면의 소재를 정하고 만든다.

월	주제	프로젝트/ 활동
2월	색깔과 형태	숲에서 다섯 가지 색을 찾은 다음 도화지에 색칠한다. 그리고 색연필에서 유사한 다섯 가지 색을 골라 도화지에 칠한 뒤 색을 비교해 본다.
3월	색깔과 형태	동물원에 대한 관찰 과제를 정리한다.(동물들의 생활공간과 털 색깔 등) 관찰 노트에 다섯 가지 다양한 생활공간을 색연필로 그린다. 그리고 자신이 선택한 동물을 다른 종이에 붙인 다음 맞는 생활공간을 찾는다.
	나와 너(화해)	평화의 끈이라고 명명한 하얀색 털실을 각자에게 나누어 주고 화해를 원하는 사람은 중간에 평화의 매듭을 만들어 스스로 바구니에 담도록 한다.
4월	부활절(방학)	부활절 장식품 만들기, 여러 종류 나무의 싹을 식별하기, 숲의 땅과 화초용 흙의 차이를 알기(냄새, 느낌, 성분), 너도밤나무 모종을 심고 그 주위에 세 가지 서로 다른 꽃씨를 심고 관찰한다.
	직업	박물관장, 산파, 조각가 등 다양한 직업을 선택하고 방문한다. 감사 표시로 선물을 준비하며 여러 가지 아이디어를 모은다. 직접 그림을 그리는 아이, 선물을 포장하는 등 나누어서 작업을 한다.
5월	봄 축제, 직업	대장장이를 방문했을 때 알게 된 것에 대해 이야기 한다. 구두를 닦아 본다.
	봄 축제, 직업	물감과 색연필로 봄 축제에 선물할 그림을 그린다.
		산파를 방문했을 때 경험한 것을 떠올리며 이야기한다.
6월	꽃과 직업	마구간을 방문했을 때 무엇을 보고 배웠는지 생각나는 대로 이야기한다.
		말 머리털로 붓을 만들다.
	꽃	여러 색의 분필로 돌멩이에 그림을 그린다.
	꽃	초원에서 다섯 가지 꽃을 딴 다음 책에서 이름을 찾고 생김새를 자세히 관찰한다.
	여름 시작, 땅의 곤충	마른 나뭇가지와 땅에 사는 생명체를 찾고 관찰한다.
7월	자립심	단추 잠그기, 지퍼 여닫기, 리본 묶기, 책가방 챙기기 연습
	학교에 간다	취학을 앞둔 아이들은 숲 일기장을 마무리한다.
8월	여름 방학	

하이델베르크 숲유치원 제공

숲 활동 프로그램 예시나 사례에 따라 숲 활동 장소의 주요 공간과 시설 등을 분류해 보면 다음과 같다.

주요 프로그램	주요 공간	주요 시설
아침 모임, 마무리 모임 (노래 배우기, 책 읽기, 공동체 놀이)	대피소 모임 마당	컨테이너, 나무 위의 집, 통나무 의자
물놀이, 모래 놀이, 자연 소재(나뭇잎, 나뭇가지, 솔방울, 돌 등)로 표현하기	물 체험장	정비
	모래 체험장	모래
균형 감각 프로그램 (통나무 타기, 나무 타기), 연장 다루기	도구 다루기 공간	다양한 연장 준비
맨발 프로그램, 나무 덤불 미로	맨발 걷기 길	통나무, 우드 칩, 잔가지

2. 숲 활동 안전지침

숲 활동을 할 때, 아이들은 여러 가지 위험 요소에 노출되기 마련이다. 건강한 숲 활동을 하려면, 교사나 학부모가 활동 지역에 있는 위험 요소를 예측하고, 아이들에게 안전한 숲 활동 요령을 충분히 알려 주어야 한다. 교사는 활동 장소의 주변 환경을 정확하게 파악하고, 때로는 학부모의 도움을 받아 필요한 보호 시설을 갖추어야 한다.

그렇지만, 안전 점검이 활동 장소에 있는 모든 위험 요소를 없애는 것이라고 생각해서는 안 된다. 안전에만 치우쳐서 숲 활동을 제한하는 소극적인 자세보다는, 위험 요소를 미리 인지하고 대응할 수 있도록 아이들의 능력을 키우는 것이 더 바람직하다.

1) 안전을 위한 구체적인 준비

첫째, 교사는 구급함을 상비하고 기본적인 응급처치 교육을 받는다. 활동 장소의 예비 조사를 하고 학부모들도 안전 교육을 받는다.

둘째, 교사는 숲 활동 장소와 시기, 활동 내용, 참가 인원을 꼼꼼히 확인해야 한다.

셋째, 날씨나 환경에 따른 올바른 복장을 갖춘다. 강우에 대비해서 비옷과 장화를 준비하고, 한겨울에는 방한복을 입어야 한다. 특히, 몸에 냉기가 들지 않도록 방한화를 신어야 한다. 여름철에도 긴 소매와 긴 바지를 입어 모기에 물리거나 벌에 쏘이지 않도록 주의하고, 흰 옷은 피한다. 목덜미까지 가리는 모자를 쓰면 자외선을 막는 데 도움이 된다. 물놀이할 때에도 반바지와 윗도리를 입어야 한다.

넷째, 여벌 옷과 수건, 견과류 등을 넣어 두는 비상 주머니를 준비한다.

다섯째, 교사뿐만 아니라 실습생, 자원봉사자들까지 모두 보험에 가입한다. 아이들도 물론 상해보험에 가입한다.

2) 사고 발생 시의 기본사항

안전사고가 나면 필요한 응급조치를 한 뒤에 병원으로 옮기고 사고 일시와 장소를 기록한다. 가해자가 있을 때에는 이름과 연락처, 사고 상황 등을 꼼꼼히 기록해야 한다.

골절상을 입었을 때에는 골절 부위가 붓고 약간의 압박에도 심한 통증을 느끼게 된다. 이때 골절 부위를 함부로 움직이면 다친 뼈 주변 혈관이나 신경을 건드릴 수 있으니 매우 조심해야 한다. 찰과상을 입었을 때에는 깨끗한 물로 상처를 씻고, 거즈나 붕대로 감는다. 머리를 부딪쳤을 때 구토를 하거나 두통이 있으면 바로 병원으로 데려간다.

3) 위험 요소의 대응

숲에는 알레르기를 일으키는 꽃가루, 독이 있는 열매, 독버섯, 독풀, 독충 등이 있다. 안전한 숲 활동을 위해서는 반드시 알아 두어야 할 것과 지켜야 할 사항이 있다.

- 천식이 있는 아이가 꽃가루에 노출되었을 때에는 호흡곤란을 일으킬 수 있다. 따라서 교사는 학부모로부터 아이의 건강 상태를 정확하게 파악하는 것이 중요하다. 갑자기 콧물과 기침 두드러기 등과 같은 증상을 보이면 알레르기 현상으로 알고 조치해야 한다.
- 숲에 있는 열매를 먹지 않고 버섯을 만지지 않도록 계속해서 주의를 주어야 한다.
- 독성을 가진 풀과 접촉하면 피부가 붉어지고 가렵거나 물집이 생기기 때문에 긴 옷을 입어 피부를 보호하도록 한다.
- 벌을 만나면 눈을 감고 가만히 제자리에 앉아 벌이 다른 곳으로 갈 때까지 기다려야 한다. 소리를 지르거나 이리저리 도망 다니거나 팔을 휘두르면 오히려 벌을 자극하게 되어 위험하다. 벌에 쏘였을 때는 벌침을 빼고 상처 부위를 찬물로 씻는다.
- 숲에서 뱀을 만나기도 한다. 이때에는 뱀을 자극하지 말아야 한다. 뱀에 물렸을 때에는 응급조치를 하고 혈청주사를 맞아야 한다. 따라서 교사는 사전에 혈청을 보유하고 있는 가까운 병원을 알아두어야 한다.

일단 사고가 발생하면 상처가 가볍더라도 병원에 가서 치료받는 것을 원칙으로 한다.

설립 및 운영 공통 사항

1. 숲유치원 컨테이너 대피소 사례

독일에서는 숲유치원이 전국으로 확대되면서 컨테이너를 대피소용으로 개조하는 전문회사까지 생겼다. 아래 사례는 하이델베르크 숲유치원의 살라만다 그룹이 사용하는 대피소 내부 모습과 외부 시설을 포함한 모습이다.

1) 컨테이너 대피소 외부 세부 모습

컨테이너에 태양열 시설을 갖춘 대피소 모습

컨테이너 밑에 설치한, 배낭걸이

가스통 보관 장소

도구 보관 장소

2) 컨테이너 대피소 내부 세부 모습

태양열을 이용해서 전기를 공급받는다. 중앙에 설치된 간단한 조리대를 기준으로 좌우에 수납공간과 조형 놀이 공간이 마련되어 있다.

수납공간

조리대

책상과 의자

3) 대피소 모습

리히트비제 숲유치원 대피소
상갈렌 숲유치원 대피소
딱정벌레 숲유치원 대피소
(시계 방향으로)

2. 숲유치원의 로고 및 명칭 사례

에어링스하우젠 숲유치원

로고는 본디 한 기업공동체의 가치를 구성원이 함께 공유하기 위한 시각 마케팅 기법이다. 숲유치원에서 사용하는 로고는 교육과 문화적인 차원에서 숲을 대하는 관점을 전환하는 효과가 있으며, 주체 구성원들이 추구하는 공통의 목적과 가치를 더욱 쉽게 이해하고 참여하도록 이끄는 역할을 한다. 숲유치원 명칭은 그곳 지명을 사용하기도 하지만, '들쥐', '숲의 난쟁이', '요술의 숲', '여우들'과 같은 다양한 명칭을 사용하고 있다. 로고와 함께 각 숲유치원의 명칭은 아이들에게 소속감과 자긍심을 갖게 하는 중요한 요소이다.

헤베르츠하우젠 숲유치원

함부르크 숲유치원

울렌도르프 숲유치원

베르그렌 숲유치원

하이델베르크 숲유치원

리히트비제 숲유치원

3. 숲 소파와 배낭걸이 사례

독일과 스위스의 숲유치원은 대피소와 숲 소파를 갖추고 있다. 숲 소파는 주로 아침 모임, 마무리 모임, 간식 먹는 장소, 야외 교실로 사용되며, 위에다 간이 천막을 쳐서 따가운 햇빛과 비를 피하기도 한다. 필요하면 높이나 크기를 달리해 여러 개를 만들어 사용하기도 한다. 숲 소파를 어떻게 만들며, 어디에다 만들 것인가 하는 일련의 과정 전체를, 학부모와 아이들이 함께 숲 활동 프로그램으로 이어 간다. 숲 소파는 무엇보다 아이들이 제 집처럼 느끼며 활동할 수 있는 편안한 야외 공간이 되어야 한다.

숲유치원 교사와 아이들은 배낭 가득 필요한 물품을 넣고 다닌다. 숲에 도착하면 지정해 둔 나무 밑에 배낭을 모아 놓는 곳도 있지만, 배낭걸이를 만들어 놓은 곳도 많다. 아이들 각자가 자기 배낭을 걸어놓고 활동하는 것은 교실에 들어갈 때 신발을 가지런히 정리하는 것과 같은 교육 개념이다.

여러 형태의 배낭걸이

숲 소파 모습과 배낭걸이

국내외 숲유치원 사례

 공식적인 유아교육기관으로 인정 받고 있는 독일 숲유치원의 특징은 학부모들이 숲유치원을 직

접 만든다는 것이다. 숲유치원을 설립하기 위해 모인 학부모를 학부모 발기인이라 한다. 발기인들은 우선

숲유치원 운영을 책임지는 학부모협회를 구성하고 대표자를 선출한다. 그러고 나서 우리나라 교육부나

보건복지부와 같은 아동 및 청소년국에 숲유치원 설립 목표와 방법을 제출해야 하고, 숲유치원 설립에 필

요한 서류들을 꼼꼼히 챙겨야 한다.

숲유치원 설립 요건

숲유치원을 설립하기 위해 모인 학부모를 학부모 발기인이라 한다. 발기인들은 우선 숲유치원 운영을 책임지는 학부모협회를 구성하고 대표자를 선출한다. 그러고 나서 우리나라의 교육부나 보건복지부와 같은 아동 및 청소년국에 숲유치원의 설립 목표와 방법을 제출해야 하고, 숲유치원 설립에 필요한 서류들을 꼼꼼히 챙겨야 한다. 대피소 설치를 하기 위해서는 해당 기관에 허가를 받아야 하는데, 숲에는 건축물을 세우지 못하므로 보통 컨테이너를 고쳐 대피소로 사용한다.

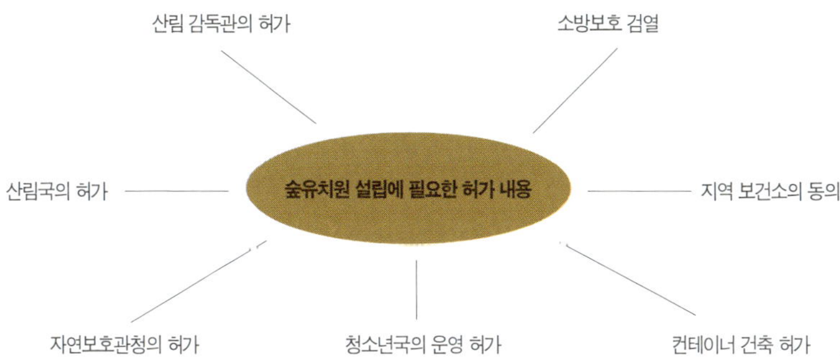

독일에서는 인력 운영, 시설 관리 등 예산이 많이 필요한 일반 유치원이 전체 운영비의 80퍼센트 이상을 정부에서 보조를 받는 반면 숲유치원은 60-70퍼센트 정도 보조를 받는다. 정부가 공식 인정한 유치원임에도 보조금 차이가 나는 것에 대해 숲유치원 관계자들이 이의를 제기하고 있다. 학부모 대표들은 숲유치원 보조금을 받기 위해 해마다 서류를 갱신해야 한다.

1) 설립자의 역할

숲유치원을 시작하려는 사람은 먼저 뜻을 함께하는 학부모들을 모으는 역할을 한다. 학부모들을 모은 뒤에는 숲유치원 운영의 초석을 다지는 학부모협회를 만들어야 하는데, 학부모협회는 두세 명의 대표 이사진과 운영 및 관리를 담당하는 이사회로 구성된다. 이들 임기는 1년이지만, 선출된 이사가 교사이거나 장기간 숲유치원 일을 할 수 있을 때에는 연임할 수 있다. 보통은 설립자가 학부모 대표로서 숲유치원 연락망의 중심 역할을 한다.

보통 숲유치원은 1개 그룹이 있는 소규모로 운영되지만 개중에는 여러 연령층이 참여하는 숲유치원으로 확대되는 예도 있다. 200여 명이 숲유치원 가족공동체를 이루는 곳도 있다. 그렇다고 마치 개인이 이윤을 창출해 내는 그런 시각으로 보아서는 안 된다. 설립자들에게 물어 보니 기본 경비만 받고 일을 하고 있고, 수익금은 교사 인건비와 시설 재정비 등에 사용될 경비를 충당하는 데 사용한다고 한다. 설립자들은 자신들과 교사들이 추구하는 교육 목표와 이념을 이해해 주는 많은 분이 함께 참여하는 게 활력소가 된다고 말한다.

2) 학부모의 역할

숲유치원을 방문하다 보면 간혹 엄마와 아이가 함께 등원하는 모습을 볼 수 있다. 아이가 처음 등원할 때에는 숲유치원에 적응할 수 있도록 일주일 정도 부모가 함께한다. 보통 하루 이틀은 부모가 함께 있어 주고, 사흘째부터 함께 있는 시간을 줄여간다. 내가 본 한 엄마는 1시간 뒤에 오겠다는 말을 하고는 우는 아이를 두고 매몰차게 돌아섰다. 독일 사람들이 대체로 이성적인 성격이 강해 감정에 치우치지 않는 경향 때문에 엄마의 모습이 냉정하게 보일 수도 있다. 그렇다면 아이들을 처음 숲유치원에 보낼 때에 생기는 이런 문제를 어떻게 해결하는 게 좋은가.

등원한 처음 몇 달은 아이들이 숲에 적응하는 시기이다. 부모는 아이가 숲유치원 생활에 잘 적응할 수 있도록 세심한 주의를 기울여야 한다. 아이는 부모의 보호에서 벗어나고, 부모는 품속의 아이를 세상에 내보내는 이 기간에 교사와 호흡을 맞추어 아이가 새로운 환경에 홀로 설 수 있도록 도와주어야 한다. 예를 들어, 적응 초기 단계에 부모가 번갈아 가며 아이들과 점심을 함께 먹는다. 이 방법은 아이의 적응 상태를 쉽게 파악할 수 있는 장점이 있다. 실제로 이러한 방법을 시행한 독일의 한 숲유치원에서는 매우 긍정적이라는 평가를 내렸다. 며칠만 지나도 아이들은 하루를 시작하는 아침 모임에서, 오늘은 누구 엄마 혹은 누구 아빠가 당번으로 오는지에 관심을 가지고 즐거워했다고 한다.

아이들의 기본 옷차림은 숲의 자연환경에 잘 적응하고 대응할 수 있어야 한다. 계절에 따라 옷감 재질에 차이가 있을 뿐 사계절 내내 긴 팔 윗도리와 바지를 착용하고 목 뒤까지 내려오는 모자와 방수 신발을 신는다. 방수 신발은 편안하고 안전한 숲 활동을 돕고 다양한 형질의 지면을 밟을 때 그 모양새나 족감을 느낄 수 있는 장점이 있다. 아이들이 자라서 크기가 맞지 않는 방수 옷과 신발은 서로 교환하거나 물려준다. 그리고 벌레에 물리거나 나뭇가지 따위에 긁히는 것을 예방하려면, 한여름이라도 얇은 긴 팔 윗도리와 긴 바지, 겉옷을 준비하는 것이 좋다.

벌이 좋아하는 청량음료나 단 음식을 피하고, 유기농 잡곡 빵과 과일, 채소 같은 건강식을 준비하는 것이 좋다. 스위스와 일본 숲유치원에서는 일주일에 한 번 정도 교사와 아이들이 숲에서 직접 점심을 만들어 먹는데, 친환경 농산물을 재료로 사용하는 등 아이들 먹을거리에 마음을 모은다. 아울러 아이들을 숲까지 데려다 주는 이동 수단도 가능한 한 자전거와 대중교통을 이용하도록 한다.

숲유치원 운영 방식은 전체 학부모가 자발적으로 참여하는 것이 가장 바람직하다. 학부모 대표는 학부모협회와 함께 운영을 책임지고 교사와 학부모 사이의 이견 조율, 교사 처우, 교육비, 교육 활동 등 세부 안건에 대한 의견을 수렴한다. 그리고 정기적으로 열리는 학부모의 밤(Elternabend)[1]을 소집하고 필요할 때에는 긴급회의를 소집할 권한이 있다.

학부모들은 여러 부서 업무를 분담한다. 교사가 주문한 교육 자료를 준비하는 부서, 학부모 달력을 만드는 부서, 홍보와 후원 관련 부서, 행정부서 등이 있고, 어떤 부서든 한 가지 일은 반드시 맡아야 한다. 학부모 달력을 만드는 부서는 유치원 시설물 청소와 빨래 당번을 명시하고, 축제와 방학 등 숲유치원의 모든 일정을 달력에 빠짐없이 써넣는다. 그리고 매달 학부모에게 A4용지 1~4장 분량의 소식지를 내서 유치원 운영에 대한 부모들의 의견을 싣고, 아이들의 숲 활동과 근황을 상세히 전달하는 한 부분으로 '이번 달에 아이들은 무엇을 경험했는가?' 도 소개한다. 그 밖에도 학부모의 밤, 축제, 생일잔치, 학부모협회 소식을 전한다. 그리고 학부모회는 홍보 담당 그룹과 축제위원회를 구성해 숲유치원의 활동에 적극적으로 참여한다.

숲유치원에서 부모들이 분담하는 일은 다음과 같다.

- 대피소 청소/기술적인 업무
- 화장실 청소, 물통 채우기
- 사용한 수건과 더러워진 공동 옷 빨기
- 교사 부재 시 역할 담당
- 축제와 프로젝트 활동 협력

---

1) 독일은 유치원과 학교에서 학부모 회의를 위한 모임을 주로 밤에 하기 때문에 학부모의 밤(Elternabend)이라 부른다.

학부모, 교사, 아이들이 함께 참여하는 여름 축제

숲유치원은 공동체적 성격을 강하게 띠는데, 이는 학부모회 역할에서 잘 드러난다. 부모들이 설립과 운영에 참여하고 아이들은 부모가 활동하는 모습을 보면서 공동체 생활방식을 몸에 익히게 된다.

교사와 학부모 사이의 의견 충돌이 잦거나, 숲유치원 운영에 현실적인 변화가 필요할 때는 학부모 이사회가 전문가로 꾸려진 외부 자문단을 소집하기도 한다. 자문단이 소집될 때에는 교사 대표와 학부모 대표가 반드시 참여해야 하고, 그 밖에 참여할 학부모가 있을 때에는 학부모 이사회에서 참여 여부를 결정한다.

3) 교사는 어떤 역할을 해야 하나

'자연이란 무엇이며, 자연과의 만남이 인간에게는 어떤 의미인가?' 독일의 많은 숲유치원 교사들이 스스로 던지는 질문이다. 오랜 시간 일반 유치원에서 교사 생활을 하다가 숲유치원으로 옮긴 교사들이 제한된 공간 속에서의 교육 활동을 떠올리며 자신에게 던지는 질문이기도 하다. 내가 만난 독일의 유아원이나 유치원은 대부분 나무와 수풀이 잘 조성된 정원이 있어, 일반 유치원이라고 해도 대다수 국내 유치원에 비해서는 훌륭하다 싶을 만큼 교육 환경이 좋았다. 그럼에도 숲유치원 교사들은 이런 질문을 가슴에 품고 아이들을 대한다는 사실이 놀라웠다. 돌이켜보니, 독일에서 태어나고 자란 내 두 아이가 다닌 유치원 교사도 틈만 나면 아이들을 데리고 숲으로 갔다. 일반 유치원 교사임에도 자연과의 어울림을 귀하게 여겼구나 싶다.

현재 숲유치원에서 활동하는 교사들에게도 다음과 같은 과제가 있다.

- 숲유치원의 교육학적 개념을 다지고 발전시켜 간다.
- 숲유치원의 교육 활동을 계획하고 실행하며 반영한다.(일과와 활동, 축제 프로젝트의 준비, 연간 테마 준비)
- 숲유치원의 일과를 체계화한다.
- 숲유치원의 이사회와 학부모협회 등과 협력해서 일한다.
- 숲유치원에서 경험과 실력을 쌓아갈 실습생을 지도 편달한다.

아침마다 방수용 등산화에 커다란 배낭을 메고 나타나는 교사들은 교육자라기보다는 오히려 보호자라는 말이 더 어울린다. 숲유치원 교사는 배움의 과정을 이끌어주는 교육자이기에 앞서 아이들과 함께 생활하면서 공동체의 삶을 자연스럽게 깨우쳐 주는 교육을 추구하기 때문이다.

일반적으로 20명의 통합 연령 아이들로 구성된 한 그룹에 유아교육을 전공한 두 명의 정교사가 함께하고 종일반으로 운영 될 때는 일주일에 39시간을 근무하는 전일제 교사가 있어야 한다. 그리고 일주일에 2일 또는 3일을 근무하는 반일제 교사가 함께할 때도 있다. 공익요원과 실습생이 들어올 때 교사와 학부모협회가 상의해서 결정하고, 교사가 휴가나 병가로 출근하지 못할 경우에는 학부모가 보조원으로 투입된다.

실습생들은 자격증과는 상관없이 단순히 아이들과 생활하는 것에 관심이 있어 오는 경우와 숲유치원 교사가 되기 위해 교육과정을 실습하러 오는 두 유형으로 나누어진다. 전자의경우, 짧게는 며칠에서 길게는 몇 주 동안 교사를 도우면서 자연 친화 교육에 대한 이해도를 높인다. 그러나 실습생은

손수레에 물품을 담아 활동 장소로 가는 실습생과 아이들

공익근무요원과 아이들

대부분 숲유치원 교사가 되기 위한 예비 과정으로 참여한다. 보통 2-3년의 유치원 교사 교육과정을 거치는데, 마지막 1년은 숲유치원에서 활동한다. 일주일에 하루는 실습생으로서 숲유치원에서 실행할 주제를 선정해 지도교수의 가르침을 받고, 나흘 동안은 아이들과 함께 숲 활동을 하면서 경험을 쌓는다. 1년간의 실습 과정이 끝나면 시험평가 위원회에 결과물을 제시하고 구두시험을 보도록 되어 있다. 실습생이 유치원에 머무는 동안 숲유치원의 정교사는 실습생이 계획한 프로젝트를 구체화할 수 있도록 도와주고 이에 대한 자기 의견을 담은 종합평가서를 작성한다. 정규 실습 과정을 밟는 실습생의 근로 시간은 정교사와 같고 수당은 정교사의 반 정도를 받는다.

우리나라처럼 독일에도 군 복무가 의무화되어 있지만, 병역대체복무 형태인 공익근무요원의 근무 형태가 다양하다. 숲유치원에 근무할 경우 일주일에 39시간, 총 9개월 동안 근무한다. 공익근무요원은 교사 보조자로서 아이들 활동 공간 정리에서부터 대피소 수리까지 다양한 일을 도맡아 해주며, 아이들의 숲 활동에도 적극적으로 참여한다.

몇 해 전 독일 헷센 주에 있는 리히트비제 숲유치원을 방문했을 때, 공익근무요원이 개인 사정이 있어 아이들이 숲 활동 장소로 출발한 뒤에야 도착했다. 아이들은 그 공익근무요원을 위해 일정한 거리마다 나뭇가지를 부러

뜨려서 숲으로 들어가는 방향을 화살표로 표시했다. 뒤늦게 도착한 공익근무요원이, "너희가 표시한 화살표를 따라왔다"고 아이들에게 큰 소리로 말하자, 아이들은 환호성을 지르며 확신에 차서 다음에도 필요하면 언제든 부탁하라고 했다.

교사가 아이들에게 신뢰를 보낼 때 아이들은 자신감과 자긍심이 커진다. 아이들 눈높이에 맞추는 것은 교사의 중요한 역할 가운데 하나다.

4) 숲 활동의 기본 조건

숲유치원에서는 개인과 그룹의 안전을 위해 정한 규칙을 잘 지켜야 한다. 교사는 안전한 숲 활동을 위해 모두가 함께 결정한 규칙을 지켜야 한다는 것을 아이들에게 인식시켜야 한다. 숲 활동은 리듬이 반복되는 과정이고, 이 과정은 다음과 같은 기본적인 활동 규칙을 지키는 가운데 이루어진다.

- 교사의 소리를 들을 수 있고, 교사를 볼 수 있는 곳에서 활동한다.
- 나무 열매를 함부로 따먹지 않는다.
- 밥을 먹기 전에는 항상 손을 씻는다.
- 신호(종)가 울리면 지체하지 않고 교사가 있는 곳으로 모인다.
- 도로를 건널 때에는 주위를 잘 살핀 뒤에 건넌다.

숲에서 건강 지키기

숲은 아이들에게 자유로운 활동 공간을 제공한다. 숲에서 활동하는 아이들은 면역체계가 강화될 뿐만 아니라 심신이 안정되는 등 정서적인 부분에도 큰 영향을 미친다. 그러나 숲에는 여러 가지 위험요소들이 있어 생각지도 않은 일들이 발생할 수 있기 때문에, 규칙을 지키는 것과 함께 적합한 옷차림이 필요하다. 아이들 스스로 체온을 조절할 수 있도록 겹겹이 옷을 입

아침을 먹기 전에
손을 씻고 있는 아이

는 이유도 여기에 있다. 독일 숲유치원에서는 이것을 양파껍질처럼 옷을 입는다고 표현한다. 숲에서의 올바른 옷차림과 올바른 행동은 다음과 같다.

- 잘 여밀 수 있는 긴 바지와 티셔츠 그리고 윗도리를 착용한다.
- 여름에도 양말과 단단한 신발을 착용한다.
- 체온 조절을 쉽게 할 수 있도록 옷을 여러 겹으로 입는다.
- 열매나 버섯, 산나물 등을 함부로 먹지 않는다.
- 청량음료나 설탕 성분이 든 음료수를 마시지 않는다.
- 숲에 들어가기 전에 벌레에 물리지 않도록 예방약을 바른다.
- 간식을 먹기 전에 손을 씻는다.
- 흡혈 진드기로 유발될 수 있는 뇌막염 예방접종과 파상풍 예방접종을 한다.

교사가 준비해야 할 물품들

교사는 응급처치에 필요한 구급약품을 비롯해 방수 방석, 물, 여벌 옷 등
을 준비해야 한다. 여름에는 선크림과 벌레 물린 데 바르는 약을 준비한다.
그 밖에도 숲 활동에 필요한 연장과 악기, 만들기 재료(가위, 끈, 천, 화구)
등을 비품함에 갖춰야 한다. 하이델베르크에서 만난 한 교사는 자기 차량에
실려 있는, 비상용 물과 음식, 담요 같은 온갖 물품들을 자랑스럽게 보여주
기도 했다. 숲유치원이 천직이라고 생각한다는 이 여교사는 늦가을과 겨울
숲 활동 기간이 육체적으로 가장 힘들다고 한다.

숲 활동을 하기 위해 교사들은 배낭에 물건을 넣고 다닌다.　숲 활동 준비물 통

아이들이 준비해야 할 물품들

아이들은 사계절 내내 모자를 쓰고 방수 신발과 편안한 긴 팔 티셔츠, 긴
바지를 입는 것이 좋다. 여름이라도 나무가 빼곡히 들어선 숲에서 오래 활
동을 하다 보면 서늘한 기운이 돌 수도 있고, 게다가 봄부터 가을까지는 흡
혈진드기를 각별히 유의해야 하기 때문에 긴 옷을 착용해야 한다. 진드기는
나무에서 떨어지기도 하지만 땅에서도 올라오기 때문에 숲에 들어갈 때는
바짓단을 양말에 집어넣고 티셔츠도 바지 안으로 집어넣어야 한다.

겨울에는 습하고 춥기 때문에 체온에 따라 옷을 입고 벗을 수 있도록 복장을 갖추는 게 좋다. 아주 추운 날의 복장의 한 예를 든다면 내복, 털 바지와 윗도리, 스키복, 비옷 등을 겹쳐 입는다.

사계절 동안 아이들은 방수 신발을 신고 방수바지 밑에는 언제든 온도를 조절할 수 있는 바지를 또 하나 착용한다. 스키복은 되도록이면 바지와 윗도리가 분리된 것이 좋다.

배낭에는 도시락, 물, 기상에 따라 비옷과 여벌의 옷을 챙기고, 혹시 옷이 젖게 되면 담기 위한 비닐 봉투를 준비한다. 가슴 앞쪽에서 양쪽 어깨의 끈을 고리로 단단하게 동여맨 배낭을 메고 아이들은 숲속 나라로 행복한 여행을 떠난다.

배낭 안에는 도시락, 물통, 지퍼백 따위를 준비하고 배낭이 젖지 않도록 덮개를 씌운다. (왼쪽 위)
숲 활동을 하며 체온 조절을 할 수 있도록 잠바를 입고 모자를 쓴다. (오른쪽 위)
방수 바지와 방수 신발을 신고, 얇은 티셔츠를 입은 모습 (왼쪽 아래)
방수 신발 (오른쪽 아래)

숲에서의 일과가 단순해 보이지만, 반복되는 그 과정 속에서 아이들은 양질의 교육을 받게 된다.

숲 활동의 기본적인 4가지 활동

아침 모임

아침 식사

자유 시간

마무리 모임

네 가지 기본 활동은 숲 활동에서 이루어지는 약속으로서 시간적, 공간적 사고를 발달시키는 데 도움을 줄 뿐만 아니라 안전을 보장해 주는 의무사항이다. 이것을 바탕으로 추가되는 활동들이 있다. 예를 들어, 오후에도 숲 활동을 하는 날에는 아이들이 점심을 직접 만들어 먹기도 하지만, 부모들이 점심을 숲으로 가져오기도 한다. 또한 자유놀이는 아이들 개개인의 발달 정도를 고려해 단계별 활동으로 나눌 수도 있다. 이때 아이들은 자기 욕구에 따라 언덕을 기어오르고, 미끄러져 내려오거나, 그림을 그리고, 만들기를 하며 판타지로 가득한 자신의 세계를 만든다.

상황에 따라 자연 생태계의 관계와 여러 사물을 관찰하고, 프로젝트 활동을 진행하기도 한다. 숲에서의 이러한 활동은 인지 학습 능력으로 전환되고, 실생활과 직결된 학습 항목으로 구성되어 있기 때문에 아이들이 내용을 쉽게 내제화할 수 있다. 그러나 아이의 흥미, 그날의 상황, 계절 등이 변수로 작용하기 때문에 동기 부여를 하는 교사의 재치가 필요하다.

반일제 숲유치원 사례

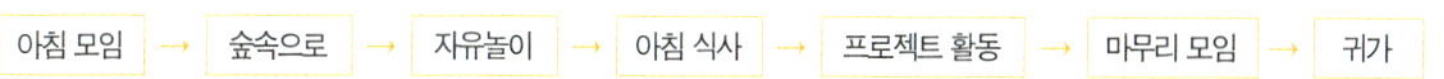

9시에 시작하는 아침 모임에서는 노래를 부르거나 율동을 한다. 그리고 함께했던 활동이나 주말에 경험한 것을 이야기한다. 둥글게 서거나 앉아서 아이들이 서로 확인하고, 숲 활동에서 하고 싶은 놀이나 새로운 놀이를 제안하기도 하며 하루를 시작한다.

한 숲유치원에서는 주 5일 기준으로 네 군데 놀이 장소를 정해 아이들이 선택하도록 한다. 날마다 숲 활동 장소를 바꾸어서 오고 가는 길에도 아이들이 숲의 미세한 변화를 발견하고 느낄 수 있게 한다. 아이들의 시선이 머무는 숲의 이곳 저곳에서 자연과의 만남이 이루어지고 놀이가 이루어진다.

자유놀이(9:30-10:00) 시간에는 개인의 바람과 놀이 상대의 흥미에 따라 소재를 자유자재로 선택할 수 있다. 자연 소재 놀이 외에 연장과 돋보기, 절단용 칼, 수채화 물감, 색연필, 종이 등과 그림책, 실용서(동식물도감)를 이용한 놀이를 선택한다.

아침 식사(10:00)를 하기 전에는 화산재를 이용해서 만든 친환경 비누로 손을 문지른 다음 물로 깨끗하게 닦아 낸다. 교사는 개인별로 사용할 하얀 수건을 챙겨 오는데 부모들이 돌아가면서 준비해 준다.

아침 식사가 끝난 뒤에는 자유시간이 이어지는데 프로젝트 활동(10:30-11:30)을 하기도 한다. 다 같이 혹은 작은 그룹으로 나누어 계획한 교육 활동을 한다. 활동에 들어가기 전에 교사는 날씨를 잘 살펴야 하고 아이들의 마음을 읽는 게 중요하다. 프로젝트 활동 주제로는 다음과 같은 것들이 있다.

- 탐구놀이, 움직임 놀이, 지각 놀이

- 만들기, 진흙 바르기, 그림으로 형상화하기
- 그림 그리기, 자르기, 자연 소재로 붙이기
- 그림책, 시, 역할 놀이와 연극, 이야기 나누기
- 소풍, 실험
- 축제, 생일파티
- 흙, 물, 불, 공기, 돌 등 특정 소재 이해하기

마무리 모임(11:30-12:00)은 숲 활동에서 생긴 사소한 다툼이나 특별한 일 등을 생각하고 정리하는 시간이다. 하루 활동을 되돌아보는 노래를 부르며 친구들과 숲과 헤어지는 인사를 한다.

보통 반일제 그룹의 운영 시간은 8:00~14:00이며 점심은 포함되어 있지 않다. 맞벌이 부부의 자녀들을 위해서는 8:00~9:00까지 조기보호시간을 운영하고 있다. 숲 활동을 마치고 오후 1시경 만남의 장소로 돌아오면 그때부터 아이들은 집으로 돌아간다. 아주 드물게 교사와 아이가 함께 점심을 먹기도 하지만 14:00까지는 모두 귀가하는 것으로 되어 있다.

마무리 모임에서 갖는 대화 시간

아침 모임에서 노래와 율동을 하는 아이들

6) 전일제 숲유치원 사례

초기에는 아침 8:00에 등원해서 13:00 또는 14:30에 하원하는 반일제로 운영했고, 대학과 연계된 숲유치원인 경우 늦게 귀가하는 아이들을 위해·대학에서는 아이들이 편하게 점심을 먹을 수 있도록 구내식당에 자리를 별도로 마련해 주었다. 하지만 교사와 아이들은 날씨가 좋은 날이면 구내식당보다 숲에서 점심 먹는 것을 더 좋아했다. 이때 점심 준비는 공익근무요원이 담당했고 교사도 반일제 시간에 맞춰 근무시간 계약을 해서 14:30분까지 유치원에 남아 있는 원생을 10명으로 제한할 수밖에 없었다. 개원 후 몇 년 뒤 종일제가 시행되었고, 아이들의 점심 식사는 유기농 재료로 균형 있는 식단을 제공하는 업체가 책임지고 있다.

종일제의 공식적인 운영 시간은 8:00부터 16:00까지이고, 귀가 시간은 13:00, 14:30, 15:45~16:00로 세 차례로 나누어져 있다. 개별적으로 귀가하려면 교사와 미리 의논해야 하고, 다른 아이들의 숲 활동 시간이 방해 받지 않도록 주의해야 한다.

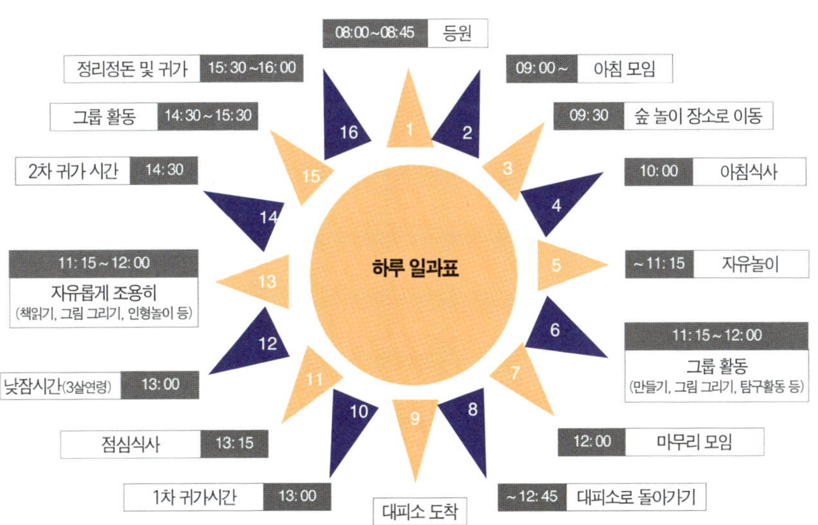

전체적인 숲 활동은 하루의 리듬과 요일별로 주제를 정하고 주간과 연간 흐름에 따라 다르게 진행된다. 전체적인 숲 활동은 인간과 자연 사이의 이분법적 사고를 벗어나는 관계 형성이 기본 바탕이 된다.

연간 프로그램은 사계절의 변화와 자연의 질서를 체험하는 것에 중점을 두고 절기와 관련한 세시풍습이나 축제 등과 같은 문화 행사와 크리스마스 같은 종교 색을 띤 행사로 짜인다.

요일별 주요 주제

월요일: 숲 나들이

화요일: 나이별로 나누어 동화책 읽기

수요일: 연장 놀이, 탐구의 날(취학 연령)

목요일: 음식 만들기

금요일: 악기 놀이

숲나들이를 가는 아이들(월요일)

동화책을 읽어주는 교사(화요일)

연장놀이를 하는 모습(수요일)

숲에서 음식 만들기를 하는 아이들 모습(목요일)

자연물을 이용한 악기놀이를 하는 교사와 아이들(금요일)

리히트비제 숲유치원(Waldkindergarten Lichtwiese)
http://www.unikita-darmstadt.de/wakiga/

대학과 연계된 숲유치원

남편과 함께 유학 생활을 하며 두 아이를 얻은 도시, 헷센 주에 있는 다름슈타트 대학을 찾아가는 길은 감회가 남달랐다. 대학 부근에 숲유치원을 운영할 만한 숲이 있었을까, 기억을 더듬으며 공과대학 건물 뒤쪽으로 걷다가 자전거에 아이를 태운 한 아빠와 마주쳤다. 혹시 숲유치원에 가는 길이냐고 물으니, 한국에서 방문객이 온다는 소식을 들었다며 반갑게 맞는다.

리히트비제 숲유치원은 슈테펜스 부인이 자기 아이를 숲유치원에 보내려고 두 군데 숲유치원을 찾았다가 많은 학부모가 아이를 숲유치원에 보내기 위해 기다리고 있음을 알고, 그들과 뜻을 모아 설립한 곳이다. 2003년 초 숲유치원 학부모 설립발기인이 구성되었고, 이미 설립과 운영 경험을 쌓은 다른 숲유치원 관계자도 슈테펜스 부인에게 자료를 제공하는 등 물심양면으로 도왔다. 그리고 다름슈타트 대학은 대피소용 컨테이너를 그리고 리히트비제 숲에 세워도 좋다는 사용계약서에 도장을 찍어 주었다.

대피시설은 숲유치원 설립에 반드시 필요한 항목이기 때문에 사용계약서는 큰 의미가 있었다. 슈테펜스 부인은 곧 중고 컨테이너를 사고 책상과 의자 그리고 추운 겨울날 교사와 아이들이 몸을 녹일 수 있는 가스난로를 설치했다. 한 학부모는 유치원을 상징하는 로고를 만들었다. 숲유치원을 만드는 모든 과정은 학부모들의 적극적인 참여로 순조롭게 진행되었다. 무엇보다도 설립에 가장 큰 도움을 준 것은 '다름슈타트 대학교와 전문대학의 아동복지 후원모임협회'였다. 이 협회는 이미 1985년부터 다름슈타트 대학과의 협력 관계 속에서 대학에 적을 두고 있는 학생이나 관계자들이 0세부터 3세까지 자녀를 맡길 수 있는 유아원을 운영하고 있었다.

구조적으로 체계화되고 안정된 아동복지 후원모임협회와 함께 숲유치원 설립을 추진한다는 것은 학부모 발기인들에게는 매우 고무적인 일이었다. 설립 과정에 다름슈타트 대학에 근무하는 관계자들이 학부모 발기인으로 합류하면서 대학과의 협의는 더욱 활기를 띠었다.

모든 대내외적인 준비 작업을 끝낸 2004년, 두 명의 교사와 한 명의 남자 실습생 그리고 세 살 이상의 원아 다섯 명으로 구성된 숲유치원 리히트비제가 개원하였다. 그 다음해에는 원생이 열일곱 명으로 늘어나 통합 연령 운영이 가능해졌다. 시간이 지나면서 개원 당시에 마련한 대피소를 교육 환경이 더 나은 곳으로 옮겼고, 종일제 운영의 필요성이 부각되면서 학부모 이사회는 종일제로 변경하기 위해 재정과 공간 확보에 이르기까지 숲유치원 운영 전반에 걸쳐 세심한 검토를 시작했다.

숲유치원 설립 허가를 해 주는 청소년국에서는 종일반 운영을 하려면 아이들이 오후에 실내 활동을 하고 쉴 수 있는 충분한 공간을 마련할 것을 조건으로 제시했다. 학부모 이사회 대표는 후원모임협회 이사회와 대학 관계자들과의 오랜 논의를 거쳐 컨테이너를 개조해 시설을 마련하기로 했다. 내부 시설은 학부모 이사회가 책임지고, 임대비용은 대학에서 지급하는 것으로 합의했다. 종일반 운영을 위해 교사 한 사람을 충원했고 실습생과 공익근무요원이 함께하기로 했다. 그렇게 개원한 지 5년이 지난 2008년부터 리히트비제 숲유치원은 다름슈타트에서는 처음으로 종일제 숲유치원을 운영하는 곳으로 거듭났다.

(왼쪽 위부터 시계 방향으로)
하얀 보자기로 씌운 책상에 지구본과 함께 한국을 소개하는 책자 등이 놓인 간이 대피소 모습
종일반을 위한 오후 활동 공간
대피소 안에 있는 세면대
옷도 걸고 가방도 보관할 수 있는 개인 사물함

다름슈타트 대학 캠퍼스 주변 숲과 리히트비제 숲유치원 대피소의 위치

여느 숲유치원처럼 리히트비제 숲유치원에서도 다양한 홍보 활동을 통해 운영비를 마련하고 있다. 정치가들과의 면담을 통해 보조금을 받기도 하고 지역 회사, 은행, 단체로부터 후원금을 받기도 한다. 그러고도 모자라는 운영비는 학부모가 부담한다. 리히트비제 숲유치원은 독립된 하나의 조직이지만 큰 범주에서는 대학에 속한다. 현재 대학에서 운영 중인 유아원과 리히트비제 숲유치원에서 선출된 학부모 대표들은 이사회의 임원으로서 역할을 맡는다. 이들은 각자의 관심과 능력에 따라 각 그룹과 이사회 사이의 의사소통, 대외 업무, 주 정부와 시 그리고 대학 등 외부와의 접촉, 보험 관계와 원생들의 교육비 관계 등을 세분화해서 담당한다. 최근에는 업무의 연속성을 보장할 수 없는 문제가 생겨 행정 업무 담당자를 채용하고 있다.

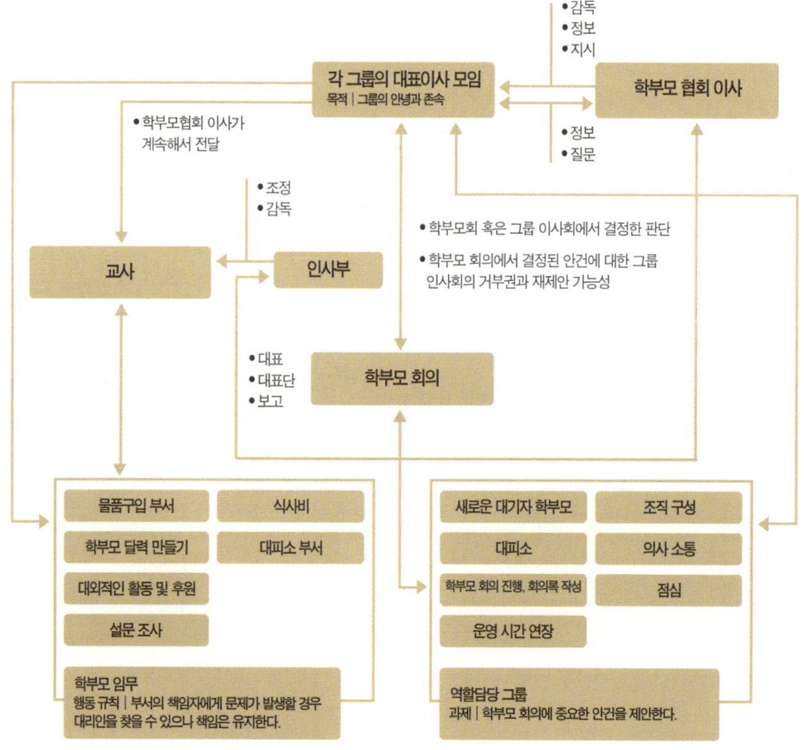

숲유치원 운영과 관련된 사항이 각 그룹의 학부모 회의에서 결정되는 움직임을 볼 수 있는 도표

리히트비제 숲유치원은 드넓은 푸른 초원과 숲이 어우러진 곳에 활동 장소가 있다. 숲속에는 화산 분출구처럼 움푹 파인 밧줄놀이 활동 장소가 있고, 넓은 초원의 숲 소파에서는 아침 모임과 마무리 모임이 이루어진다.

사시사철 넓은 초원 위를
마음껏 달리며
자연을 만끽하는 아이들

세 살배기 원생이 숲으로 등원하면서 두더지 인형에게 인사를 했다. 이 모습을 보고 한두 아이들이 "좋은 아침이야! 잘 잤니?", "어젯밤에 무서운 꿈을 꾸었어" 하고 인사하기 시작했다. 점점 더 많은 아이가 두더지 인형과 마음을 나누었고, 아이들과 두더지 인형의 정감 어린 만남이 숲의 정적을 깨우는 게 일상화되었다. 그 뒤 두더지 인형은 이곳 숲유치원의 마스코트가 되었다.

마스코트인 두더지 손인형

손 인형극

생일을 맞은 아이를 위해 교사는 손
인형극을 준비하고, 아침 모임에서
아이들과 인사할 때에도 손 인형을
쓴다. 교사들은 그때그때 상황에 맞
게 손 인형을 움직이며 성대모사를
하는데 아이들은 금세 그 이야기에
빠져든다. 손 인형은 숲유치원에서
즐겨 사용하는 놀이 도구다.

교사들이 생일을 맞은 아이를 위해 손 인형극을 준비했다.

연장 놀이

생활에서 사용하는 연장을 아이들이
직접 다룬다. 감자나 당근 껍질을 벗
기는 다용도 칼이나 송곳 같은 작은
도구에서 톱과 드릴 같은 큰 도구로
확대해 간다. 연장놀이를 할 때에는
교사와 함께해야 하며, 도구 끝이 친
구를 향해서는 안 된다. 처음 연장을
다루는 아이는 작은 나뭇가지 껍질
을 벗기는 동작부터 시작하면서 손
의 미세감각을 키우도록 한다. 연장
을 다루면 상상력과 집중력이 향상
된다.

연장놀이를 하고 있는 모습

밧줄놀이

밧줄을 이용한 놀이는 간단하면서도 아이들에게 흥미를 불러일으킨다. 그네나 두 줄을 이용한 밧줄다리 놀이는 나이에 상관없이 할 수 있다. 밧줄놀이는 균형 감각과 공동체성을 기르는 데 도움이 된다.

거미줄 밧줄 놀이

외줄다리기

두 팀으로 나누어 하는 줄다리기와는 달리 아이들이 한편이 되어 한 명의 어른과 힘겨루기를 하는 놀이다. 아이들은 힘의 균형과 서로 힘을 합쳐야 하는 협동심의 중요성과 함께 사회성을 키운다.

외줄다리기를 하는 모습

자연물 소재 놀이

가르치지 않는 교육, 곧 아이들 스스로 이해하는 교육 방식은 주입식 교육에 견주어 교육 효과가 세 배 이상 높다고 한다. 자연이라는 교과서에서 아이들은 자연의 색을 찾아내고 만지고, 느끼면서 영성과 감성이 풍부해진다. 서로 다른 색깔의 흙을 반죽한 물감으로 그림을 그리

묽게 반죽한 흙으로 그림 그리기

고 울퉁불퉁한 여러 유형의 나뭇잎과 나뭇가지를 나열해 주어진 그림과 같은 숫자 모양을 만들어 본다. 상상력과 창의력을 동원해 작품을 완성해 가는 과정이 중요하다.

나뭇잎과 나뭇가지로 만든 숫자 모형

달팽이집 놀이

낙엽과 흙을 이용해 땅바닥에 달팽이집을 만든다. 우리나라에도 잘 알려진 달팽이집 놀이는 숲유치원 한 그룹 전체가 참여할 수 있는 놀이로 공동체성을 키우는 데 좋다.

달팽이집 놀이를 하는 아이들

만다라 만들기

사계절 어느 시기에 상관없이 자연 소재를 이용해 다양하게 표현할 수 있는 만다라 만들기는 노래, 춤, 이야기가 어우러지는 예술적이고 창의적인 동작 활동으로 통합적인 사고 능력이 발달된다.

겨울에 만든 만다라

탐험놀이

뿌리째 뽑혀 드러누운 나무, 목재용 나무들이 층층이 쌓인 곳은 숲유치원 아이들이 즐겨 찾는 탐험놀이 장소다. 모험심과 담력을 키워 주기 위해 인공으로 만든 여느 놀이공원보다 자연스럽고 스릴 넘친다. 아이들은 곁가지를 잡고 평형감각을 잃지 않은 채 한발 한발 조심스럽게 움직임이면서 주의력을 키우고 성취감과 자신감을 얻는다.

뿌리째 뽑힌 나무에 올라 탐험 놀이를 하는 모습

통나무 시소놀이

숲에 흔히 널려 있는 크고 작은 통나무를 이용해 시소타기를 한다. 손잡이가 없고 변칙적으로 움직이는 시소일수록 아이들의 균형 감각은 좋아진다. 교사가 가르치지 않아도 아이들은 시소놀이를 하면서 지렛대의 원리와 무게 중심을 체험하고 배운다.

통나무 시소 타기

자연물 쌓기 놀이

돌과 나무토막을 층층이 쌓는 자연물 쌓기 놀이는 숲에서 쉽게 찾을 수 있는 자연 소재를 가지고 할 수 있는 놀이다. 높게 쌓으려는 아이의 욕구와는 달리 무너지고 다시 쌓는 과정이 거듭되면서 아이는 지혜와 인내심을 기르게 된다. 아울러 상하좌우, 위아래의 공간 감각과 예술 감각이 형성된다.

돌을 쌓는 모습

통나무에 그림 그리기

성인용 작업 칼과 끌 등 연장을 준비한다. 아이들은 자유롭게 원하는 모양의 그림을 그리고 칼로 약간 파낸 다음 체리나무 즙과 같은 천연물감으로 색칠한다.

마른 통나무에 천연물감을 이용해 색칠하는 모습

나뭇가지에 달린 메시지

보물찾기놀이와 비슷한 놀이로서 주로 성탄절이 다가올 때에 한다. 높은 나뭇가지 끝에 아이들에게 전달하는 메시지를 담은 통을 미리 매달아 놓는다. 그리고 메시지 통을 내릴 수 있는 방법을 생각하게 한다. 메시지에

나뭇가지에 매달린 메시지

는 선물이 놓여 있는 장소와 다음 메
시지를 받는 날짜가 적혀 있다.

공작놀이

교사는 주제를 정한 뒤, 아이들 스
스로 구상하고 설계할 수 있는 공간
을 마련해 준다. 한 아이는 운송과
이동 수단인 배를 주제로 우주를 탐
험할 수 있는 배를 만들었다.

우주를 떠다니는 배의 모습

낙하산놀이

낙하산놀이는 협동심을 요구한다.
넓은 공간에서 아이들이 공기와 바
람의 역학 관계를 몸으로 느끼며 배
우고 서로에 대해 배려하는 마음을
기를 수 있는 놀이다.

낙하산놀이를 하는 아이들

동물 터널놀이

동물들이 땅속 터널을 지날 때의 느
낌을 직접 경험해 본다. 늦가을 낙
엽이 쌓인 마른 수로에 햇빛이 통과
하지 않는 넓은 비닐 천을 길게 씌
워 터널을 만들고 한 명씩 지나가도
록 한다.

동물 터널 놀이를 하고 있는 모습

줄 감각놀이

교사는 줄을 잡고 앞장서고 아이들
은 눈을 감은 채 줄을 잡고 뒤따른
다. 단 맨 뒤에 서 있는 아이는 눈을
감지 않고 "조금 오른쪽으로", "조금
왼쪽으로"라고 말하며 앞서가는 친
구들에게 방향을 알려준다.

줄을 잡고 숲으로 들어가는 아이들

축제 프로그램

　　현대 생활에서는 절기와 관련한 전통 축제와 세시풍속이 사라져가고 있
다. 숲유치원에서는 생활의 지혜가 녹아 있는 풍속을 프로그램으로 진행한
다. 모두가 함께하는 문화 행사로 자리매김한 축제는 결속력과 창의성, 사
회성을 키우는 데 도움이 된다.

겨울 몰아내기

2월에는 겨울을 보내고 봄을 부르는
전통 풍습인 겨울 몰아내기를 한다.
지푸라기로 만든 여러 형상을 태우고
소음을 낸다. 소음을 내는 것은 겨울
잠을 자는 씨앗을 깨우기 위해서다.

소음으로 겨울을 몰아내고 씨앗을 깨우고 있는 모습

부활절 축제

게르만족은 봄의 여신을 위해서 해

마다 봄 축제를 열었다. 자신들의 태양신을 기리는 날인 일요일을 선택했기 때문에 게르만족의 풍습이 기독교적 부활절 축제에 자연스럽게 스며들게 되었다. 부활절에는 다산의 상징이자 생명의 영원한 회귀를 상징하는 계란에 다양한 색을 입히는 활동을 한다. 물감으로 색칠하기도 하고, 자줏빛 양파 껍질과 함께 삶아 천연색을 입히기도 한다.

자줏빛 양파 껍질을 이용해 계란에 천연염색을 하는 모습

여름 축제

여름방학을 앞두고 열리는 여름 축제에서는, 유치원을 떠나는 원생들을 위한 고별 의식을 한다. 학부모는 두 줄로 서서 커다란 천 위에 아이를 올리고 맨 앞줄로 들어 옮긴다. 맨 앞줄 양쪽에서 두 학부모가 서 있다가 아이를 들어 길게 드리워진 얇은 천을 통과해 부드러운 모래밭에 던진다. 드리워진 얇은 천은 유치원과 초등학교의 경계를 나타내는 것이다. 아이가 새로운 세계를 향해 힘차게 나아가기를 바라는 뜻에서 행해지는 의식이다.

고별 의식을 하고 있는 학부모와 아이들

가을 축제

가을밤에 열리는 빛의 축제에서 아이들은 연극을 하고, 호박을 잘라 속을 파내고 촛불을 켠다. 어두운 밤에 부모와 아이들은 모닥불을 피워 호박 수프를 끓여 먹고, 밀가루반죽을 긴 나무 막대기에 감아 구워 먹는다. 계절의 특성을 살린 이런 축제를 연중 행사로 반복하면 아이들이 축제에 대한 의미를 자연스럽게 인식할 수 있다. 가을 축제로는 아이들이 손수 만든 각양각색의 등을 들고 교사, 부모님과 함께 노래 부르며 마을을 돌아다니는 제등축제가 있다.

가을 축제를 준비하는 아이들

성탄절 축제

성탄절 이전의 4주간은 예수의 탄생을 축하하는 축제를 준비하는 강림절 기간이다. 성탄절에 관한 다양한 이야기는 아이들의 호기심을 자극하면서 꿈을 키워 준다. 교사가 들려주는 성탄절 이야기에 귀 기울이며 가슴에 별 목걸이를 단 아이들은 어두운 밤에 세상을 비추는 천사가 된 듯 놀이를 한다.

별 목걸이를 달고 성탄절 축제를 하고 있는 아이들

프로젝트 프로그램

프로젝트 프로그램은 교사가 전체 활동 과정을 참작해서 구상하고 계획을 세운다. 그러나 주제를 선정하는 주체는 아이들 자신이어야 하며 교사는 자문 역할을 하는 게 좋다.

아홉 두더지의 등대 만들기 프로젝트

교사는 아이들이 무엇을 만들고 싶어하는지를 잘 파악하되 모든 것을 아이들 스스로 계획하고 결정하도록 이끈다.

교사: 사람들은 어떻게 등대를 만들까? 누구 이것에 대해 아는 사람 없니?

아이들: …….

아이 1: 책방에서 책을 사서 알아 보면 어떨까요?

아이들: 맞아, 그러면 되겠다!

책방에 가서, 교사는 '어떻게 등대를 만들 수 있는가?'를 다룬 책을 찾고 사는 모든 과정을 아이들과 함께하되, 이때에도 아이들이 찾는 책을 점원에게 설명하게 하고, 꼭 필요할 때가 아니면 나서지 않는다. 책을 산 뒤에는 프로젝트를 구체화해 나간다.

1. 등대를 만들기 위해 생각을 모은다.
2. 어떤 모양으로 지을 것인지에 대해 밑그림을 그린다.
3. 등대를 만드는 데 필요한 자재 목록을 만든다.
4. 누가 어떤 일을 할 것인가를 정한다.
5. 부분적으로 적합한 자재를 주변에서 찾는다.

6. 모든 가능성을 찾아 구상하고 만들기 시작한다.

프로젝트를 위해 꼼꼼히 준비했더라도 결과물은 처음 생각한 것에 못 미칠 수도 있다. 그러나 아이들의 주체적 이해를 기본으로 하는 이러한 프로젝트는 실수하는 가운데 배움을 얻는 프로그램이다. 이러한 만들기 프로젝트에서 얻을 수 있는 효과는 다음과 같다.

무언가를 하려는 의지가 곧 창조적인 발상으로 이어진다.

다른 아이들과 의사소통이 필요하다는 점을 배운다.

손으로 작업을 하면서 자기 능력을 가늠할 수 있다.

삶에서 실제로 필요한 많은 것들을 직접 경험하며 배운다.

다른 아이들의 발상을 존중하는 것을 배운다.

일을 해나가는 논리적인 과정을 배우게 된다.

실수하는 가운데 얻은 경험은 새로운 지혜를 얻는 바탕이 된다.

(시계 방향) 길이를 재고 톱질을 하는 모습. 위치를 정하고 못을 박는 모습. 완성한 등대 모습.

하이델베르크 숲유치원 (Waldkindergarten Heidelberg)

http://www.waldkindergarten-heidelberg.de

여러 그룹이 연계된 숲유치원

고성古城의 노시 하이델베르크에도 숲유치원이 운영되고 있다. 유학시절에 만난 지인의 도움을 받으며 네카 강이 내려다보이는 산길을 따라 올라가 만남의 장소에 도착했다. 아이들이 숲으로 이동하기 때문에 약속 시각을 잘 지켜달라는 원장 선생님 당부가 있어서 도착할 때까지 내내 가슴 졸여야 했다. 다행히 약속 시각보다 일찍 도착해서 기다리고 있자니, 아이를 태운 자동차가 한두 대씩 올라오고, 또 한 무리 아이들이 마을버스에서 내리는 모습이 눈에 띄었다. 먼저 와서 기다리고 있던 교사와 인사를 나누는 동안 아이들은 버스 종점 옆 비탈길에서 미끄럼을 타기 시작했다. 아홉 시가 되어갈 즈음 흩어져 있던 아이들이 모이기 시작했다. 이곳 아이들은 특별한 신호가 없이도 교사의 움직임에 따라 모이는 게 여느 유치원과는 달랐다.

하이델베르크 숲유치원은 1999년 한 여성 사회교육학자가 아이들의 심리적, 정신적, 사회적 건강에 도움을 주는 활동을 하는 목적으로 학부모협회를 구성한 것이 시초가 되었다. 이듬해 삼월, 하이델베르크의 한 골짜기에 다섯 명의 소규모 인원으로 구성된 숲유치원이 시작되었지만, 설립 초기에는 정식 허가를 받지 못했다. 학부모협회가 지역 관공서의 공익 활동을 위해서만 허락되었기 때문이다. 소규모 원생으로 빚어지는 경제적인 부담 등 이런저런 어려움이 많았다. 그러나 환경, 생태, 생명 교육에 대한 중요성

을 인식하고 그 해답을 자연에서 찾으려는 학부모들의 소신과 교사의 열정으로 이겨냈다고 한다.

그 뒤 충분한 경험과 제반 사항을 갖춘 다음 2003년 정식 숲유치원으로 인가를 받았다. 하이델베르크 숲유치원은 현재 세 그룹이 운영되고 있는데, 첫 번째 그룹 명칭과 로고는 숲 활동 지역에서 흔히 볼 수 있는 살라만다(불도마뱀)이다. 살라만다 그룹 아이들은 아침마다 마을에서 멀게는 40여 분 정도 떨어진 산비탈 중턱에 위치한 모임 장소로 올라온다. 원생들은 대부분 공원 옆 버스 정류장까지 부모와 함께 등원하지만, 이미 이 생활에 익숙해진 일부 원생들은 마을버스를 타고 혼자 등원하기도 한다. 버스 운전사나 지역 주민은 숲으로 등원하는 숲유치원의 아이들을 기꺼이 반기며 다정하게 말을 건네고 보살펴준다.

아침마다 아이들과 교사는 등원 시간보다 10분가량 일찍 모여 각 그룹 대피소가 있는 장소로 이동한다. 모임 장소에서 살라만다 그룹의 컨테이너 대피소까지는 아이 걸음으로 약 15분가량 걸린다. 손수레를 끌고 자유롭게 걸어가는 것 같은 아이들은 이미 정해진 몇 군데 모임 장소에서 서로 확인하기로 한 약속을 정확히 지키며 숲으로 향한다. 아이들은 숲을 오가는 길에서도 합의한 규칙을 지키는 사회생활의 기본을 익힌다.

숲으로 들어갈 준비를 마친 교사모습

숲유치원 모임 장소 살라만다 그룹 대피소로 가는 길

두 번째 그룹 "아네모네"

살라만다 그룹이 정식으로 인가를 받은 뒤로 입학을 희망하는 원생이 빠르게 늘어났고 대기자 명단은 점점 길어졌다. 결국, 학부모협회 대표와 교사들은 여러 차례 회의를 거쳐 대기자 학부모들의 새로운 그룹 개설 요청을 받아들이기로 결정했다. 그렇게 해서 2005년 가을 아네모네 그룹이 탄생했다. 아네모네 그룹은 시의 규정에 따라 접근이 원활하고 이미 설립된 살라만다 그룹으로부터 일정 부분 거리가 있는 곳에 대피소와 활동 장소를 마련했다. 교사와 학부모들은 경사가 꽤 심한 비탈진 언덕길에 설치된 대피소 때문에 걱정했지만, 오히려 아이들에게는 아무런 문제가 되지 않았다.

아네모네 그룹 대피소

세 번째 그룹 "새끼 멧돼지"

2007년 가을에는 종일반 그룹인 "새끼 멧돼지"가 탄생했다. "새끼 멧돼지"는 반일제인 살라만다와 아네모네 그룹에 자녀를 보내는 맞벌이 부부들과 숲유치원에 자녀를 보내고 싶어하는 또 다른 맞벌이 부부들이 겪게 될 수 있는 어려움을 고려해 만든 그룹이었다. 숲유치원이 반일제로 운영되는 것에 대한 대안이 있어야 한다는 말은 계속 대두된 상태였다. 숲유치원이 불특정 다수를 위한 유아교육 기관으로 적합하지 않다는 비판을 받은 부분이었다. 그런 점에서 하이델베르크 숲유치원에서도 종일제로 운영되는 새끼 멧돼지 그룹이 설립된 것은 큰 의미가 있다.

새끼 멧돼지 그룹의 주된 활동 장소는 고목과 계곡이 어우러진 원시림에 위치하고 있다. 스무 명가량 되는 아이들이 점심을 먹거나 실내 활동을 할 수 있도록 산장을 갖추고 있다. 그 밖에도 컨테이너 대피소에는 난방시설과 야전침대, 침낭 등이 갖추어져 있어 아이들이 편하게 쉴 수 있다.

새끼 멧돼지 그룹 대피소

하이델베르크 숲유치원의 세 그룹은 각기 악천후를 대비해 실내 활동 공간을 확보하고 있다. 살라만다와 아네모네 그룹은 양로원과 협약하여 공간을 확보했으며, 새끼 멧돼지 그룹은 가까운 곳에 있는 대형 숙박업소로부터 협조를 구했다. 세 그룹의 교사와 학부모들은 늘 일기예보에 주의를 기울이고 날씨에 따른 변동 사항이 있을 때 긴급 연락망을 통해 알리고 대비하는 체계를 갖추고 있다. 이제 살라만다 그룹의 주변 환경을 살펴보자.

대피소 앞에는 아이들이 언제라도 쉴 수 있는 통나무 소파가 있다. 숲의 고요함을 느끼며 자신을 들여다보는 아이의 쉼터이다. 이 숲 소파에서는 동화책 읽기, 즐거운 간식 시간, 흥미롭고 진지한 모둠 활동, 아침 모임, 마무리 모임 등이 열린다.

통나무 소파에서 활동하는 모습

숲 소파 근처에는 크고 작은 돌멩이를 옮겨 만든 '약속의 땅' 이 있다. 아이들이 자율적으로 모일 수 있도록 마련한 자그마한 모둠이다. 간식 시간을 알리는 종을 치자 여기저기 흩어져 자유놀이를 하던 아이들이 '약속의 땅' 에 줄을 서기 시작한다. 간식을 먹기 전에 차례로 손을 닦으며 생활 속에서 지켜야 할 규칙을 배운다.

돌멩이를 놓아 만든 '약속의 땅'

'약속의 땅' 에 줄지어 서 있는 아이들

살라만다 그룹이 처음 개원할 때 준비한 대피소를 배경으로 초입의 왼쪽 나무에 노란색과 주홍색 끈이 매달린 둥근 모빌이 걸려 있다. 계절이 변화할 때 아이들에게 앞으로 함께하게 될 시간의 색을 표현해 보자는 한 교사의 창의성이 돋보인다.

대피소 부근의 정경

대피소에서 100여 미터 떨어진 곳에 나뭇가지를 엮어서 만든 생태 화장실이 있다. 숲 활동을 할 때 아이들은 생리 현상을 숲에서 해결한다. 똥과 오줌이 더러운 것이 아니라 에너지 순환 고리의 바탕이 되는 자원임을 알게 하는 생태 교육이 이루어진다.

나뭇가지를 엮어 만든 숲 화장실

뒤에 보이는 숲 화장실을 사용하고 나오는 아이

　여름 방학에는 세 그룹의 교사와 아이들이 크게 한 그룹이 되어 탄력적으로 운영된다. 그러면서 교사들이 교대로 쉴 수 있는 시간을 마련한다. 아울러 취학을 앞둔 아이들을 대상으로 여러 유형의 직업 현장 체험학습을 집중적으로 한다. 이 프로그램은 인지 능력이 비슷한 또래 아이들이 함께하기 때문에 체험학습에 대한 설명을 구체화할 수 있는 장점이 있다.

자연 탐구학습

색소를 푼 물이 얼면서 어떠한 현상이 일어나는지 그리고 저수지에는 어떤 동물들이 서식하는지 관찰하고, 숲에 있는 다양한 종류의 식물들을 탐색하기도 한다. 이러한 과정을 이야기로 엮어 내거나 '탐구노트'에 그림으로 그리는 연계 학습으로 이어간다.

자연탐구놀이를 하고 탐구노트에 정리하는 아이들

통나무 망원경

토막 난 통나무에 좁고 긴 구멍이 나있는 것을 발견한 아이들이 나무 껍질을 다듬고 속을 파내 망원경을 만든다. 넓적한 돌멩이를 쌓아 통나무 망원경을 올려놓고 숲속을 관찰한다.

통나무 망원경으로 숲을 관찰하는 아이들

티피 만들기

티피는 북아메리카 평원 지역 인디언이 쓰는 천막이다. 경사면에 설치할 때는 바닥을 평평하게 한다. 그런 다음 크고 작은 나뭇가지를 이용해 뼈대를 세우고, 부모님들이 보내온 낡은 천을 씌우면 티피가 완성된다. 교사는 아이들과 함께 티피 안에 앉아 인디언 동화책을 읽어 준다.

인디언 티피로 만든 새로운 놀이 장소

진흙놀이

비가 오는 날, 방수 옷을 입은 아이들이 삽과 양동이, 나무막대기를 이용해 진흙놀이를 한다. 언덕에 물길을 만들고 물길을 다시 미끄럼틀로 이용한다. 아이들은 스스로 놀이를 만들면서 강한 자생력을 키워간다.

방수 옷을 입은 아이들이 진흙놀이를 하는 모습

손 문양 그림 그리기

여러 가지 다른 색상의 흙을 손에 충
분히 바른 다음 물기가 잘 스며드는
하얀 천 위에 손가락을 펼쳤다 오므
렸다 하며 다양한 손자국을 낸다.

반죽한 흙을 손에 묻혀 문양 만들기

나무 조각하기

인간의 지능은 도구 사용으로 증진
되었다고 한다. 도구를 활용한 놀이
는 인간의 원초적인 자연적 행위다.
따라서 나무 조각하기는 아이들의
지능 발달에 직결되는 놀이라 하겠
다. 표면의 음각과 양각을 이용한 공
간 창조의 창의성 발달을 유도하는
놀이다.

재질이 연한 나무를 이용해 조각하는 모습

나무 시계 만들기

넓고 큰 나무토막을 이용해 시계를
만든다. 둥근 가장자리를 따라 숫자
를 표시하고 마른 나뭇잎으로 눈,
코, 입을 붙이고 털실로 머리카락과
얼굴 선을 그린다.

커다란 통나무로 시계를 만든 아이들

역할극

종이로 태양과 달을 만들어 긴 막대기에 붙인다. 교사와 아이가 배우가 되어 역할극을 한다. 역할극은 아이들의 언어 능력과 감정을 표현하는 능력을 키워준다.

해와 달을 그린 뒤 막대기에 붙여 역할극을 하는 모습

통나무 오르기

숲에 쓰러져 있는 통나무는 아이들에게는 좋은 놀잇감이다. 수평으로 놓인 통나무 위를 걸을 때에는 균형을 잡기 위해 본능적으로 두 팔을 벌리고 걷는다. 어느 정도 높이가 있는 통나무에는 매달려 기어가기도 한다. 물론 경사면에 쓰러진 나무라면 타고 오르는 놀잇감이 된다.

언덕에 비스듬히 놓여 있는 통나무에 기어오르는 아이들

밧줄놀이

밧줄놀이는 간편하게 이동할 수 있고, 아이들의 균형 감각 발달과 고른 근육 운동 효과를 얻을 수 있는 장점이 있다. 몸의 활동 능력과 조절 능력을 향상하는 효과가 있다.

비탈진 언덕에 밧줄을 늘어뜨리고 오르내리는 모습

여러 가지 얼굴 형상 만들기

숲속 여기저기에 흩어져 있는 다양한 나뭇가지와 나무토막, 돌멩이 등을 모은 다음 각자 한 가지를 선택해 여러 가지 표정의 얼굴 모양을 만든다. 자연물에 여러 표정을 만들면서 아이들은 한결 자연과 친숙해진다.

다양한 나무토막과 돌을 이용해 만든 얼굴 모습

다른 생명과의 만남

숲 활동 구역에서 가까운 농장을 주기적으로 찾아가 가축한테 먹이를 주거나 양털을 깎는 체험을 한다. 숲 유치원 활동에서 중요하게 여기는 것 가운데 하나가 뭇 생명과의 교류다. 아이들은 다른 생명체를 존중하고 배려하는 마음을 배운다.

농장을 찾아 양한테 먹이를 주는 모습

형체 그리기

책상 위에 커다란 종이를 펼쳐놓고 그 위에 한 아이가 드러눕는다. 다른 아이는 색연필로 누워 있는 친구의 모습을 따라 선을 그린다. 형체가 완성되면 색칠하거나 색종이, 나뭇잎, 꽃잎을 붙여 친구 모습을 표현한다.

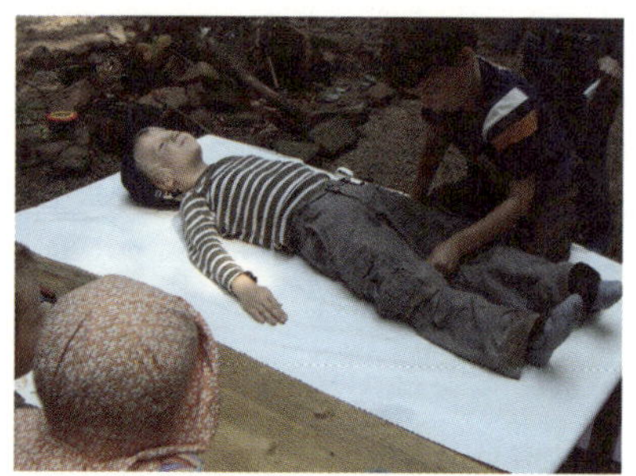
드러누워 있는 친구의 윤곽을 색연필로 그리고 있는 모습

통나무에 못질하기

망치를 이용해 통나무 위에 긴 못을 마음대로 박은 다음 못과 못 사이를 털실로 이으며 다양한 모양을 만든다.

망치질하는 아이

밧줄놀이

경사진 언덕에 있는 나무와 나무 사이에 아이들이 떨어져서 다치지 않을 정도의 높이로 여러 개 밧줄을 엮는다. 아이들은 자연스럽게 밧줄 아래를 오르내리는 놀이를 한다.

밧줄 아래에서 노는 아이들

숲 산책

일주일에 하루는 숲속 산책하는 날을 정해서 어떤 프로그램도 없이 돌아다닌다. 아이들은 혼자 생각하는 시간을 갖기도 하고, 다른 친구들과 자연스럽게 앉아 이야기를 나누기도 한다. 그러나 언제 어떠한 놀이가 펼쳐질지 모르는 흥미로움이 있다.

계곡을 탐사하는 아이들

봄 축제

늦은 봄이 되면 학부모협회가 주축
이 되어 봄 축제가 열린다. 부모들과
아이가 함께하는 이 축제에서 진행
되는 놀이는 경쟁이 아니라 어우러
짐을 통해 공동체 의식을 키우고 결
속력을 다지는 데 비중을 둔다.

축제에 참석한 학부모들과 아이들의 인디언 분장놀이

하지 축제

여름 축제로서 가장 큰 하지 축제는
불을 사용하는 놀이다. 아이와 부모
들이 함께 반죽한 밀가루를 나뭇가
지에 감아 구워 먹는다. 숲에서 불을
피우기 위해서는 미리 산림 관리인
에게 승낙을 얻어야 한다.

밀가루 반죽을 굽는 모습

강림절 사랑의 메시지

강림절 기간에는 특별한 놀이를 한
다. 먼저, 침엽수 잎으로 나선형 모
양을 만들고 교사는 가운데 큰 초를
들고 앉는다. 나선형이 시작되는 입
구에 앉은 교사가 이름을 부르면 호
명된 아이는 손에 들고 있던 통을
들고 조용히 나선형 모양을 따라 걸
어가 중앙에 앉아 있는 교사에게 통

부모님이 쓴 사랑의 메시지를 듣기 위해 기다리는 아이들

을 건넨다. 통을 받아 든 교사는 통 속에 들어 있는 부모님이 쓴 사랑의 메시지를 아이에게 읽어 준다. 아이들은 자연스럽게 크리스마스의 축복을 가슴속에 새기게 된다.

크리스마스 트리를 장식할 지푸라기별 모습

취학 연령 아이들을 위한 특별 프로그램

취학 연령의 아이들은 단순히 모방을 하는 단계를 벗어나 '주변 환경과 나' 그리고 '주변 환경과 사물'에 대해 보다 구체적으로 알고 싶어하는 지적 욕구가 크다. 따라서 취학 연령을 대상으로 한 프로젝트는 아이들이 원하는 것이 무엇인지 정확히 파악하여 하고 싶은 것을 구체화할 수 있도록 도와주는 게 중요하다.

제화 장인 방문

손으로 본을 뜨고, 자르고, 한 땀 한 땀 꿰매는 과정을 거쳐 완성되는 수제 구두를 보며, 아이들은 신기한 표정을 감추지 못한다. 공장에서 대량 생산되는 신발과는 달리 사랑과 정성이 가득한 장인 정신을 알게 된다.

완성된 구두에 광택을 내고 있는 아이들

아이들은 산림관리원으로부터 어떤 나무를 왜 벌목해야 하는지에 대한 설명을 듣는다. 벌목한 나무의 가지를 쳐내고 운반하는 육중한 기계들이 베어낸 나무를 옮기는 과정을 관찰한 뒤 나이테를 세어 보면서 나무의 나이를 헤아려본다.

벌목한 나무를 나르는 자동차(위)
잘린 나무의 나이테를 살펴보고 있다. (아래)

아이들의 시선은 끌과 망치로 네모난 대리석을 여러 가지 형상으로 변화시키는 석공의 손놀림에 쏠린다. 돌을 마치 진흙처럼 자유자재로 다루는 석공은 크고 작은 돌들을 다듬는 데 필요한 도구들이 어떤 것이 있고, 도구 이름은 무엇인지, 어떻게 사용하는지를 가르쳐 준다.

네모난 대리석을 변화시키는 석공과 연장들

가구 공장 방문

여러 공정을 거쳐 가구가 만들어지고 정교하게 다듬어지는 것을 살펴본다. 대형 사포가 자동으로 움직이며 나뭇결을 고르는 것을 보고 나서 아이들도 직접 사포를 다루어 본다. 가구 하나를 완성하기 위해서 사람의 세심한 손길이 얼마나 필요한지를 알게 된다.

가구 공장에서 공정 과정을 관찰하는 아이들

마구간 방문

동물들 가운데 말을 가장 좋아하던 니케는 말을 돌보는 직업을 선택했다. 니케가 아이들에게 말을 돌볼 때 주의해야 할 몇 가지 사항을 알려준 다음 방목장으로 데려가기 위해 말을 데려왔다. 아이들은 빗으로 갈기를 쓸어 주고 쓰다듬기도 한다. 몇몇 아이들은 니케와 함께 두엄용 쇠스랑을 사용해 마구간 청소를 한다. 그리고 말을 타보기도 하고 말의 다양한 보행법을 관찰하기도 한다. 그렇게 배운 것들을 탐구노트에 꼼꼼히 기록한다.

말 빗질하기(위)
마구간 청소(아래)

배를 타고 네카 강을 따라 여러 고성과 집을 구경한다. 그러고는 한 성곽 아래에서 보물찾기 퀴즈 종이를 꺼내 이리저리 궁리해 본다. 이 종이는 교사가 아이들을 위해 준비한 보물지도다. 보물이 숨겨져 있는 곳이 성곽 꼭대기인 것을 확인한 아이들은 열심히 계단을 오르기 시작한다.

성에 오른 아이들은 보물을 발견하고 모두 둥글게 둘러앉는다. 교사는 아이들에게 줄 보물 보자기를 푼다. 교사가 준비한 선물은 아이들이 지니고 있는 개별적인 특성을 살린 캐릭터와 글이다.

보물이 숨겨진 곳을 알려주는 지도(위)
보물을 찾아 성 계단을 오르는 아이들(중간)
발견한 보물(아래)

딱정벌레 숲유치원(Erdflöhe Waldkindergarten)
http://www.erdfloehe.de/

지형이 다른 두 개의 활동 장소를 사용하는 숲유치원

딱정벌레 숲유치원은 2009년 10월 27일 KBS 환경스페셜에서 방영된 "학교가 숲으로 들어왔다"에 소개되었다. KBS 환경스페셜 제작진과 산림청 그리고 '(사)나를 만나는 숲'이 힘을 모았다. 짧은 시간에 알찬 내용을 담아야 하는 부담이 있었지만, 숲유치원을 우리나라에 알릴 좋은 기회여서 행복한 마음으로 제작에 참여했다. 먼저 열 군데 숲유치원을 선정한 뒤, 제작진과 내용을 조절하면서 한두 개씩 줄여나갔다. 특히 장애우가 함께하는 숲유치원을 국내에 알리고 싶어서 여기저기 문의를 하고 있었다. 마침 2009년 국내에서 개최된 첫 번째 숲유치원 국세 세미나에서 숲유치원 효과에 대해 강연한 헤프너 박사로부터 연락이 왔다. 천식과 신체장애가 있는 아이가 날마다 자연에서 생활하는 딱정벌레 숲유치원을 다니면서 건강해진 사례와, 오른발과 다리에 마비 현상이 있던 아이가 친구들과 똑같이 산을 오르내리며 아무런 문제없이 생활하는 사례에 대해 말해 줄 수 있다는 뜻을 전했다. 더욱이 딱정벌레 유치원에 자녀를 보내고 있는 한 외과의사가 숲유치원에 대한 의학적 효과에 대한 인터뷰에 응하겠노라고 했단다. 딱정벌레 숲유치원은 시청자들이 관심을 둘 수 있고, 궁금해할 만한 예상 질문들의 답을 들을 수 있는 곳으로 적합했다.

딱정벌레 숲유치원은 2002년 9월, 여교사 한 명과 학부모들이 2살 반부

터 6살의 통합 연령 아이들을 돌보며 시작되었다. 처음에는 교사가 절대적으로 부족해 부모가 일주일에 두 번씩 돌아가며 아이들을 맡는 학부모 당번제를 할 수밖에 없었다. 이후 교사 두 사람을 채용하고 아이들이 숲에서 안정적인 활동을 할 수 있을 때까지 학부모 당번제는 계속되었다.

정식 인가를 받은 2005년부터는 세 명의 전문교사가 20명 이내의 아이들과 활동하고 있다. 설립 초기에는 악천후에 대피할 장소가 없어서 한 학부모가 제공해 준 지하 방을 모임 장소로 사용하기도 했다.

지금 딱정벌레 숲유치원은 지형과 숲 환경이 전혀 다른 두 군데 숲 활동 장소를 갖고 있다. 두 활동 장소는 자동차로 20-30분가량 떨어져 있다. 경사가 거의 없는 완만한 사유림이 제1활동 장소인데, 이곳에는 대피용 컨테이너와 물품보관용 컨테이너와 야외용 식탁이 있다. 아이들이 부모와 함께 한 프로젝트로 만든 화덕도 갖추어져 있다.

(왼쪽 위부터 시계방향으로)사유림에 있는 대피소 실외 모습. 실내 모습.
대피소 옆에 학부모들이 만들어준 식탁과 의자.
학부모와 함께하는 프로젝트 프로그램에서 만든 화덕.

　시유림에 있는 제2활동 장소는 일주일에 한두 번 정도 사용하는데, 이곳은 제1활동 장소에 견주어 좀 더 움직임이 큰 활동을 할 수 있다. 제2활동 장소는 경사가 크고 수령이 많은 나무들이 많아 제1활동 장소 숲과는 그 느낌이 확연히 다르다. 아이들의 동작이 자연스럽게 커지고 움직임이 활발해지는 몸의 움직임은 운동 감각을 향상하는 작용 이외에 새로운 것을 시도하는 도전정신과 판단력을 향상하면서 아이들에게 자아감과 자신감을 불어넣어 주게 된다.

　서로 다른 지형에 떨어져 있는 두 대피소는 지역의 숲 관리원이 적극적으로 돌봐 주고 있다. 대피소의 안전 상태를 점검해 주고 필요에 따라서는 위생관리를 위한 조언과 간단한 수리를 해 주기도 한다.

제2활동 장소의 대피소(왼쪽 위)
균형잡기 놀이를 하는 모습(오른쪽 위)
숲에 있는 시설물에서 노는 모습(오른쪽 아래)

숲 활동 모습

딱정벌레 숲유치원에서는 아이들이 자연물을 이용해 숫자를 배우는 프로그램을 특성화했다. 취학 전 아이들을 대상으로 프라이스 교수의 '숫자나라'를 참고로 해서 놀이와 접목한 프로그램이다.

숫자나라

아이들은 1-10까지의 숫자판 위의 수를 세며 걸어 들어간다. 하나의 둥근 판(숫자나라) 위에 사과, 밤, 솔방울 등 다양한 물건을 올려놓는다. 아이들이 잠시 눈을 감고 있는 사이에 교사는 3이라고 적힌 숫자나라에 사과 4개를 갖다 놓기도 하고 물건을 바꾸어 놓는다. 아이들은 바뀐 수와 물건을 찾아내는 놀이이다.

숫자나라 놀이에 참가한 취학 연령 아이들

사다리 그네

60cm쯤 되는 단단하고 가는 막대를 밧줄로 엮어 사다리 그네를 만든다. 숲유치원 생활을 막 시작한 세 살 아이들에게 적합한 놀이다. 그네가 좌우로 흔들리며 뒤집힐 수 있기 때문에 어른이 꼭 함께해야 한다.

사다리 그네를 타는 아이

너도밤나무 놀이터

초가을부터 떨어지기 시작하는 너도
밤나무 열매를 모아 놀이터를 만든
다. 고목 나무껍질을 이용해 미끄럼
틀을 만들어 열매를 굴리거나 놀이
터 안에 들어가 논다.

너도밤나무 열매를 굴리며 노는 아이들

마귀의 눈 만들기

떨어진 지 오래되지 않은 너도밤나
무 열매에 나선형 모양으로 여러 개
요지를 꽂은 다음 색깔이 다른 털실
을 어긋나게 엮는다. 손가락을 이용
하는 소근육 운동에 적합하다.

너도밤나무 열매에 요지를 꽂아 마귀의 눈을 만드는 모습

폐비닐을 이용한 연 만들기

폐비닐을 이용해 연을 만든다. 중간
마다 구멍을 내고 공사 구역 출입 통
제용으로 사용한 붉은색과 흰색 긴
비닐 끈을 붙여 연 꼬리를 만든다. 바
람의 영향을 받는 연을 체험하는 놀
이로 환경 교육과 인지 교육을 겸한
프로그램이다.

폐비닐로 연을 만든 아이들

호두껍데기 초 만들기

초는 고대 그리스인들이 사용하기 시작한 이래 인간의 밤 생활을 도왔다. 이러한 초의 기원에 대해 들려주고, 일상생활에서 쓰는 초 모양에 대해 알아본다. 밀랍에 담근 심지를 잘라 호두껍데기에 세우고 잘 녹인 밀랍을 붓는다.

호두껍데기 속을 파내고 밀랍을 채워 초를 만드는 모습

요리하는 날

요리에 필요한 재료가 무엇이고 향신료는 무엇을 쓰는지 알아본다. 아이들은 채소를 다듬고 씻은 뒤, 이런저런 모양으로 자르면서 스스로 음식을 만들어 본다. 음식 만들기는 아이들이 미각을 독창적으로 창작해 내는 행위를 하는 것과 같다.

감자, 당근, 호박을 썰어 수프를 만드는 모습

진흙탕 놀이

아이들은 진흙에서 노는 것을 무척 좋아한다. 질퍽질퍽한 진흙탕을 밟고 휘저으며 그 느낌을 온몸으로 받아들인다. 부모와 교사, 아이 모두 몸이나 옷이 흙으로 더럽혀져도 괜찮다고 인식할 수 있어야 한다.

진흙탕의 감각을 온몸으로 느끼며 노는 아이들

새끼 새 둥지

굵고 가는 나뭇가지를 모아 아이들
과 함께 새 둥지를 만든다. 갓 낳은
새알, 갓 태어난 새끼 새 그리고 먹
이를 물어다 새끼 새를 돌보는 아빠
엄마 새가 되어 본다. 아이들의 감성
이 풍부해 지고 상상력이 커지는 놀
이다. 놀이 효과를 높이기 위해서는
시작하기 전에 새와 관련된 동화책
을 읽거나 동요 부르기를 한다.

새끼 새가 되어 둥지에 누워 있는 아이들

아침 간식

숲에서의 간식 시간은 아이들의 미각
을 살리는 중요한 프로그램이다. 이
른 아침부터 숲 활동을 한 아이들은
10시쯤에 간식을 먹는다.

학부모들은 되도록이면 유기농 사과,
당근 그리고 검은 빵 등을 준비해 준
다. 도시락을 가방에서 꺼내고 음식
을 먹고 난 뒤 빈 도시락을 다시 가방
에 챙겨 넣는 전 과정을 아이 스스로
하도록 한다. 특히 아침 간식 시간에
취학 전 아이들이 보여주는 모습은
처음 숲 활동을 시작한 아이들의 본
보기가 된다.

커다란 통나무 위에 도시락을 올려놓고 간식을 먹는 모습

명상

교사 지도에 따라 들숨과 날숨을 고르고 차분하게 내쉬며 자연과 나를 느껴 보는 시간이다. 명상은 아이들이 직관력을 형성하는 데에 도움이 되고 심신의 조화로운 발달을 돕는다. 숲유치원 그룹 전체가 함께할 수도 있고, 한 명씩 번갈아 가며 하기도 한다.

나무그늘 아래 누워 호흡 명상을 하는 모습

통나무 흔들의자

수령이 그리 오래되지 않은 벌목한 나무를 구해 가지가 있던 윗부분을 약간 높여서 시소를 만든다. 나이에 상관없이 여러 명이 한꺼번에 올라타서 놀 수 있는 장점이 있다.

긴 통나무의 한쪽 끝을 세워서 만든 흔들의자

막대 잡기 놀이

가슴 정도까지 오는 막대기를 잡고 서서 일정한 리듬에 맞춰 옆 사람에게 혹은 반대편에 서 있는 사람에게 자신의 막대기를 건내는 놀이다. 8-10명 정도의 짝수 인원이 함께할 수 있다.

막대 잡기 놀이를 하는 모습

언덕길 미끄럼타기

비탈진 경사면을 이용한 미끄럼타기. 숲 활동을 시작한 지 얼마 되지 않은 아이들도 큰아이들을 따라 거침없이 미끄럼을 탄다. 함께 어울려 활동하는 가운데 두려움을 이겨내고 자신의 한계를 넓혀 간다.

비탈에서 미끄럼을 즐기고 있는 아이들

연장놀이

아이들이 못질을 하고 괭이와 삽, 쇠스랑과 같은 도구를 직접 다루면서 각각의 특성을 이해하는 시간을 가진다. 연장을 이용하는 공동 작업으로 텃밭을 만들면서 공동체성과 사회성을 기른다.

여러 가지 연장을 사용해 텃밭을 만들고 있다.

향수 만들기

'나만의 향수 만들기'를 주제로 실험을 한다. 이 실험을 하려면 먼저 여름철에 아이들과 함께 라벤다 꽃을 따서 그늘에 말려 놓아야 한다. 라벤다 향수를 만드는 과정을 그림으로 보여주며 설명한 다음 실험실에서 쓰는 조그만 절구를 이용해 만들기 시작한다.

향수를 만드는 아이들

강림절 기간의 놀이

강림절 기간에는 주로 성탄절의 수호
성인 니콜라우스에 대한 이야기를 들
려주고 촛불 밝히기와 같은 활동을
하며 크리스마스 나무에 장식할 여러
가지 소품을 만든다. 지푸라기로 별
을 만들고, 찰흙을 이용해 별 모양을
만든 뒤 색칠하고, 털실과 천을 이용
해 목동과 양 인형을 만든다.

아이들이 만든 목동과 양 인형

　이 프로젝트에서 먼저 할 일은 자연 소재 가운데서 주제를 정하는 일이다. 먼저 아이들은 주어진 주제인 나무, 나뭇잎, 흙 가운데에서 자신이 관심을 가지고 있는 주제에 스티커를 붙인다. 스티커가 가장 많이 붙은 것이 그날의 주제가 된다.

　나뭇잎 프로젝트를 진행하기 위해서는 먼저 숲에서 다양한 나뭇잎을 모은 뒤, 여러 가지 색깔과 모양을 가진 나뭇잎에 대해 이야기를 나눈다. 그 이야기를 통해 아이들이 나뭇잎에 대해 궁금해하는 것들을 뽑아 보면 아래와 같다.

- 나뭇잎들은 어떻게 해서 나무에 생겨날까?
- 잎맥은 어떻게 자랄까?
- 왜 한 그루의 나무에 많은 나뭇잎이 있을까?
- 나무는 왜 나뭇잎이 필요할까?
- 미루나무 잎은 왜 길쭉할까?

아이들이 모은 다양한 나뭇잎

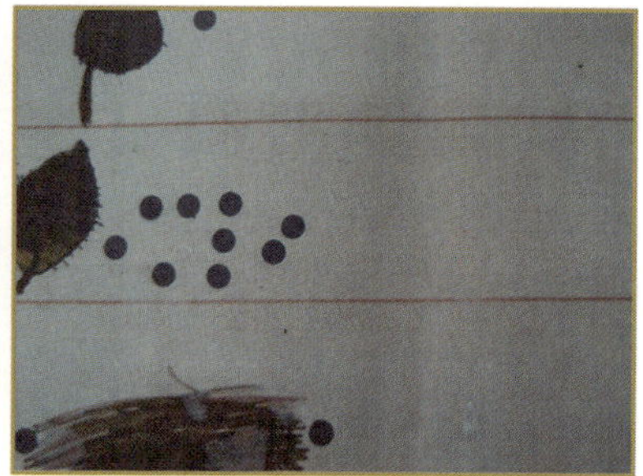

나뭇잎 주제에 많은 스티커가 붙어 있다.

아이들 질문

1)나무는 물을 마실 수 있을까? 나뭇잎은 왜 초록이지? 나뭇잎은 왜 가을에 색을 바꿀까? 가을이 되면 모든 나뭇잎이 떨어지는 이유는 무엇일까?

교사 설명

나무가 물을 마시는 것에 대해 생각하고, 나무가 뿌리를 통해서만이 아닌 나뭇잎과 표피를 통해서도 수분을 흡수한다는 사실을 알게 된다. 그렇다면 물은 어떻게 뿌리에서 나뭇잎까지 올라갈 수 있을까?

"나무들은 뿌리에서부터 가장 높은 잎사귀까지 연결된, 물을 공급하는 수많은 얇은 관을 가지고 있다. 그 급수관들은 겨우 머리카락 한 올도 통과하기 어려울 만큼 가늘지만 수십 미터 위로 물줄기를 끌어올리기에는 충분하다. 이것을 '빨대 효과'라고 한다."

빨대효과를 간단한 그림으로 보여준다.

2) 그런데 누가 물을 빨아올리는 것일까?

'빨대 효과' 라고 한다. 태양은 물을 빨아올린다. 태양은 비록 입은 없지만 빨아들이는 힘이 있어 물을 나무 꼭대기까지 옮길 수 있다. 나무에 있는 급수관은 빨대처럼 위아래로 양쪽이 뚫려 있다. 아래쪽 구멍은 뿌리에 있고 위쪽 끝은 나뭇잎에 있다. 나뭇잎 겉면에 아주 작은 구멍들이 있는데 이 구멍들을 통해 물이 밖으로 나간다. 이 물은 나뭇잎 위를 흐르는 것이 아니라 아주 작은 수증기로 변해 증발한다.

3)모든 나뭇잎은 하나의 공장인가?

나뭇잎은 줄기, 표피, 열매를 만드는 데에 필요한 재료를 생산하는 공장이다. 공장이 돌아가려면 에너지가 필요하듯이 나뭇잎이라는 공장이 제대로 돌아가려면 태양 에너지가 필요하다. 나뭇잎은 빛의 힘 곧, 태양전지로 활동한다. 나뭇잎이 줄기, 표피, 열매를 만드는 데에 필요한 재료를 생산하려면 물이 필요하다. 그 밖에 공기 중에 있는 이산화탄소가 필요하다.

나뭇잎 안에 있는 녹색 공장에서는 당분을 생산하는데, 이 당분은 나무줄기, 표피, 열매 등을 만드는 데 꼭 필요한 재료이다. 당분은 처음에는 물에 녹는 형태로 잎자루를 통해 아래로 보내져 저장되어 있다가 필요할 때 쓰이게 된다.

우리가 숨을 쉬기 위해서는 산소가 필요하다.

아이들 질문

4) 나뭇잎은 어떻게 녹색이 되고 또 가을에는 왜 색이 변할까?

교사 설명(아이들의 이해를 돕기 위해 태양의 입장에서 설명한다)

공장에서 전기가 필요하듯이 나뭇잎도 나에게서 나오는 빛이 필요하단다. 왜? 나뭇잎은 내가 없으면 살 수 없단다. 나는 에너지로 나뭇잎이 녹색이 되도록 하고 나뭇잎도 역시 그러한 내 도움으로만 살아가는 데 꼭 필요한 물질을 만들어 낸단다. 나무는 가을에 조금 쉬어야 하기 때문에 약하게 빛을 내면 나뭇잎은 녹색에서 노랑, 빨강, 밤색 등 여러 색으로 변하게 되는 거란다.

내가 어떻게 나뭇잎들을 녹색으로 만드느냐면, 나뭇잎들 안에는 녹색으로 변할 수 있는 특별한 세포들이 있는데, 그 세포를 녹색으로 만드는 게 엽록소라고 하는 색소란다. 이 세포들은 작은 렌즈 형태의 낱알 같은 모양으로 너무 작아서 현미경을 통해서만 볼 수 있단다. 내가 바로 이 세포 위에 빛을 비추면 녹색으로 변하게 되는 거란다. 빛을 비추지 않으면 녹색의 색소가 사라지고 그 자리에 노랑이나 빨강 등 다른 색들이 나뭇잎을 덮게 되는 거야. 나뭇잎들은 또한 색이 바뀔 때 아주 중요한 무기질들을 내 놓는데 나무는 이것을 가지나 줄기에 저장을 해서 추운 겨울을 이겨내는데 이용한 단다. 그렇게 해서 땅에 떨어진 나뭇잎은 결국 마르고 부스러져 흙으로 돌아가는 것이란다.

1) 현미경으로 살펴보기

여러 종류의 나뭇잎들을 충분한 시간을 가지고 돋보기로 관찰한 후 잘라 낸 나뭇잎들이 현미경 아래에서는 어떻게 보이는지 그림들을 살펴본다.

나무가 없다면 우리는 산소를 공급받을 수 없다. 자동차나 공장에서 나오는 매연 등으로 오염된 공기를 깨끗하게 정화할 수도 없다.

현미경으로 본 나뭇잎 모습

2) 나뭇잎 꼴라주와 세밀화

바구니에 담긴 낙엽으로 도화지에 여러 가지 형상을 표현한다. 또 다른 방법은 연필이나 색연필로 아이들이 만든 형상을 세밀하게 그려보게 한다.

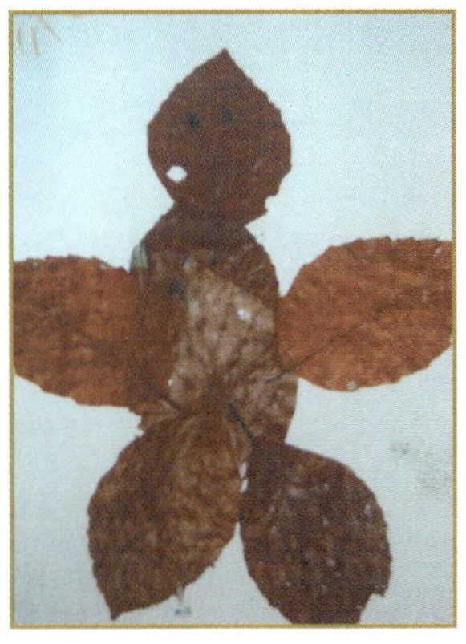

낙엽 붙이기

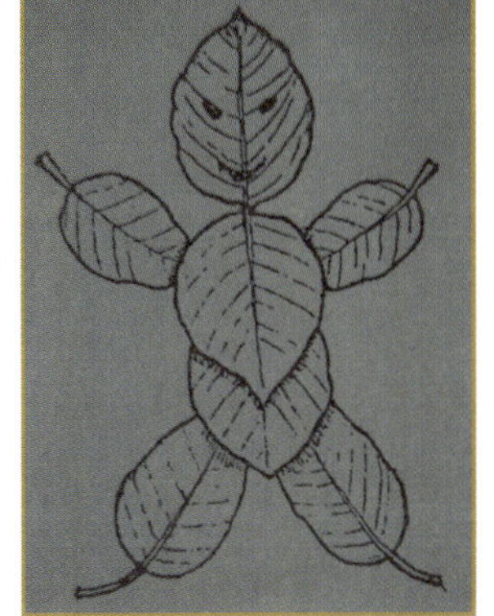

완성된 꼴라주를 보고 따라 그린 세밀화

3) 심호흡하기

마무리작업: 마지막으로 아이들과 함께 아주 힘차게 이산화탄소를 내뱉고 신선한 공기를 마셔본다. 이러한 과정을 의식적으로 여러 번 반복한 뒤 함께 외친다.

사랑하는 나무들아, 고마워!

작은초원 숲유치원(Waldkindergarten Wiesele.V)
http://www.waldwiesel.com/

영아와 유아가 함께하는 숲유치원

사과나무가 가득한 밭 한 귀퉁이에 초록색 컨테이너가 놓인 것을 보고 숲유치원 대피소라는 것을 바로 알 수 있었다. 그곳에서 만난 마을 주민은, 숲에서 먹을 간식과 음료수가 든 가방을 메고 등원하는 아이들 모습을 보고 작은초원 숲유치원을 "배낭학교"라고 불렀다.

방문 허락을 받기 위해 학부모 대표인 마르크스 노스두르프트Markus Northdurft 씨와 여러 차례 통화를 했고, 메일을 주고 받았다. 그는 작은초원 숲유치원에 대해 영아와 유아가 혼합된 그룹이 함께 활동하는 게 특징이라며 소개했다. 두세 살 영아들이 어떤 숲 활동을 하는지 무척 궁금했다.

11월 초인데도 제법 매서운 바람이 불었다. 날씨가 조금 차다고 느꼈는지 교사가 대피소 안에 있는 가스난로를 켰고, 먼저 등원한 아이들은 몸을 녹이며 다른 아이들을 기다렸다. 원생 수에 견주어 대피소 공간이 좁다고 느껴졌으나 정작 교사와 아이들은 아무런 불편함도 느끼지 않는 듯했다. 오히려 차분한 가운데 아침 모임을 하며, 한국에서 온 방문객을 소개한 뒤 숲 활동 장소로 이동했다.

한 학부모가 송아지만한 개를 데리고 와서 아이들과 함께 걷는 모습도 보였다. 숲으로 가는 길목에서는 유모차에 탄 아이들이 계속 합류했다. 영아들이 함께해서 좀 어수선할 것이라는 내 짐작과는 달리 전체 분위기는 무척 안정되고 차분했다. 교사는 오십 대 중반 남자였는데, 평소에 명상 프로그램에 자주 참여한다고 했다. 좁은 대피소 안에서의 모습과 숲 활동을 지켜보면서 아이들이 교사로부터 많은 영향을 받고 있음을 느꼈다. 교사의 여유로운 언행을 아이들이 닮아 가고 있는 셈이다. 마르크스 노스두르프트 씨는 작은 초원 숲유치원에 아이를 보내는 많은 부모가 그러한 이유로 교사를 더 신뢰한다는 말을 해 주었다. 중년인 이 교사는 일반 회사에서 오랜 동안 근무한 경험이 있고, 유아교육을 전공하지는 않았으나 아이들이 좋아서 숲유치원 교사가 되었다고 한다. 그는 유치원교사 자격증을 가진 선생과 함께 전문 인력으로 일주일에 2-3회 정도 근무한다.

2005년 가을, 헷센 주에 있는 작은 도시 바드소덴. 도심의 콘크리트 환경에서 벗어나 자연 속에서 아이들을 키우려고 생각한 열 명의 부모가 한자리에 모였다. 이들은 숲유치원 설립에 필요한 단계로 "작은초원협회"를 구성하고, 작은초원 숲유치원 설립준비위원회 구성원으로서 각자 희망과 재능에 따라 역할을 나누었다. 부모들은 숲유치원 설립을 알리고 후원을 요청하는 일에서부터 관공서 일까지 분주히 움직였다. 설립 허가를 받기 위한 구비서류를 청소년 사회국에 제출하는 등 숲유치원 설립에 필요한 복잡하고 까다로운 일들을 해결해 나갔다. 다행히 독일에서는 여러 유형의 숲유치원 교육에 대한 긍정적인 평가들이 있어, 부모들은 어렵지 않게 후원을 받을 수 있었다. 한 기업으로부터는 대피소로 사용할 컨테이너를 기증받았고 설치할 장소를 확보하는 성과를 거두었다. 마을 인근에서 과수원을 하는 토지 소유자가 아주 싼 값에 땅을 빌려 주었다. 부모들은 틈틈이 시간을 내어 컨테이너 내벽과 외벽에 칠을 했다. 내부 정리를 마친 뒤에는 수납장과 책상, 옷걸이 등 대피소에 필요한 물품과 설비를 갖추었다. 모든 준비 과정에는 아이들을 참여시켜 주인의식을 갖도록 했다.

과수원에 있는 제1대피소

숲 속에 있는 제2대피소

이듬해인 2006년에 설립허가를 받아 작은초원 숲유치원이 개원되었다. 영아들의 숲 활동을 염려하는 목소리도 있었지만, 애초에 설립준비위원회가 구성될 당시부터 2~3세가 함께하는 운영 방식을 채택했기 때문에 별다른 이견은 없었다. 더군다나 부모들의 직접적인 참여로 효율적 운영을 위한 시간 조율을 검토한 상태여서 큰 어려움 없이 진행되었다.

2008년에는 시 당국에 대피소로 쓸 목조 건물을 지을 만한 숲 공간을 요청했고 긍정적인 대답을 받았다. 그동안 적립한 여유자금에다가 부모 및 여러 단체의 후원을 받아 숲에 통나무로 된 제2대피소를 마련해서 2010년 현재는 세 명의 교사가 스물세 명의 아이들과 활동하고 있다.

작은초원 숲유치원에는 세 명의 고정된 전문 인력과 실습생이 있고, 2~3세의 유아원 연령 아동과 유치원 연령 아동이 함께 숲 생활을 한다. 다만, 3세 이하의 유아원생이 전체 원생의 20퍼센트를 넘지 않도록 규정하고 있다. 그 내용을 좀 더 구체적으로 살펴보면 아동 및 청소년복지법에 따라 나이별로 차별화된 시간을 적용하고 있다. 2~3세 이하 영아들은 숲 활동 시간을 짧게 하고, 수요일에는 등원하지 않도록 정하고 있다. 영아들이 날마다 숲 활동을 하는 게 무리인 것을 고려한 것이며, 일주일에 하루는 3세 이상 아이들을 대상으로 하는 교육 프로그램을 진행하기 위해서이다. 그러나 휴가철에는 아이들이 대부분 부모와 함께 여행을 떠나서 나이와 시간을 구분하지 않는 그룹이 일시적으로 생기기도 한다.

작은초원 숲유치원은 개원 첫해 가을에 운영 자금을 마련하려고 "과일풀밭축제"를 열었는데, 지역에 사는 많은 주민이 참석하고 후원해 주었다. 작은초원 숲유치원 관할 지역인 바드소덴의 시장은 숲유치원 원생들에게 해마다 상당한 금액을 지원하기로 약속했다. 이러한 후원과 기증이 작은초원 숲유치원을 운영하는데 물질적으로 큰 도움이 되는 건 사실이지만, 무엇보다도 설립자와 학부모의 적극적 참여가 보이지 않는 자산이다.

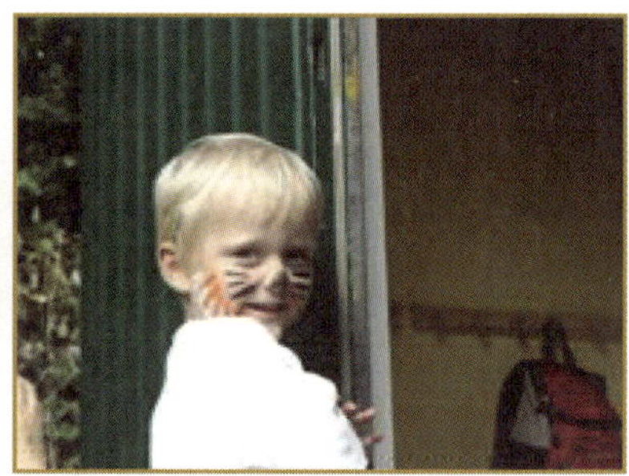

운영 기금마련을 위한 과일풀밭축제 개최

숲 활동 모습

　　3세 이하 영아들은 대부분 유모차를 타고 유아들보다 한 시간 정도 늦게 숲으로 온다. 어린 나이임에도 숲 활동을 할 때에는 교사와 부모들이 성급하게 도와주지 않는다. 일단 아이 스스로 문제를 해결하도록 한다. 3세 이하 영아들일수록 스스로 자기 물건을 챙길 수 있게 격려해 주고 기다려준다. 큰아이들은 영아를 돌보고 배려하는 등 아이들 사이의 상호작용이 일어나는 장점이 있다.

대피소 안의 풍경

여름축제 준비 과정에서 학부모 대표 두 분이 아이들과 교사의 의견을 듣기 위해 방문했다. 컨테이너 내벽을 따라 만들어진 의자에 앉아 아침 모임을 하면서 논의하고 있다.

축제 의견을 나누고 있는 교사와 학부모

숲속에서의 아침간식

교사와 아이들이 함께 둥글게 앉아 아침 간식을 먹는다. 그러나 일주일에 한 번은 친구와 함께 자유롭게 먹는다. 그런 날 아이들은 자신이 선택한 장소에서 간식을 먹는다. 교사는 아이들 사이에서 이루어지는 어울림의 관계를 조심스럽게 살핀다.

아침 간식 시간을 알리는 종을 치는 교사

동상놀이

우리나라에서 하는 '얼음땡' 놀이와 비슷하다. 술래가 잡으러 오면 땅 위가 아닌 나무 기둥이나 돌 위에 올라서서 '동상'이라고 외쳐야 한다. 이 때 술래는 '동상'이라고 외친 아이를 잡을 수 없다. 다만 그 아이가 돌이나 나무 기둥에서 떨어지면 술래에게 잡히게 된다.

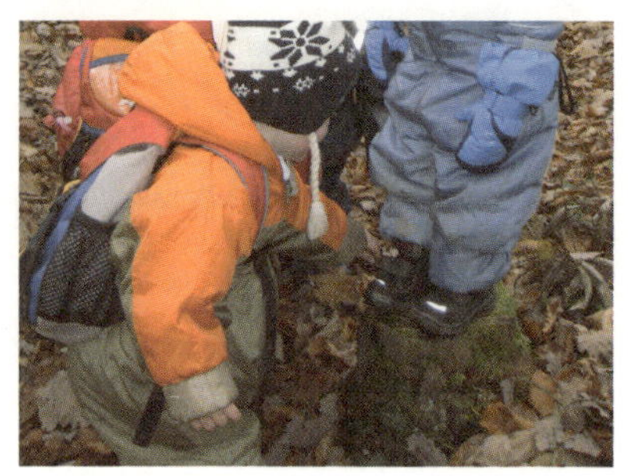

동상놀이 중 신발끈을 매주고 있다.

손가락 인형극

통나무로 만들어진 제2대피소 창문은 일주일에 한 번 손가락 인형극의 연극 무대가 된다. 주로 취학을 앞둔 원생들이 짝을 지어 교사가 읽어 준 동화나 자신들이 알고 있는 동화 가운데에서 마음에 드는 대목을 골라 손가락 인형극을 준비한다. 이야기를 연출하고 줄거리를 전달하는 이 프로그램은 아이들에게 자신감을 심어 주고 언어구사 능력과 상상력을 키워 준다.

제2대피소의 창문에서 펼쳐지는 손 인형극

봄이 왔어요

아이들은 숲 활동 장소를 오가는 길에 만물의 근본인 수많은 생명체들을 만나게 된다. 길고 추운 겨울을 지나 길옆 모퉁이에 살포시 피어난 새로운 생명! 사랑이 담긴 보호 울타리를 만들며 감성과 영성의 울타리를 넓혀 간다.

새싹 주위로 울타리를 치는 모습

균형잡기 놀이

숲 활동을 하다 보면 아이들이 언제 어떤 놀이를 시작하게 될지 예측할 수 없을 때가 잦다. 아이들은 자신의 능력이 어느 정도 인가를 스스로 점검하고 그 한계를 넘으려고 끊임없이 도전한다. 아이들이 길가에 놓인 좁은 목판을 이용해 수로를 건너는 균형잡기 놀이를 시작한다. 이러한 아이들의 시도는 자신에 대한 믿음을 쌓고 자아를 확립해 가는 바탕이 되며 끈기와 집중력이 커진다.

길가에 놓인 목판을 이용한 균형잡기 놀이

자연물 관찰하기

어린 아이일수록 새로운 것에 대해 호기심이 크고 여러 유형의 자연물에 대한 관찰력이 뛰어나다. 크고 작은 돌을 이용해서 모양을 만들고 색깔과 모형, 재질 등을 감각으로 인식하고 유연한 사고 능력으로 각기 다른 사물을 관찰하고 탐구하면서 인지 능력을 키워간다.

다양한 크기와 색깔의 돌멩이, 나무 조각이 아이들에게는 관찰 대상이나 놀잇감이 된다.

솔방울 색칠하기

취학 연령 아이들이 이젤을 사용해 그림 그리기를 하는 동안 유아원 연령 아이들은 숲에서 찾은 솔방울에 여러 가지 물감으로 색을 입혀 장식품을 만든다.

마른 솔방울에 여러 가지 색상 입히기

거꾸로 미끄럼타기

썰매를 타고 놀던 아이들이 서로서로 손을 잡고 드러누워 하늘을 바라보며 비탈진 언덕길을 거꾸로 미끄러져 내려간다.

여러 명이 함께 거꾸로 미끄럼을 타는 놀이 모습

나뭇가지 장난감

숲 활동을 처음 하는 아이들이 가장 손쉽게 손에 쥐는 것이 나뭇가지이다. 두 팔 가득 나뭇가지를 껴안고 내려놓지 못하는 아이도 있고 자기 키보다 더 큰 나뭇가지들을 질질 끌고 다니는 아이도 있다. 계절에 상관없이 나뭇가지가 장난감이다.

나뭇가지를 끌고 대피소로 돌아오는 아이들 모습

숲속 탐구활동

숲에서 가끔 동물의 뼈가 발견되기도 하는데, 이때 교사는 아이들이 동물의 뼈를 징그럽거나 무섭다고 느끼지 않고 생명의 순환으로 받아들일 수 있도록 도와준다. 그런 다음 뼈 구조를 살피고 서로 알고 있는 내용을 토론하는 시간을 가진다.

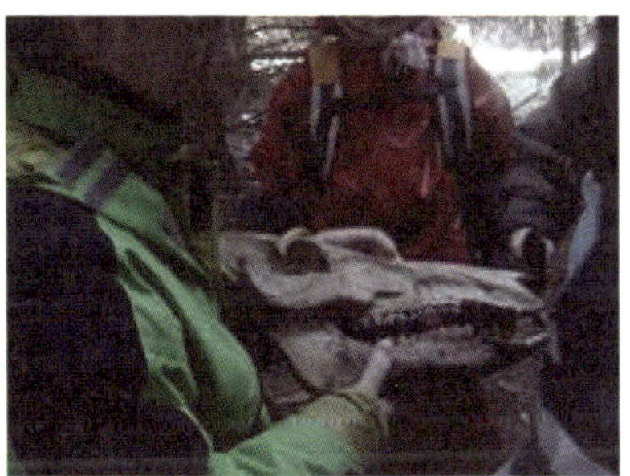

숲에서 발견한 동물 뼈를 관찰하는 모습

밧줄놀이

영아들과도 경사가 완만한 지형에서부터 단계별로 밧줄놀이를 시작하면서 모험심을 기르고 성취감을 느끼도록 도와준다.

경사가 완만한 곳에서부터 밧줄놀이를 하는 모습

나무에 오르기

숲유치원에 다니는 아이들은 나라와 나이에 상관없이 기꺼이 나무에 오른다. 높은 곳을 향해 오르려는 인간의 욕구가 본능적으로 표출되는 현상이라 하겠다.

나무에 오르는 영아 모습

나뭇가지 그네

주변에 있는 나뭇가지를 주어 아이들과 함께 양쪽 끝을 밧줄로 연결해 그네를 만든다. 가는 나뭇가지 위에 앉아 아이들은 불안정한 자세로 그네를 타야 하고 균형을 잡기 위해 긴장하게 된다.

휘어진 나뭇가지로 만든 그네를 타는 아이

작은 정원 만들기

날씨가 따뜻해지면서 아이들이 '대피소 앞에 작은 정원을 만들자'는 제안을 했다. 새로운 프로젝트가 시작된 것이다. 정원 만들기는 인간과 자연의 관계성을 이해하고 생명의 신비로움을 경험하는 중요한 프로젝트다. 교사는 아이들과 함께 일주일가량 시간을 들여 장소는 어디로 택할 것이며, 땅을 고르는 일은 어떻게 하

봄에 정원을 만드는 아이들

고, 크기는 어느 정도로 하며, 또 정원 둘레에 쌓을 돌멩이는 몇 개가 있어야 하는가, 어떤 꽃씨를 심고, 정원 관리는 어떻게 할 것인가에 대해 의견을 나눈다.

이젤을 사용한 그림 그리기

이 프로그램은 아이들이 양쪽에 서서 그림을 그릴 수 있도록 특별히 제작된 이젤을 사용한다. 보통 한 달에 한 번 일주일 동안 진행되는 프로젝트 형식으로 진행된다. 이젤을 세우기 위해 고정하는 일에서부터 그림을 그리고 난 뒤 다시 정리하는 일까지 모두 아이들의 몫이다. 숲유치원 아이들은 사계절의 변화 속에서 자연이 빚어내는 오묘한 색상을 보고 느낀 감정을 표현하는 능력이 남다르다. 이렇게 완성된 그림은 먼저 통나무집 제2대피소에 전시한 뒤에 각자 집으로 가져간다.

(위에서 순서대로)
물감 준비. 그림 그리기.

숲 활동과는 달리 나들이 활동은 연간 일정을 결정하는 교사연례회의에서 논의한다. 소풍은 그룹 전체가 함께하지만 박물관이나 동물원 방문 그리고 다양한 직업 탐방에 대한 나들이 활동을 할 때에는 나이를 구분하기도 한다. 학교 적응 능력을 키우기 위해 취학을 앞둔 5세 이상 아이를 대상으로 사회와 문화를 체험하게 하는 프로그램이 한 예이다.

아이들은 새로운 환경에 대해 호기심을 가지게 마련이다. 숲에서의 활동에 익숙해진 아이들이 도심 속 나들이를 할 때 교사와 학부모는 안전한 나들이 활동이 될 수 있도록 몇 가지 준비사항을 점검한다. 먼저, 아이들에게 교통안전교육을 하는 것과 야광 줄이 있는 안전 조끼를 입도록 했다. 그 밖에도 나들이 활동을 도울 학부모를 학부모 대표단에서 뽑아 지원해 준다. 나들이 활동은 아이들이 자연에서 체득한 관찰력을 발현할 기회이며, 숲 활동에서 배운 규칙과 협동에서 싹튼 사회성을 발휘할 기회가 된다.

딸기밭 나들이

육칠월에는 노지 딸기밭으로 나들이를 간다. 온실 재배로 말미암아 제철 과일에 대한 의미가 아이들에게 퇴색되고 있다. 아이들은 비바람을 맞고 강렬한 햇살을 받으며 자란, 자연의 순환작용이 빚어낸 탐스러운 딸기를 수확하는 기쁨을 만끽한다. 아이들은 숲에서는 경험할 수 없는 새로운 자연의 모습을 만나게 된다.

딸기를 따고 있는 아이들

박물관과 동물원 나들이

일 년에 한두 차례 주변에 있는 다양한 박물관이나 동물원을 탐방하는 계획을 세운다. 이러한 나들이는 아이들이 숲 활동을 하면서 관찰한 자연물에 대한 정보와 프로젝트 형식으로 이루어진 동물들의 특성 그리고 역사적 사실 등에 대해 스스로 보고 느낄 기회가 된다. 또한 취학 연령 아이들에게는 자신들이 쌓아 온 경험 세계를 심화해 가는 의미가 있다.

동물원 나들이

특별 활동 모습

경연대회 참가

작은초원 숲유치원이 개원한 해에 바드소덴에서는 작은 경연대회가 열렸다. '숲속 난쟁이들의 삶'을 구두상자 안에 표현해 내는 것과 마분지 위에 털실과 자연 소재를 이용해 동화 내용을 표현하는 '동화 털실'이었다. 대회 참가를 결정한 뒤 교사와 아이들은 작은 나뭇가지, 다양

2006년 바드소덴 신문

한 모양의 돌멩이, 솔방울, 도토리 등을 모으기 시작했다. 2~6세로 이루어진 열여섯 명 남녀 아이들은 2주 동안 최고 자리를 차지하는 데 손색없는 구두상자 속 난쟁이 왕국을 표현해 제출했다. 돌멩이는 난쟁이가 되고, 솔방울과 도토리는 여러 동물로 바뀌었다.

아이들은 구두상자 옆면에 구멍을 내어 눈 쌓인 겨울에 동물들이 먹이를 찾아 들락거릴 수 있도록 배려하는 아름다운 마음도 표현했다. 이에 대해 심사원들은 놀라운 평가를 했다. '동화털실' 작품에 대해서도 "간단한 자연 소재로 아이들이 어떻게 이처럼 현실감 있게 표현할 수 있느냐?"라며 칭찬을 아끼지 않았다. 대회 주최 측에서는 동화 속 난쟁이들이 살아가는 데 필요한 것보다 훨씬 후하게 작은초원 숲유치원을 후원할 것을 약속했다.

헤데른하임 숲유치원(Heddernheim Waldkindergarten)
http://www.familie-kress.net/link/Web_Thomasbote/thomasbote.html

교회 소속 일반 유치원에서 운영하는 숲유치원 반

헤데른하임 숲유치원은 유럽의 관문이라는 대도시 프랑크프르트에 위치하고 있다. 도시 안에서 숲유치원이 운영되는 사례여서 국내에 적용할 수 있을 것이라는 기대를 안고 방문했다. 실제로 이 숲유치원 모델은 그 몇 해 뒤에 국내에서 현실화되었는데, 우연히도 교회에서 위탁 운영하는 어린이집이어서 신기했다. 이미 여러 차례 이야기했듯이 숲유치원에는 다양한 유형이 있다. 그 중에서 헤데른하임 숲유치원은 일반 유치원의 한 반을 숲유치원으로 운영하는 곳이다.

도시 숲이나 공원이 잘 가꾸어진 나라여서 교회 옆에 숲이 있으리라 짐작했는데, 아이들이 숲을 찾아 전철을 타고 이동하고 있었다. 날마다 정확한 시간에 모임 장소에서 만나 전철을 타고 삼십 분가량 타우누스Taunus 숲으로 간다.

헤데른하임 상 토마스 교회에서 운영하는 이 숲유치원이 전형적인 숲유치원과 다른 점은 숲으로 가기 위해 모이는 장소가 도심에 있는 유치원 건물이라는 것과 일반 유치원에 숲유치원 반을 위한 교실이 있다는 것이다.

2000년 여름, 헤데른하임 숲유치원 안네 노이만Anne Neumann은 기존의 4개 반 외에 한 반을 더 설립할 필요성을 느꼈다고 한다. 그런데 놀이터 크기와 전체 원생수를 감안하면 엄두가 나질 않았고, 고심하던 끝에 숲유치원 반을 구상하고 교회 운영진과 함께 시 당국의 문을 두드리게 되었다. 그

래서 시로부터 처음 2년 동안은 교사 인건비와 다소의 물품 구입비를 보조받기로 하고 다섯 번째 반으로 숲유치원 반이 만들어졌다. 프랑크프르트에서는 처음으로 일반 유치원에서 숲유치원 반을 운영하는 모델이 되었다. 최근에 국내에서도 여러 팀이 견학을 왔다는 소식을 전해 들었다.

이곳 아이들은 아침 7시 30분부터 등원할 수 있으며, 정확히 8시 15분이 되면 전철역으로 출발한다. 전철 한 칸은 숲유치원 아이들로 가득 찬다. 숲까지 오가는 전철 교통비는 유치원에서 지급한다. 전철은 숲으로 가는 이동 수단으로 편리하다. 각 가정 상황에 따라 아이들은 숲까지 가는 중간 역에서 합류할 수 있다. 전철에 타면 교사는 다시 한 번 인원 파악을 한 뒤 다음 역에서 승차할 아이들을 챙기기 시작한다. 아이들도 누가 어느 역에서 타는지 훤히 알고 있다. 때로는 전철이 출발한 뒤 역에 도착한 친구 모습에 안타까워한다. 전철을 놓쳤을 때에는 부모가 아이를 숲까지 데려다 주게 되어 있다.

전철 안 풍경도 흥미롭다. 아이들은 선반에 놓인 신문을 꺼내 그림을 쳐다보며 이야기를 나누고 다른 한쪽에서는 교사가 동화책을 읽어 준다. 함께 탑승한 다른 사람들의 모습을 주의 깊게 바라보는 모습도 눈에 띈다. 숲에서만 교육이 이루어지는 것이 아니라, 이렇게 유치원에서 숲으로 가는 길에서 만나는 모든 일이 아이들에게 배움의 장이 된다.

숲 활동을 마치고 점심시간에 맞춰 돌아온 아이들은 다른 그룹 아이들처럼 교실에서 점심을 먹은 뒤 실내 활동을 한다. 모든 아이가 유치원에서 점심을 먹는 것은 아니다. 점심을 먹지 않고 집으로 돌아가는 아이, 점심만 먹고 바로 귀가하는 아이, 종일반에 합류한 뒤 늦게 귀가하는 아이 등 탄력적으로 운영된다. 숲유치원을 담당하는 두 명의 교사는 상 토마스 교회 유치원의 정식 교사이다. 다른 그룹 교사들처럼 정기적으로 자연교육학 관련 교사연수 교육과정에 참여할 때 보조를 받는다.

헤데른하임 숲유치원은 일반 유치원의 한 반으로 운영되는 것이긴 하지만 학부모 참여에 있어서는 여느 숲유치원과 동일하다. "들쥐 협회"라는 명칭으로 학부모협회가 구성되어 있어서 숲유치원 반이 독자적으로 활동할 수 있는 체계를 갖추고 있다. 학부모협회는 숲을 오가는 교사의 교통비와 부대비용 등을 추가로 지급하는 것에 대한 결정, 교사 결원에 대비해 학부모가 해야 할 역할 등을 논의한다.

학부모회의도 한 달에 한 번 그리고 학부모의 밤은 일 년에 세 차례 정기적으로 개최하고 있다. 학부모회의에서는 주로 여름 축제, 가을 산책, 크리스마스 축제, 한겨울 밤의 산책 등의 프로그램에 대해 의견을 교환한다. 이처럼 숲유치원반은 상 토마스 교회의 유치원 전체가 함께 참여하는 예배나 등불 축제 그리고 여름 축제 등을 함께하면서 '따로 또 같이'라는 시스템으로 운영된다.

현재 독일에서는 일반 유치원들의 공간 부족을 보완하는 차원에서 설립 비용이 적게 드는 이러한 유형의 숲유치원을 권장하고 있다.

헤데른하임 유치원 건물전경

유치원 내부 모습

하루 활동 스케치

헤데른하임 숲유치원에서는 아이들이 심리적 안정감을 찾는 자유놀이에 비중을 둔 일과를 중심으로 소개하려고 한다. 걷는 시간까지 포함하면 도심에서부터 숲까지 이동하는 데 두 시간 정도 걸려 숲에서 활동하는 시간이 상대적으로 짧다. 반면에 아이들은 이동하는 동안 삶의 현장을 통한 사회와의 만남을 갖는 장점이 있다. 전철 탑승객으로서 지켜야 할 규칙과 타인을 배려하는 행동이 어떤 것인지를 배우고, 마주치는 수많은 사람의 다양한 표정과 행동, 말투를 보고 각자 경험을 쌓는다. 서로 의미가 다른 교통 표지판, 건널목, 일방통행, 신호등이 모두 공부거리가 된다.

7시 30분

상 토마스 교회 전체 유치원 아이들을 대상으로 한 반을 일찍 개방한다. 아침마다 교사들이 돌아가며 당번을 하고 숲유치원 교사는 일주일에 한 번 참여한다.

등원하여 친구들을 기다리고 있는 아이들

8시 15분

유치원에 모인 아이들이 전철역으로 출발하는 시간이다. 헤데른하임 전철역에서 기다리고 있는 한 무리 "들쥐어린이" 친구들과 반갑게 만난다.

숲으로 가기 위해 전철을 기다리고 있는 아이들

일정한 시간에 헤데른하임 역을 출발하는 전철을 탄다. 이동하는 동안 몇몇 정류장에서 아이들이 합류한다. 몇 명은 부모님이 숲 모임 장소까지 직접 데리고 오기도 한다. 교사와 학부모는 매일 아이들의 등원 상태를 철저하게 점검한다. 전철을 타고 오가는 동안에도 아이들은 늘 볼거리와 놀거리를 찾는다. 신문에도 관심을 보이고, 창 밖에 스쳐 지나가는 풍경을 바라보기도 한다.

전철역에서 전철을 기다리는 엄마와 아이

전철에서 내려 숲 활동 장소로 이동하는 시간이다. 역사에서 숲 입구까지는 멀지 않지만, 건널목을 건너야 하기 때문에 교사는 매우 조심스럽게 아이들을 이끈다. 숲 입구에 도착하면 아이들은 눈에 띄는 자연물들을 모으고 주변 동식물을 관찰하며 자유롭게 놀이 장소로 향한다. 지정된 약속 장소에서 만나 인원 점검을 한 뒤 숲 활동 장소로 이동한다.

타우누스 숲으로 들어가는 교사와 아이들

9시 40분

숲 활동 장소에 도착하면 아이들은 메고 온 배낭을 숲 소파에 올려놓고 둥그렇게 모인다. 아침 모임은 노래와 율동을 하거나 소망 이야기, 계획된 과제 이야기, 생일 이야기 등을 주제로 20~30분가량 진행된다.

아침 모임을 하는 모습

10시

아침 식사 시간에는 고마운 마음으로 음식을 먹겠다는 뜻에서 짧은 식사 격언을 읊는다. 일주일에 한 번 자유롭게 삼삼오오 짝을 지어 아침 식사를 하는 시간이 있다.

아침 식사가 끝나면 아이들은 도시락과 물통을 배낭에 챙겨 넣고, '배낭나무'라고 이름 지은 커다란 나무 아래에다 배낭을 모아 둔다. 숲에서는 아무 곳에나 배낭을 놓게 되면 찾기가 어려울 수 있기 때문에 늘 숲 소파나 장소를 정해 사용하는 게 좋다.

자유로운 아침 식사의 날(위)
나무 밑에 모아둔 배낭들(아래)

아침 식사가 끝나고 나면 아이들은 여기저기로 흩어져 자유롭게 놀이를 시작한다. 해먹에 매달려 놀기, 나무에 오르기, 교사와 함께 책을 읽고, 만들기를 한다. 일주일에 한 번 연장 놀이를 한다.

두 아이가 통나무를 들어 어디론가 옮기는 모습

(시계 방향으로) 나무 오르기를 하는 아이들 모습. 풍뎅이의 움직임을 관찰하는 아이 모습. 교사가 책 읽어 주는 모습. 연장 놀이를 하는 모습.

11시 30분

숲 활동을 마무리하는 시간이다. 모임 종소리가 들리면 아이들은 놀이를 멈추고 모인다. 정해진 전철 시간까지 도착하려면 어느 정도 속도로 움직여야 한다는 것을 반복되는 하루 생활 리듬을 통해 알게 된다.

모임 종을 치는 당번과 친구

12시 15분

유치원으로 돌아온 다음 교실에서 점심을 먹기 전까지 자유롭게 휴식을 취한다. 그림 그리기, 인형 놀이, 책 읽기 등을 한다.

12시 30분

숲유치원 그룹 아이들이 사용하는 교실에서 점심을 먹는다.

14시

집으로 돌아가는 노래를 부르며 공식적인 숲유치원의 일과가 끝난다.

숲 활동을 마치고 유치원으로 돌아오는 아이들과 교사(위)
점심을 기다리며 그림 그리기를 하는 모습(아래)

아이들은 자연물의 모습에서 숲 활동 장소의 이름을 얻는다. 악어가 입을 벌리고 있는 형상을 한 나무가 있는 곳은 악어놀이 장소가 되고, 쓰러져 있는 긴 통나무가 있는 곳은 균형잡기놀이 장소라고 부른다. 나지막이 흐르는 시냇물은 물놀이 장소가 되어 배를 만들어 띄우기도 하고 각양각색의 조약돌, 수생동물을 관찰하는 탐구 활동 장소가 된다. 이렇듯 아이들은 자기들이 활동하는 영역을 만들고 이름을 붙여준다.

악어놀이 장소

쓰러져 있는 나무의 모습이 멀리서 보아도 악어가 큰 입을 벌리고 있는 듯이 보인다. 그래서 악어놀이 장소로 불린다. 이곳 활동 장소는 숲 소파가 있는 놀이 장소에 가기 전에 들르는 곳이다.

악어가 입을 벌리고 있는 모습을 닮은 나무

균형잡기놀이 장소

조금은 깊게 파인 웅덩이에 쓰러진 고목이 걸쳐 있는 이곳은 균형잡기놀이 장소라고 불린다. 아이들은 대부분 나무에서 떨어지지 않고 웅덩이 건너편으로 지나간다.

균형잡기놀이를 하는 아이

숲 소파와 해먹놀이 장소

해먹은 나무와 나무 기둥 사이에 매달아 사용하는데, 일주일에 하루 정해진 날에 숲으로 갖고 온다. 숲 소파는 평평하고 넓은 장소에 다양한 크기의 나무들을 모아 만든다.

해먹놀이를 하는 아이들

나무타기놀이 장소

아이들이 안전하게 오를 수 있는 나무를 골라 나무타기 놀이 장소로 정한다. 지난 몇 해 동안 아이들이 올라타고 놀아 나뭇가지들은 표면이 다 벗겨질 정도로 반질반질하다. 나무타기에 익숙한 큰아이들을 따라서 작은 아이들도 거침없이 따라 오른다.

나무타기 놀이를 하는 아이들

물놀이 장소

숲에 있는 조그만 시냇물은 아이들의 수중 동식물 관찰 장소로 이용되기도 하고 다양한 종류와 모양의 배를 만들어 띄워 보는 장소가 된다.

조약돌을 줍는 아이

 스위스에는 초등학교 2학년 과정까지 연계해서 운영되는 숲유치원이 있다. 상갈렌과 바덴시에

있는 숲유치원에서 진행되는 이 과정은 엄격히 말하면 숲유치원이라기보다는 사립 숲학교라 할 수 있다.

유치원 연령의 아이들과 함께 어울려 숲 활동을 하거나, 초등학교 과정에 있는 아이들끼리 따로 활동을 하

기도 한다.

상갈렌과 바덴 숲유치원에서는 영아들을 위한 숲 기초단계, 숲놀이 그룹, 방과후 숲유치원, 성인을 위한

자연교육학 강좌 등을 활발하게 진행하고 있다.

숲유치원 현황

여러 나라와 국경을 맞대고 있는 스위스에서는 독일어권 지역에서부터 숲유치원이 시작되었다. 숲유치원에 대한 공식 집계는 없으나, 숲유치원 관계자에 따르면 날마다 숲에서 활동하는 전형적인 숲유치원이 스무 곳 정도 있다고 한다. 뉴렌도르프와 클로텐, 랑엔 암 알비스 등에는 우리나라의 병설유치원처럼 공립학교에서 운영하는 숲유치원이 있다.

상갈렌과 비덴, 트룹, 링엔베르그 등지에서는 사립 숲유치원이 반일제와 전일제로 운영되고 있는데, 아직 숲유치원을 정식 유아 교육기관으로 인정하고 있지 않기 때문에 정부로부터 지원을 받지는 못한다. 하지만 산림국 관리원으로부터 숲 사용 허가를 받아야만 한다. 석사학위 과정에서 숲유치원 효과에 대해 연구한 사라 키너에 의하면 현재 숲의 날을 정해 활동하는 일반 유치원이 많아지는 추세라고 한다. 스위스 북서부 지역에 있는 빌에서는 독일어와 불어, 두 가지 언어를 사용하는 숲유치원이 운영되기도 한다.

스위스에서는 무엇보다도 숲유치원과 함께 초등학교 저학년 과정이 진행되는 사립 숲학교가 있는 게 특징이다. 상갈렌과 바덴에 대표적인 두 개의 사립 숲유치원이 있다. 이 외에 취리히 시는 1986년부터 숲과 자연학교 프로그램을 제공하고 있는데, 국내 산림청에서 운영하는 숲유치원 프로그램처럼 제도권 교육을 받는 유치원생이 참가할 수 있도록 체험형으로 진행된다. 또한 초등학생과 중고생까지 참여할 수 있는 프로그램을 제공하고 있다. 또한 숲유치원이나 숲학교와 같은 프로그램을 진행하고 있는 개인이나 단체가 네트워크를 이루고 있는 총연합회인 불새(Feuervogel)가 있다. 불새에서는 숲에서 진행되는 어린이 축제, 자연에서의 어린이 놀이 그룹, 어른과 아이가 함께하는 '엄마와 딸이 함께하는 숲에서의 하룻밤'과 같은 프로그램을 진행하고 있다.

상갈렌 숲유치원(Waldkindergarten St. Gallen)
http://www.waldkinder-sg.ch/site/cms/front_content.php

1. 초등학교 1, 2학년까지 연계되는 숲유치원

스위스의 동북부지역에 위치한 작은 도시인 상갈렌은 취리히 공항에서 기차로 30분 정도 걸린다. 이곳에 있는 숲유치원은 스위스에서는 처음으로 초등학교 1, 2학년 과정을 운영하기 시작했다. 내가 이곳과 인연을 맺게 된 계기는, '(사)나를 만나는 숲'에서 숲유치원 연구원으로 일하면서, 상갈렌 숲유치원 설립자이자 대표자인 레귤라 보러Regula Borrer 부인에게 메일을 보내면서부터이다. 두 자녀를 둔 그녀는 국내에서 개최된 제1회 국제 세미나에 함께하기로 되어 있었는데, 교통사고로 다리를 다쳐 참석할 수 없게 되자 무척 안타까워하던 기억이 난다. 그 뒤 2010년 가을 산림청 숲유지원 담당자 그리고 KBS 환경스페셜 방송팀과 함께 촬영차 이곳을 방문하게 되었다. 안개 낀 울창한 숲에서 노는 아이들의 모습은 환상적이었다. 특히, 아이들이 자유롭게 주머니칼을 꺼내 활동하고 불을 피우기 위해 도끼질을 하는 모습에는 놀라지 않을 수 없었다. 매주 화요일에는 숲에서 점심을 만들어 먹는데, 아이들은 시커멓게 그을린 냄비 속 국수를 긴 막대기로 저으며 즐겁게 음식을 만들었다.

상갈렌 숲유치원은 1997년 독일과 마찬가지로 학부모와 전문가들이 숲유치원을 현실화하기 위한 "아이들을 위한 공간" 설립 준비회를 구성하면서 시작되었다. 새로운 대안교육 차원에서 숲유치원을 개설하기 위해 여러 차례 강연을 했고 "숲의 날" 행사를 개최했으며, 대중 매체를 통한 홍보 활동을 했다. 그렇게 일 년이 지난 뒤, "아이들을 위한 공간"은 학부모 발기인들로 구성된 협회로 거듭나면서 스위스에서는 처음으로 숲유치원과 숲놀이 그룹을 동시에 설립하게 되었다.

학부모협회의 목표는 아이들의 신체 발달을 위한 자연 공간과 자연 친화 교육을 근본으로 한 다양한 프로그램을 제공하는 것이었다. 1998년 여름, 학부모협회는 학부모의 찬조금과 외부 후원금으로 숲유치원과 숲놀이 그룹을 동시에 개설할 수 있다는 확신이 서자 곧바로 이사회를 중심으로 다양하고 충분한 인적 자원을 구성했다. 숲유치원과 숲놀이 그룹을 위한 교육학적 이론을 정립하는 일과 대피소용 컨테이너를 준비하는 일들이 체계적으로 이루어졌다. 그러한 과정을 거쳐 3년여의 경험이 쌓인 2001년 스위스에서는 첫 번째로 초등과정이 함께 이루어지는 숲학교가 설립되었다. 이 과정을 운영하기 위해서 시 당국으로부터 승인 절차를 밟아야 했고, 숲속 대피소를 교실로 개조하는 등 준비할 일들이 많았다.

4살부터 9살 연령 아이들이 함께하는 숲학교는 나이에 상관없이 아이들의 개별적인 발달 과정에 맞추어 학습한다. 그동안 여러 차례 학사 일정을 개편하면서 총 4단계로 이루어지는 과정이 체계화되었다. 상갈렌 숲유치원에서 핵심적으로 운영하는 숲학교는 스위스 주정부의 교육정책에 많은 영향을 미치고 있다고 한다.

현재 상갈렌 숲유치원은 400여 명의 회원을 확보한 공익협회로 인정받았고, 세 개의 숲놀이 그룹과 숲유치원 그리고 숲학교에 90여 명의 아이가 활동하고 있다. 그 밖에도 오후 숲놀이 그룹과 교사 및 성인을 위한 장단기 숲학교 과정을 운영하고 있다.

1) 숲학교

상갈렌 숲유치원 협회에서 추진하는 교육 과제 가운데 가장 핵심적으로 추진하는 프로젝트인 숲학교는 2년간의 유치원 과정과 초등학교 1, 2학년 단계로 나누어져 있다. 반일제(09:00-12:00)를 기본으로 하는 4단계 수준별 수업이 진행되는데 15:00시까지 진행하는 오후 수업은 제2단계에서 한 차례, 제3단계에서 두 차례, 제4단계에서 세 차례로 이루어진다. 1단계에서 4단계까지의 수준별 수업은 서로 유기적인 관계 속에서 개별 학습을 한다.

교사는 아이들의 의사를 최대한 존중하는 조언자로서, 아이들이 스스로 단계를 선택하고 비구조화된 학습 재료를 통해 독자적인 사고를 하고 창의력을 키워갈 수 있도록 도와주어야 한다. 그리고 아이의 나이보다는 인지 능력과 사회성 발달 정도를 정확하게 파악해야 한다.

모방 능력이 뛰어난 다섯 살까지 아이들은 다양한 모방 행위 놀이를 하면서 차츰 구체적인 놀이로 확장해 가도록 돕는다. 이 시기는 자신이 중요하다고 느끼는 대상과 행위를 그림과 글로 표현하고 싶어하는 나이이기 때문에 여러 방법으로 동기 부여를 할 수 있다. 그러나 어떤 아이들은 여섯 살이 되어서도 형식적이고 구조화된 학습을 할 수 있는 준비가 안 된 경우도 있고, 훨씬 더 어린 나이에 체계적인 학습에 흥미를 보일 수도 있다. 그렇기 때문에 아이의 연령에 기계적으로 맞춘 학습 단계보다 개개인의 발달 상황을 고려한 학습 단계를 밟아가도록 해야 한다.

여덟 살 아이들에게는 실제 삶에서 일어날 수 있는 다양한 일들이 담긴 이야기를 인형극 놀이를 통해 재현하면서 판단 능력과 인지 능력을 키우는 학습을 한다.

이렇게 숲학교에서는 추상적인 학습과 체계적인 학습이 조화를 이루는 것에 중점을 두면서 아이들이 야외에서 체득한 다양한 경험을 구체적으로 개념화하도록 한다. 숲은 아이들이 가지고 있는 원천적인 감각과 교사의 다양한 교육방식이 구현될 수 있는 이상적인 교육 공간이기 때문에 가능한 것이다.

아이들의 실내 학습 공간인 컨테이너 교실에는 밝기를 조절할 수 있는 램프와 책걸상 그리고 학습 재료 등을 보관하는 선반 등이 짜임새 있게 갖추어져 있으며 난방 조절이 가능하다. 주로 악천후나 연계 학습이 필요한 경우에 사용하기 때문에 일반 학교에서처럼 교실이라는 개념보다는 대피소 혹은 학습 재료를 보관하는 장소로 여겨진다.

컨테이너 교실 내부 모습

컨테이너 교실에 비치된 학습 재료들과 선반

2) 숲놀이 그룹

숲놀이 그룹에는 서너 살 아이들 12-13명이 함께한다. 남녀 비율과 비슷한 또래 아이들을 한 그룹으로 하는 것까지 세심하게 헤아려서 모집한다. 월요일과 화요일 그리고 수요일과 목요일 08:45-12:00까지 운영되는데, 남녀 교사와 실습생 혹은 숲 관리자 들이 한 팀을 이룬다. 상갈렌 숲유치원에는 현재 세 개의 숲놀이 그룹이 서로 다른 장소에서 활동하고 있다.

놀이 그룹에 참가한 아이들은 상황에 따라 흙을 가지고 놀기도 하고 비탈진 언덕에서 미끄럼을 타며 자연과 동화하는 시간을 가진다. 그리고 교사와 함께 자연물 소재로 공작 만들기를 하거나, 교사가 읽어 주는 동화책을 듣기도 한다.

숲놀이 그룹이 사용하는 숲 소파에는 스산한 날씨에 사용할 수 있는 화덕이 갖추어져 있다. 숲 소파는 아이들이 숲 활동을 시작해서 적응할 때까지 한 달 정도 사용한다. 그 뒤에는 여러 장소로 옮기며 다양한 체험을 한다.

낙엽을 올려 뿌리는 모습

솔방울과 나뭇가지로 노는 아이들

3) 숲유치원

숲유치원은 숲학교와는 달리 루트슬리 숲에서 4-5살 아이들이 한 그룹이 되어 숲놀이 그룹과 함께 활동하고 있다. 이러한 혼합 그룹 활동은 책임감과 개개인 능력 차이, 사회성과 다양한 인식 능력, 자신에 대한 정체성을 확립하는 데 도움이 된다. 한편, 취학을 앞둔 아이들은 놀이 중심 학습에서 기능 중심 학습으로 전환하는 활동 시간을 가진다. 숲유치원 아이들은 본인이 원하면 초등학교 단계인 숲학교 활동에 대해 교사와 상의할 수 있다.

숲활동 장소로 이동하는 모습

아침 모임에서 율동하는 모습

4) 오후 숲놀이 그룹

오후 숲놀이 그룹은 3살~9살 아이들이 참가하는 프로그램으로서, 월요일 12시에서부터 오후 5시까지 진행된다. 자연에서의 놀이와 체험에 비중을 두고 진행하는 이 프로그램은 전문가들로 구성된 팀이 아이들과 함께한다. 한 그룹은 최대 15명으로 구성되며, 아이들은 각자 점심을 준비해 오거나 유치원에서 제공하는 점심을 신청할 수 있다. 12시경에 다 함께 모여 숲 소파에서 점심을 먹은 뒤, 어린 아이들은 짧게 낮잠을 잔다. 그리고 나머지 혼합 연령 아이들은 자연 소재를 이용한 공작 만들기와 자연물 관찰, 연장놀이 등을 하며 자유롭게 시간을 보낸다.

5) 성인을 위한 다양한 숲 강좌

연간 프로그램으로 성인을 위한 자연교육학 강좌, 청소년과 아이들을 위한 강좌 및 야영을 진행하고 있다. 자연에서 배우고 가르치는 것에 대한 중요성을 인식한 성인들이 강좌에 참여한다. 자연교육학 강좌는 아이들과 함께 숲에서 활동할 수 있는 기본적인 지식을 배울 수 있다. 성인 20명을 한 그룹으로 봄, 초여름, 늦여름, 가을, 겨울로 나누어 11회에 걸쳐 진행된다.

나뭇가지에 불을 지펴서 음식 만들기

직접 만든 점심을 먹고 있는 아이들

2. 상갈렌 숲유치원 교육의 세 가지 기둥

숲 교육은 세 가지 상징적인 '기둥'인 '자연교육학', '개별적인 학습', '비구조화된 놀이 및 학습 재료'를 바탕으로 한다. 상갈렌 숲유치원에서는 이 세 가지 기둥을 숲놀이 그룹과 숲유치원 그리고 숲학교에 고르게 적용하고 있다. 다음 글은 상갈렌 숲유치원 교사인 마리우스 치르키Marius Tschirky가 제공한 것이다.

마리우스 치르키

1) 첫 번째 기둥: 자연교육학

자연교육학은 인간과 자연과의 관계를 자연스럽게 이어주는 고리 역할을 추구한다. 특히 인위적인 환경에 익숙한 요즘 아이들에게 자연 환경은 낯설고 두려운 대상일 수 있기 때문에 앞에서 소개한 자연과의 만남을 위한 4단계를 통해 인간이 자연의 일부라는 공감대가 형성될 수 있게 하고 있다.

숲에서 만나는 수많은 자연 현상은 오감을 통해 아이들의 정신과 몸과 마음에 깃든다. 숲을 돌아다니는 것만으로도 아이들은 자연을 인식하는 기회를 얻게 된다. 아이들 스스로 뭇 생명에 대해 관심을 두고 움직임을 관찰하는 과정을 거치면서 생명과 자연에 대한 경외심을 배우게 된다.

한편, 교사들은 자연환경에 대한 기본 지식과 숲 활동에서의 돌발 상황에 대처하는 방법을 배우고 자연 체험을 통해 아이들이 인지할 수 있는 것이 무엇인지 지속적으로 연구하고 있다. 숲은 자연교육학을 경험하고 실행하기에 가장 이상적인 공간이다.

2) 두 번째 기둥: 개별적인 학습

학습 내용은 놀이와 체험이 중심이 되지만 생활 속 의식과 관습, 생일, 교육 계획이 연계되어 이루어진다. 숲 활동에서도 이와 관련된 학습 단계를 구분해서 진행하고 있다. 교사는 아이들이 학습 내용을 수용하고 인지할 수 있는 능력이 어느 정도로 발달되어 있는지를 가늠해서 그룹을 나눈다. 그런 다음 아이들이 수준별 단계를 자유롭게 선택할 수 있는 학습 항목을 구성해 놀이 그룹을 만들어 주고 한 걸음 물러서서 아이들의 행동 발달 상황을 살펴야 한다. 이 외에도 놀이 과정에서 아이들에 대한 개별적인 상황을 파악하며 함께할 수 있는 준비를 해야 한다. 교사는 큰 주제에서 벗어나지 않는 한 아이들이 자유로운 분위기에서 자신이 선택한 놀이를 할 때 개별적인 욕구를 채워갈 수 있도록 도와주어야 한다. 때에 따라서는 예상하지 못한 학습 항목을 현장에서 실행해 아이들의 욕구를 충족시켜 주어야 할 뿐만 아니라 한 걸음 더 나아가 욕구를 강화해 가며 학습 효과를 높이도록 해야 한다.

숲에서 아이들은 과정 중심으로 활동하고 행동 중심으로 배우게 된다. 따라서 교사는 교육적으로 의미가 있다고 판단될 경우, 놀이와 활동에서 일어날 수 있는 위험한 행동에 대해 아이 스스로 책임질 수 있도록 한다.

3) 세 번째 기둥: 비구조화된 놀이와 학습 자료

학습과 놀이가 숲에서 이루어지는 환경은 완성된 장난감에 익숙한 아이들일지라도 자연과의 교류가 깊어지면 자신이 가지고 놀 장난감을 공구를 이용해 스스로 만들 수 있게 된다. 놀잇감에 필요한 소재는 되도록이면 숲에서 구하는 것이 좋다.

나뭇가지 양쪽을 줄로 이어 활을 만들고 또 다른 나뭇가지로는 화살을 만든다. 이렇게 만들어진 장난감으로 아이들은 로빈후드 이야기를 연상하며 자연스럽게 역할극을 하기도 한다. 이렇듯 자연 상태에 있는 소재를 통해 놀고 학습함으로써, 아이들은 고정된 사고의 틀에서 벗어나 상상력과 창의력을 키워가게 된다. 교사는 아이들의 자발적인 움직임을 적극적으로 후원해야 하며, 다양하고 구체적인 주제로 자유롭게 전환할 수 있도록 해주어야 한다. 상황에 따라서 악기, 공구, 천, 끈, 종이 등이 유용한 재료로 쓰인다.

숲 활동 모습

아이들은 예술가, 탐험가, 요리사, 등산가, 과학자 등으로 변신하며 자유롭게 놀지만, 때로는 무료해하기도 한다. 그러나 무료함은 새로운 놀이를 생각해 내는 촉진제이자 창의성을 키워가는 원동력이 된다. '무료하다', '심심하다'는 것은 곧 '기대하시라'는 신호이기도 하다.

배낭을 메고 방랑자처럼 숲으로 들어가는 아이들의 모습에서 새로운 것에 대한 기대와 끝없는 호기심을 엿볼 수 있고, 그런 아이들의 발걸음에서는 힘을 느낄 수 있다.

재주넘기

낙엽으로 뒤덮인 가을 숲. 나뭇잎 색깔이 바뀌는 이유도, 떨어지는 이유도 아이들에게는 중요하다. 두 손에 가득 낙엽을 모으며 낙엽의 형태와 질감을 보고 느끼고 이해한다. 낙엽 위에서 재주넘기 놀이는 낙엽을 모으는 준비 과정에서 협동심을 키울 수 있고, 놀이 과정에서 자연스럽게 소근육과 대근육을 고루 사용하게 됨으로서 고른 신체 발달을 가져온다.

수북하게 쌓인 낙엽 위에서 재주넘기

자연 소재 분류

교사는 풀과 나뭇잎, 꽃 들을 다양한
색상의 천 위에 올려놓는다.
아이들은 주위에 있는 같은 종류의
풀과 나뭇잎, 꽃을 찾아 천 위에 올
려놓는다. 세심한 관찰력과 집중력
을 키우고 동일성을 인식하는 놀이
이다.

천 위에 풀과 꽃을 올려놓고 같은 종류를 찾는다

꽃의 요정

봄부터 늦가을까지 숲에 피어나는
꽃들의 이름을 알고 생김새를 살피
는 놀이한다. 그러다 어느 날, 얼굴
에 크림을 바른 뒤 꽃과 풀잎을 붙여
꽃의 요정이 되어 본다. 흐드러지게
피어 있는 꽃을 보고 '예쁘다', '아
름답다'라고 느끼고, "꺾어서 미안
해! 나와 함께 요정으로 변신하자!"
라고 속삭이며 노는 아이들은 풍부
한 영성과 감성을 지니게 된다.

꽃의 요정으로 변신한 아이들

대지의 숨결

숲 활동에서는 자연과 교감하는 아
이들의 자의적인 행동을 쉽게 볼 수
있다. 숲 산책을 하던 어느 날 비탈

진 산언덕에 얕게 파인 마른 계곡을 발견한 아이들은 숲에 상처가 났다며 누가 먼저랄 것도 없이 서로 드러누워 치료를 한다. 그런 다음 다 함께 대지의 숨결을 온몸으로 느끼며 자연의 일부가 되어 본다.

숲을 치료하는 아이들

진흙탕 놀이

날씨가 추울수록 아이들이 활발하게 움직일 수 있도록 해주어야 한다. 예전에 다람쥐 가족을 위해 만들어 놓은 먹이 장소를 보러 간다거나, 다음에 사용할 놀이 재료를 찾으러 다니는 것도 좋다. 늦가을 비에 젖은 경사면에서 미끄럼을 타며 상대방에 대한 관용적인 태도와 조화로운 관계를 배운다.

진흙탕에서 자유롭게 노는 아이들

나뭇가지로 만든 인형놀이

헝겊과 솜을 이용해 크고 작은 나뭇가지 인형을 만든다. 이렇게 만들어진 인형은 동화 속 주인공이 되고 솔방울, 나뭇잎, 돌멩이는 조연으로 출연해 여우, 곰, 늑대가 된다.

헝겊과 털실을 이용해 만든 나뭇가지 인형

연장놀이

움직임은 육체와 정신 발달의 토대
가 되며, 활동적인 움직임은 긴장을
완화시키고 내면의 폭력성을 사라지
게 하는 원동력이 된다. 연장놀이를
하며 아이들은 자신이 사용하는 도
구가 위험해 보일수록 조심해야 한
다는 생각을 더 강하게 하며, 한편으
로는 자기 확신과 함께 자신감을 갖
는다.

도끼와 톱을 사용하며 연장놀이를 하는 모습

언덕 오르기

아이들의 도전은 끝이 없다. 한 아이
가 앞서 시작하면 다른 아이들이 뒤
를 따른다. 정상에 오르는 법을 완벽
하게 익힐 수 있을 때까지 놀이는 계
속된다. 지상에 드러난 나무뿌리를
잡고 비탈진 언덕을 오르내리는 활
동을 하며 아이들은 숨겨진 야성의
싹을 키워간다.

나무뿌리를 잡고 비탈을 오르는 아이들

자연물로 만다라 만들기

만다라는 ‘우주의 원’, ‘마법의 원’
이라고 불릴 정도로 다양한 해석과
의미를 함축하고 있다. 만다라를 만

들면서, 아이들은 자기 활동 영역의 환경에 관심을 기울이게 되고, 다양한 공간 구성과 색의 조화로움이 빚어 내는 마법의 힘에 빠져든다. 자연물 만다라는 산만한 아이들의 심신을 안정시키는 치유 효과가 있다고 한다.

계절에 따라 구할 수 있는 재료로 만다라를 만드는 모습

자연 식물알기

숲에서 구할 수 있는 여러 가지 나뭇잎과 열매를 같은 종류로 분류하는 놀이이다. 열매 그림이나 사진을 직사각형 카드에 붙여 놓고 같은 종류별로 차례대로 나열하는 놀이이다. 이와 비슷하게 같은 그림을 찾는 놀이도 있다.

그림에 있는 순서대로 열매들을 배열하며 노는 모습

식물 이름을 배우는 카드 게임

앞장에는 식물 이름이 적혀 있고 뒷장에는 식물 특성이 적혀 있는 카드를 아이들에게 보여준 다음, 교사가 어떤 식물의 잎이나 열매를 보여주면 아이들은 해당하는 식물의 카드를 맞춘다. 이 놀이는 숲학교 과정에서 진행된다.

아이들에게 카드를 보여주고 식물 이름을 맞추는 놀이

읽기와 쓰기

대피소로 내려가는 길목에 칠판으로 펜스를 만들어 초등학교 1, 2학년 과정 아이들이 자연스럽게 읽기와 쓰기를 할 수 있도록 한다. 교사는 아침마다 다른 낱말을 고딕체와 필기체로 칠판에 쓴다. 아이들은 글씨를 따라 쓰면서 크게 소리내어 읽기도 한다.

칠판으로 만든 펜스

나뭇가지를 이용한 글씨 쓰기

세상에서 이렇게 넓은 칠판이 있을까? 분필로 쓰는 글씨는 점들을 이어 선을 만들지만, 나뭇가지로 쓰는 글씨는 선들의 공간적 배치를 구상할 수 있어야 가능하다. 놀이에 앞서 다양한 나뭇가지를 준비한다.

나뭇가지를 이용해 글씨 쓰기를 하는 아이

하얀 눈에 그림 그리기

숲은 아이들에게 하얀 눈의 도화지를 선물한다. 물감을 이용해 하얀 눈 도화지 위에 그림을 그리고 스며드는 물감의 현상을 체험하며 인간이 만들어 낸 도화지와는 '다름'에 대한 분명한 차이를 보고 느낀다.

하얀 눈 도화지에 그림을 그리는 아이

순무로 등 만들기

순무 속을 파내고 껍질에 별 모양이
나 동그라미 등 여러 가지 모양으로
구멍을 낸다. 그런 순무 양쪽 끝을
튼튼한 끈으로 길거나 짧게 묶는다.
그 속에 작은 초를 넣어 등을 완성
한다.

순무로 만든 등을 나무 사이에 걸어둔 모습

나무에 얼굴 만들어 주기

숲에 정해 놓은 자기 나무에 찰흙과
나뭇가지, 도토리 등으로 얼굴을 만
들어 주고 대화를 나눈다. 나뭇잎을
붙여 수염을 만들기도 하고, 나뭇가
지로 피노키오의 코를 만들기도 한
다. 아침마다 자기 나무와 대화를 나
누는 것도 숲 활동 가운데 하나다.

찰흙을 이용해 나무기둥에 얼굴을 만들고 있는 모습

나뭇가지 빵 굽기

빵을 구울 수 있게 반죽이 된 밀가
루를 독성이 없는 나뭇가지에 감아
구워먹는다. 반죽을 묽게 해 굽는
과정을 여러 차례 반복하기도 한다.

나뭇가지에 빵 반죽을 감아 구워 먹는 모습

자연물 숫자 놀이

숲학교에서는 나무 열매와 나뭇가지를 이용해 숫자놀이를 한다. 교사가 바닥에 숫자를 써 넣으면 아이들은 주위의 가능한 자연 소재를 이용해 관계식을 완성한다.

자연물로 배우는 숫자놀이

풀잎 왕관을 쓴 소

숲 활동에서는 의도한 놀이보다는 아이들 생각이 그대로 놀이가 되는 경우가 많다. 소몰이 축제에 참가하기 위해 풀잎 왕관을 만들던 아이들이 서로 목동과 소가 되어 놀이를 한다.

풀잎 왕관을 만들고 있는 모습

잡기놀이

자유놀이 시간, 아이들이 가늘고 긴 나뭇가지를 이용해 커다란 원을 만든다. 서너 명이 먼저 잡기놀이를 시작하면 점점 더 많은 아이들이 모여든다.

나뭇가지로 울타리를 만들어 잡기놀이를 하는 모습

자연놀이 | 숲(Naturspielwald)
http://www.naturspielwald.ch

1. 초등학교 1, 2학년까지 연계되는 숲학교

2010년 바덴에 있는 숲학교 취재를 위해 서울경제일보 기자들과 다시 스위스를 방문했다. 바덴은 10만여 명이 사는 조그만 도시이다. 아침마다 바덴 역 가까이 있는 버스 승강장에는 마른 흙이 여기저기 묻어 있는 옷에 배낭을 멘 숲아이들이 모여들었다. 이 광경을 본 한 기자는 "이런 게 어떻게 우리나라에 가능해요?"라며 의아해했다. 새로운 대안교육인 숲학교를 취재하러 왔다고는 해도 유치원도 아니고 초등학교 과정이 숲에서 이루어지는 모습에 큰 충격을 받은 듯했다. 숲에서 이루어지는 교육에 대한 이해도를 높이기 위해서 기초 교육의 병폐를 지적하고 평가하기 보다, 선진 사례를 통해 숲 교육의 효과와 결과가 기초 교육의 한계를 보완, 보충해 주고 있음을 구체적으로 보여 드리는 게 우선이라는 생각이 들었다.

눈으로 성을 쌓은 아이들

나무막대와 줄을 이용해 불을 피우는 모습

바덴의 자연놀이숲협회는 2000년부터 아이들을 위한 숲놀이 그룹을 진행하다가, 2003년에 스위스에서는 두 번째로 초등학교 1, 2학년으로 연계되는 사립 숲학교를 개설했다. 상갈렌 숲유치원에서 숲학교 교장으로 근무하던 에바 선생이 자문 역할을 해주었다고 한다. 에바 선생은 숲체원에서 열린 제1회 숲유치원 국제 세미나에 초대되어 훌륭한 강연과 시연을 해주었다.

그러고 보니 숲 소파가 낯익었다. 상갈렌 숲유치원에서 본 그 모습이었다. 자연놀이 숲에서는 숲 소파 바깥쪽에 배낭을 걸 수 있는 고리를 만들었고 내부에 둥근 통나무 의자와 넓은 판을 마련해 실내 학습장으로 사용할 수 있게 했다. 우리가 도착하기 이틀 전까지 비가 와서 천막을 쳐두었는데, 불법이라 숲관리원이 오기 전에 철거해야 한다며 걱정을 했다.

자연놀이숲협회에는 숲놀이 그룹을 개설한 이후 유치원과 초등학생들이 참여할 수 있는 프로그램을 확장해 갔다. 현재는 숲여우들, 숲놀이 그룹의 아이들, 숲학교 학생들을 합치면 거의 200명에 달하는 아이들이 다양한 프로그램에 참여하고 있다.

1) 숲여우들

숲여우들은 유치원부터 초등학교 2학년 아이들을 위한 프로그램이다. 해마다 9월에 시작해서 일 년 동안 10회에 걸쳐 진행된다. 10회 모두 참석하는 하는 것을 원칙으로 하고 있다. 숲여우들은 고정된 숲 활동 장소가 없이 아이들 스스로 활동하고 싶은 장소를 선택하도록 하고 있다. 자연교육학을 전공한 교사들이 14-16명의 아이와 함께 하루 4시간 숲 활동을 한다.

2) 숲놀이 그룹

숲놀이 그룹은 만 3세 이상 아이들이 참가할 수 있는 프로그램으로서, 1-2주 동안 매일 아침 8시 50분부터 13시 45분까지 진행된다. 숲놀이 그룹에 참가하는 아이들을 위해 집처럼 느껴지는 안락한 숲 소파를 별도로 준비하고 있다. 악천후에는 언제든 천막을 칠 준비가 되어 있다. 이 그룹도 마찬가지로 자연교육학을 전공한 교사 두 명이 12명의 아이들을 이끈다. 다만, 숲에 어둠이 머무는 시간이 긴 겨울에는 시작 시각을 한 시간 늦추고 있다. 바덴 시에서는 숲놀이 그룹 아이들을 위해 약간의 예산 지원을 해준다. 아이들이 '내가 스스로 할 수 있게 도와주세요'라고 외치고 있다고 생각하며 아이들과 함께하고 있다고 한다.

숲놀이 그룹에 참가한 아이들의 아침 모임 모습

밧줄놀이를 하고 있는 모습

3) 숲학교

숲학교는 1학년부터 4학년까지 구성되어 있다. 1, 2학년은 유치원 과정이고 3, 4학년은 초등학교 과정이다. 유치원과 초등학교 교사 각 1명과 실습생이 4년 동안 함께 놀이와 학습이 병행하는 활동을 진행한다. 교사는 아이들의 개별 발달 상황을 잘 파악하면서 단계별 학습을 진행한다.

제1학습 공간으로는 숲을 이용하지만 인근에 있는 농가에 제2학습 공간을 마련해 1, 2학년 아이들은 매주 화요일과 목요일 오후에 2시간 동안 실내 학습을 한다. 일주일 시간표를 살펴보면 유치원과 초등학교의 단계별로 아이들 시간표가 다르게 짜여 있음을 알 수 있다.

2010/2011년 숲학교 시간표

	월요일	화요일	수요일	목요일	금요일
8:30~12:15	숲학교 2, 3, 4학년	모든 학년	모든 학년	모든 학년	모든 학년
13:45까지					
15:30까지		숲학교 3, 4학년		숲학교 3, 4학년 (6번째 주부터 45번째 주까지)	

숲학교 1, 2학년은 유치원 1, 2학년에 해당함

숲학교 3, 4학년은 초등학교 1, 2학년에 해당함

4) 심화 교육과 가족의 날

숲은 어떠한 대가도 바라지 않는다. 그러면서 아이들에게 흥미로운 것을 발견하게 하고 육체와 정신을 건강하게 만드는 놀이를 끝없이 제공한다. 자연놀이 숲유치원에서는 10여 년의 풍부한 경험을 바탕으로 학부모와 교사들에게 자연교육학 영역의 심화 과정을 제공하고 있다. 이 과정은 학부모와 교사가 아이들과 더욱 뜻깊은 숲 활동을 할 수 있도록 돕고 있다.

자연교육학 강의에 참석해 관계맺기 놀이를 하고 있는 학부모와 교사

2. 자연놀이 숲학교의 교육학적 핵심 개념

숲은 교육학적인 접근 방법을 다양하게 변화시킬 수 있는 가장 이상적인 장소이다. 뭇 생명이 함께 어우러지며 살아가는 삶의 공간이면서 우리에게 배움과 경험의 토대가 되는 기본적인 소재들을 끝없이 제공하기 때문이다.

1) 경험은 배움을 위한 기본 전제조건이다

숲에서 아이들의 경험은 호기심을 불러일으키고 동시에 학습동기가 된다. 따라서 숲 활동을 하는 동안에는 상황과 아이들 연령에 따라 각자가 경험한 것을 잘 인지할 수 있도록 도와주는 게 중요하다.

- 아이들의 활동 모습을 주의 깊게 관찰하고, 숲에서 발견한 것들을 잘 간직하게 한다.
- 놀이가 아이들에게 적합한 학습 방법이라는 것을 중요하게 생각한다.
- 혼합 연령 그룹이 가능한 경험 학습을 구상한다.
- 우리 생활권에 있는 것들을 학습 주제로 깊이 있게 다룬다.
- 생활 속에서 일어나는 갑작스러운 일들도 학습 주제로 다룬다.

2) 스스로 결정할 수 있는 능력이 있는 학습자로서 아이들을 적극 지지한다

교사와 부모는 배움의 길의 동반자로서 아이들과 함께한다. 내적 동기, 경험, 지식 등을 아이 스스로 터득하도록 격려해 주어야 한다. 수업은 '배움이 이루어지도록 두는 것'을 뜻한다.

- 아이들의 학습 단계를 주의 깊게 살피며 이끌어간다.
- 아이들의 아이디어를 소중하게 생각한다.

- 아이들이 교사나 부모에 의해 수동적으로 움직이는 것을 경계한다.
- 아이들에게 스스로 자신의 행동을 조절할 기회를 준다.

3) 서로 수용할 수 있고 충분히 이해할 수 있는 관계를 유지한다

예기치 않은 일이 발생했을 때, 아이, 교사, 학부모 대표자들이 서로 의견을 나누면서 충분히 이해할 수 있도록 관계를 유지한다. 성인으로서 교사와 학부모는 서로 사려 깊게 공경하는 마음으로 일하고 아이들에게 본보기가 되어야 한다.

- 어른뿐만 아니라 아이들도 공경하는 마음으로 대한다.
- 열린 대화 문화를 만들어 아이들 간의 소통을 원활하게 한다.
- 학부모들은 서로 꾸준하게 교류한다.
- '충돌'을 공동생활의 불가피한 요소로서 생각한다.
- 교육 담당 팀은 수업을 계획하고, 팀 내에서 일관성 있는 평가를 한다.

4) 분명한 경계가 있는 규칙을 정한다

분명한 경계와 이해할 수 있는 규칙들을 정한다. 그리고 규칙에 따라 책임 범위를 선정한다. 그러나 그 범위 내에서는 '모든 것'이 보장되어야 한다. 이러한 책임 범위는 아이들에게 자신들의 사회성과 자발성을 발견하고 강화할 수 있는 자유로운 공간을 보장해 준다.

- 아이들에게 유효한 규칙과 규범에 대한 이유를 분명하게 알려준다.
- 계획된 일과를 지킨다.
- 아이들에게 나뭇가지를 자르고, 나무나 가파른 언덕에 오르고, 불을 피우는 등의 책임감 있는 행동을 할 수 있도록 믿음을 준다.

숲 활동 모습

아이들이 숲에서 발견하는 하나의 현상은 수많은 질문거리가 되고, 놀이거리가 된다. 놀이는 아이들이 살아가는 힘을 키우는 기본적인 활동이다. 자연놀이 숲학교 아이들의 일과에 따른 활동 모습을 살펴보았다.

숲으로 가기 위한 모임 장소

아침마다 바덴 시내 인근에 사는 아이들은 중앙역 부근의 버스 정류장에 모여 숲 활동 장소로 이동한다. 아이들이 버스로 움직이기 때문에 부모들이 당번을 정해 교사와 함께 버스 종착지까지 동행한다. 아이들이 종착지로 직접 오기도 한다. 스위스에서는 아이들이 숲 활동을 할 때, 역삼각형 형광띠를 복에 누르게 한다.

버스를 타려고 기다리고 있는 교사와 학부모

숲 활동에 쓰이는 도구를 보관하는 곳

숲 가까운 곳에 있는 옛 수도원 건물을 식당 주인으로부터 임대해서 숲 활동에 쓰이는 물품을 보관하는 공간으로 사용한다. 빈 깡통, 플라스틱 통, 비닐 봉투, 구슬, 털실 등 온갖 물품이 가지런히 정리되어 있

숲 활동에 필요한 물품이 보관되어 있는 공간

다. 교사는 아침마다 숲으로 들어가기 전에 이곳에 들러서 필요한 물품들을 챙겨간다.

숲으로 들어가기

아이들은 순번을 정해 숲에서 사용할 방수방석을 챙긴다. 그리고 버스 종착역에서 숲으로 이어지는 목초지 길을 따라 삼사백 미터를 걸어 들어간다. 신이 나게 앞서 달려가던 아이들도 중간 모임 장소에서는 멈추어서 뒤에 오는 친구들을 기다린다.

목초지를 따라 숲으로 들어가는 아이들

숲학교 활동 공간

'숲학교' 표지판 뒤로 아이들 키 높이 정도로 쌓아올린 숲 소파가 있다. 이 외에 숲 활동 공간을 통나무 그네 타는 장소, 요리 장소, 밧줄놀이 장소로 나누어 사용한다.

매일 아침 숲 활동 장소에 도착한 아이들은 배낭을 내려놓자마자 그네에 매달리고, 밧줄을 타고, 웅덩이를 오르내리며 논다.

'숲학교' 표지판 (위)
숲 활동 장소에 있는 웅덩이에서 노는 아이들(아래)

아침 모임

숲 활동 장소 여기저기에 흩어져 놀던 아이들이 교사의 피리 소리를 듣고 모여든다. 땅바닥에 나무 덩굴로 원을 만들어 놓았다. 아이들이 덩굴을 따라 서면 자연스럽게 원을 그리며 설 수 있다.

아이들이 마른 나무넝쿨을 따라서 둥글게 서 있다.

아침 모임에서의 놀이

아침 모임 활동으로 출석 확인, 노래 부르기, 율동, 활동 주제별 팀 나누기, 간단한 손가락 인형극 놀이 등이 있다. 놀이의 한 예로, 아이들이 둥글게 서 있는 가운데에 담요를 깔고 나뭇잎을 열 가지 정도 올려놓는다. 그런 다음 교사들은 똑같은 나뭇잎을 들고 둥글게 서 있는 아이들 사이 사이에 나누어 선다. 놀이가 시작되면 빠르게 뒷짐을 지고 서 있는 아이들에게 나뭇잎을 만져 보게 하고, 담요 위에 놓인 나뭇잎 가운데에서 같은 나뭇잎을 찾게 한다.

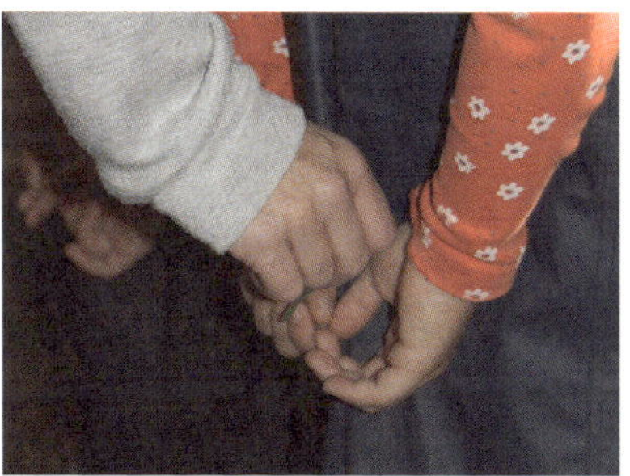

뒷짐 진 아이에게 나뭇잎을 만져 보게 하는 모습(위)
손으로 느낀 나뭇잎을 찾고 있는 아이(아래)

나뭇잎 붙이기

주변에 자라고 있는 여러 나무와 식

물들의 잎들을 이용해 나무 기둥에 예술 작품을 만든다.

아이들은 붓으로 나뭇잎에 천연 풀을 발라 나무에 부치는 작업을 한다. 이 놀이는 미적 감각과 감성, 집중력을 키우는 데 도움이 된다.

나무 기둥 꾸미기를 하는 모습

밧줄 타기

나무 사이에 단단하고 넓적한 끈을 두 줄로 묶어 그 위로 균형을 잡으며 걷게 한다. 또 다른 방법은 약 2m 높이의 간격을 두고 밧줄 두 개를 묶은 다음 위 밧줄에 끈을 걸쳐 양손으로 끈 양끝을 잡고 균형을 유지하며 아래 밧줄 위를 걸을 수 있게 한다. 밧줄 타기는 균형 감각 발달에 도움이 된다.

단단하고 넓은 끈을 이용해 밧줄 타기를 하는 아이

초콜릿 나뭇잎 요리

중탕에 녹인 초콜릿을 붓을 이용해 독성이 없는 나뭇잎 뒷면에 약간 도톰하게 바른다. 초콜릿이 마르면 나뭇잎을 떼어낸다. 완성된 나뭇잎 모양 초콜릿을 뻥튀기 과자 위에 장식해 먹기도 한다.

초콜릿을 녹여 나뭇잎 뒷면에 바르는 모습

하얀 눈 예술

눈 위에 그림 그리기를 할 때에는 환경보호를 위해 되도록이면 천연 염료를 물에 희석해서 사용한다. 눈으로 탑 같은 조형물을 만들기도 한다. 이러한 놀이는 심미감과 풍부한 상상력을 키워주는 효과가 있다.

천연염료를 이용해 눈 위에 그림 그리기를 하는 아이들

조약돌 예술

돌에 새겨진 문형이나 색깔 등을 이용해 다양한 모형을 만들어 보는 놀이다. 돌에 그려 놓은 선을 맞추거나 색깔별로 늘어놓거나 쌓아 올린다. 손의 촉감을 통해 성질이 다른 돌의 특성을 이해하면서 자연스럽게 과학 탐구 놀이로 연계될 수 있는 놀이다.

돌에 새겨진 무늬를 따라 돌을 연결한다.

점심 식사

유럽 유치원에서는 보기 드물게 자연놀이 숲학교에는 아이들이 점심 도시락을 싸온다. 페트병에 꽃을 꽂고 아이들이 직접 만든 후식을 숲 소파 가운데 놓고 점심을 먹는다. 매주 화요일에는 숲에서 점심을 직접 만들어 먹는다.

점심을 먹기 위해 숲 소파에 모인 아이들

가는 끈을 이용한 놀이

도구통에서 가는 끈을 꺼내 든 아이
들이 실뜨기로 별과 에펠탑을 만들
고, 손가락 사이에 끈을 엮은 다음
한 줄을 잡아당겨 푸는 마술놀이를
한다. 그리고 실 한쪽은 기둥에 묶고
한쪽은 연필에 묶은 뒤, 연필을 돌려
실을 감으며 놀기도 한다.

실뜨기로 하는 마술놀이

숲 하키

가는 통나무를 이용해 네모 모양의
하키 경기장을 만들고, 기다란 막대
기 끝에 직사각형 나무판을 대어 나
무 스틱을 만든다. 아이들은 자기 손
으로 직접 만든 도구를 사용하면서
공장에서 만든 놀이 도구를 사용할
때보다 큰 성취감을 느낀다.

통나무로 만든 경기장에서 하키를 하는 아이들

나무에 새겨진 벌레길 색칠하기

통나무에 새겨져 있는 여러 갈래 벌
레길을 따라 색연필로 칠을 하면 훌
륭한 작품이 완성된다. 이리저리 나
있는 벌레 흔적을 따라 색칠하며 아
이들은 미로찾기 놀이와 같은 즐거
움을 느낀다.

나무에 새겨진 벌레 흔적을 따라 색칠하는 모습

야영하기(비박)

쏟아지는 수많은 별빛을 보며 아름다운 밤하늘과 깜깜한 어둠, 고요함을 체험하는 시간이다. 텐트도 없이 야영하면서 아이들은 고요와 어둠이 두려운 존재가 아님을 배운다.

숲에서 야영하는 아이들

나무판을 이용한 멀리 던지기

폭이 좁은 직사각형 나무판 아래에 둥근 나무를 놓아 시소처럼 만든다. 나무판 한쪽을 기울게 해서 나뭇가지를 올려놓는다. 높은 쪽을 발로 힘차게 밟아 나뭇가지를 멀리 날려 보내는 놀이다.

나무판에 막대기를 올려놓고 멀리 날리기를 하는 모습

통나무 장애물 넘기

아이들은 여기저기 흩어져 있는 통나무를 나른다. 여러 개 통나무를 높이나 폭을 다르게 띄엄띄엄 놓아 장애물을 만든다. 협동심을 키우고, 차례를 지키면서 질서에 대한 개념을 익히는 놀이다.

통나무 장애물 넘기를 하는 아이들

그네 받침대 양쪽에 밧줄을 묶어 힘차게 잡아당겼다 놓았다를 반복하면서 친구가 탄 그네를 움직이게 해 준다. 아이들은 자연스럽게 힘의 원리를 이해하게 된다. 만약의 경우를 대비하여 밧줄 끝을 다른 나무에 고정하여 추락 위험을 없앤다.

밧줄을 이용한 그네놀이

마무리 모임

숲에서의 하루를 마치는 마무리 모임은 다양한 형태로 진행된다. 교사의 창의적인 아이디어가 요구되기도 하는 마무리 모임에서 교사는 아이들과 숲 활동에서 체험한 것과 느낀 것을 서로 나눈다. 수북하게 쌓인 낙엽을 덮고 둥글게 누워 친구의 숨결을 느끼고 대지의 기운을 온몸으로 받아들이는 시간을 갖기도 한다.

낙엽 위에 누워 마무리 모임을 하는 모습

 현재 일본 정부에서는 숲유치원을 정식 유치원으로 인가하지 않고 있다. 그래서 정식

인가를 받은 유치원이 사용하는 한자 명칭 '幼稚園(유치원)'을 대신해서 히라가나로 'ようちえ

ん(유치원)'으로 표기해야 한다. 다른 이름으로 인가와 비인가 유치원을 구분하는 사례는 세계

적으로도 드문 일이다. 일본의 숲유치원 장인 우치다 고이치 선생은 일본의 숲유치원을 자유보

육형, 공동보육형, 주재자형으로 분류한다.

숲유치원 현황

유럽 여러 나라에서처럼 일본에서도 생태대안교육으로서 숲유치원이 활발하게 진행되고 있다. 일본과 유럽의 숲유치원 사례를 비교 분석하다 보면 한국형 숲유치원 모델이 정립될 수 있지 않을까 싶다.

'(사)나를 만나는 숲'은 2008년부터 일본 숲유치원들과 교류하고 있다. 2009년과 2010년에 개최된 국제 숲유치원 세미나 및 캠프에 "꽃 숲유치원" 교사와 현재 일본 숲유치원 네트워크 운영위원장을 초대해 일본 숲유치원의 운영과 설립을 비롯한 전체 현황을 파악할 수 있는 기회를 마련하였다. 그 자리에서, 일본 정부로부터 최초로 승인받은 숲유치원을 운영하는 우치다 선생과 미야기현 쿠리코마에서 자연교육장을 운영하는 사사끼 선생을 만났다. 일본에 숲유치원 네트워크가 구성되고, 70여 개의 단체가 함께 활동하는 전국 규모로 성장하는 데에는 이 두 사람의 역할이 컸다. 두 사람이 주축이 되어 2005년 동경에서 처음으로 전국 숲유치원 포럼을 개최하고 그 뒤로는 매년 11월 마지막 주에 지역을 순회하며 개최하고 있다. 이 포럼에는 숲유치원과 숲체험 교실, 야외보육, 자주교육을 하는 전국 지역 단체와 개인이 참가한다.

현재 일본 정부에서는 숲유치원을 정식 유치원으로 인가하지 않고 있다. 그래서 정식 인가를 받은 유치원이 사용하는 '幼稚園(유치원)'이라는 한자를 대신해서 'ようちえん(유치원)'으로 표기해야 한다. 다른 이름으로 인가와 비인가 유치원을 구분하는 사례는 세계적으로도 드문 일이다.

우치다 고이치 선생이 분류한 일본 숲유치원 유형(2010년)은 자주보육형, 공동보육형, 주재자主宰者형으로 나누어진다. 이러한 숲유치원 유형이 5년이라는 짧은 시간에 전국으로 확산될 수 있었던 까닭은 이미 40여 년 전부터 자주보육이 이루어져왔기 때문이다. 자주보육은 교육관이 비슷한 10

명 미만의 어머니들이 지혜를 모아 공동으로 아이들을 돌보는 시스템이다.

1주일에 1~2회 정도 모여 산으로, 들로, 강으로 나가서 활동하며, 비용은 공동으로 부담한다. 어머니들이 가진 전공과 특기를 살려 역할 분담하는 자주보육은 주로 유치원 가기 전 나이의 아이들을 대상으로 한다. 상호평등 관계를 유지하면서 선후배 관계로 운영이 지속되고 있다. 요즘은 유아교육을 전공한 교사를 채용하여 전형적인 유럽 숲유치원 형태로 바꾸는 추세다.

이러한 자주보육형 숲유치원에서 한 단계 발전된 것이 공동보육형이다. 어머니들이 당번제로 보육 활동을 하다가 점차 유아교육의 전문지식을 갖춘 보육사가 그룹을 맡는다. 공동육아형은 어린이집이나 유치원으로 승인받아 운영하기도 한다.

끝으로 주재자형은 유아교육에 종사한 경험자가 자연교육에 대한 중요성을 인식하고 자신의 확고한 교육관으로 숲유치원을 설립 운영하는 형태이다. 지금은 주재자형 숲유치원을 개인적으로 운영하는 사람들이 늘어나고 있다. 주재자형은 사유림을 이용해 전형적인 숲유치원 형태로 운영하기도 하고, 유치원 입학 나이의 아이들을 대상으로 주말 숲유치원 체험 프로그램과 방과 후 또는 방학 자연체험 프로그램을 운영한다.

숲유치원이라는 용어는 독일에서와 마찬가지로 일본에서도, 일주일에 1-2회 운영되는 숲 체험, 주말 숲유치원 등의 다양한 유형을 아우르는 상위 개념으로 사용하고 있다.

어린이의 숲유치원(こどもの森幼稚園)
http://iizuna-gakuen.ed.jp/kodomonomori/top.html

일본에서 처음으로 인가받은 숲유치원

나가노시에 있는 어린이의 숲유치원을 찾아가는 길. 국내에서는 처음으로 숲유치원 프로그램 개발과 효율적 운영 방법에 대한 산림청 연구 용역을 맡으면서, 일본에 있는 숲유치원을 찾게 되었다. 울창한 숲을 지나 한참 동안 고원을 오른 버스는 넓은 주차장이 있는 통나무집 앞에서 멈추었다. 바로 이곳에 60명이 넘는 아이들이 다니는 숲유치원이 있다.

어린이의 숲유치원은 도쿄에 있는 한 유치원에서 자연 친화교육을 실천하던 우치다 선생이 설립했다. 그는 현재 일본 숲유치원 네트워크의 운영위원장을 맡고 있으며, 숲유치원 건물이 있는 곳에서 차로 15분 정도 떨어진 곳에 넓은 교육 장소를 준비해 초등학교와 중학교를 위한 주말 프로그램까지 운영하고 있다.

1983년 아름다운 이이즈나 고원에 나무집을 짓고 자연이 가지고 있는 교육의 힘을 발견하기 위한 활동을 시작한 뒤로, 지금은 일본 전역을 다니며 숲유치원 사진 전시회를 겸한 강연을 하고 있다. 2010년 우리나라에서 개최된 제2회 숲유치원 국제 세미나에서 본인의 경험을 되살려 일본 숲유치원의 20년 역사를 발표하기도 했다.

우치다 선생은 유치원 교사인 부인과 함께 산골에서 숲유치원을 시작하며, 자연 소재를 사용해 아이들이 숲에서 마음껏 뛰어놀 수 있는 환경을 만들었다. 먼저 통나무집을 짓고 필요한 물건은 대부분 수제품으로 채웠다. 아이들이 뛰어노는 정원은 복잡하고 다양한 지형을 조합해 만들었다. 아이들의 심신이 자연 속에서 마음껏 활동하고 느낄 수 있도록 배려했다. 이렇게 어린이의 숲유치원은 지금으로부터 20여 년 전에 시작된 두 부부의 꿈과 의지로 태동하게 된 것이다.

처음에는 지역에 사는 아이들을 데리고 시작했는데, 나가노 시내에 사는 아이들이 한두 명씩 어린이의 숲유치원을 찾아 올라오기 시작했다. 그러던 1998년에 나가노 동계올림픽 개최가 결정되면서 어린이의 숲유치원이 자리잡은 이이즈나고원에 도로가 나고 버스가 다니게 되면서 원생수가 급증하게 되었다.

숲유치원 건물 외부 모습

숲유치원으로 올라가는 낮은 언덕

전문 교육 인력으로는 설립자인 우치다 선생을 비롯해 원장과 부원장 그리고 남녀 교사 각각 두 사람, 사무직원이 있다. 부원장은 일주일에 한 번 유아원생을 대상으로 하는 자연 체험 프로그램 "꽃봉오리 유아살롱"을 진행한다.

이 프로그램은 엄마와 아이가 함께한다. 교사들은 각자 특기를 살려 여러 프로그램을 맡고 있다. 한 남자 선생은 유아 교육을 전공하지는 않았지만 자연에 대한 해박한 지식과 풍부한 경험으로 아이들과 역동감 넘치는 숲 활동을 한다. 큰 나무에 맨발로 오르는 것을 보여주기도 하고, 아이들이 직접 오를 수 있도록 도와주기도 한다. 뱀을 손으로 잡아 아이들이 만져 보게 하고, 목에 감게도 하며 숲에 사는 생명과 자연스럽게 교감할 수 있게 한다.

현재 어린이의 숲유치원을 다니는 아이들은 인근 마을에 살 경우에는 부모가 데려 오지만 아이들은 대부분 나가노 시내를 도는 통원버스를 이용하고 있다. 매일 아침 한 시간 정도 버스를 타고 숲으로 오는 아이들은 혼합연령으로 구성되어 있으며 보육 시간은 아침 9시부터 오후 2시 30분까지다. 맞벌이 부부 경우에는 자녀를 오전 8시 30분부터 오후 5시까지 유치원에 맡길 수 있다.

1995년 정식 유치원으로 인가를 받게 될 때까지 어려운 점도 많았으나, 뜻을 같이하는 교사들의 뚜렷한 교육철학과 학부모의 절대적인 믿음과 후원이 있었기에 오늘의 '어린이의 숲유치원'이 있게 되었다고 우치다 선생은 말한다.

통원버스

아이들의 빨래주머니를 챙긴 교사

고원지대라는 특징을 살려 아이들이 부모와 함께 해발 1,979m에 달하는 산에 오르는 프로그램을 진행한다. 5세 아이는 정상까지 오르고, 4세 아이는 8부 능선까지 그리고 3세 아이들은 오를 수 있는 곳까지, 상황에 따라 등반한다. 등반하며 산나물이나 버섯을 채취해서 음식을 만들어 먹기도 한다. 겨울에는 유난히 눈이 많은 장점을 살려 썰매타기를 자주 한다.

다목적 미끄럼틀

원사 앞마당 경사진 곳에는 커다란 하수관을 이용해 터널 속을 지나는 느낌이 드는 미끄럼틀이 있다. 두세 명이 함께 앉을 수 있는 플라스틱 통을 이용해 미끄럼을 타기도 하고, 여름에는 물을 뿌려 미끄럼타기 놀이를 한다.

커다란 하수관을 통해 만든 미끄럼틀

외줄그네타기

나무와 나무 사이에 긴 줄을 연결하고 가운데쯤에 외줄을 늘어뜨린다. 외줄 중간마다 매듭을 만들어 아이들이 매달리기 좋게 만든다. 보통 그네보다 앞뒤 좌우로 움직임이 크기 때문에 아이들이 무척 좋아한다.

외줄그네를 타는 아이들

다용도 썰매

플라스틱 썰매는 사시사철 아이들의 사랑을 받는 놀이도구이다. 눈 위에서 뿐만 아니라 사시사철 비탈진 언덕에서도 타고 놀 수 있다. 빗물이 고인 썰매에 풀잎과 돌멩이를 넣어 연못을 만들고, 가을에는 낙엽과 나뭇가지를 가득 채워 만들기 재료를 모으는 통으로도 사용한다.

썰매를 이용해 다양한 놀이를 하는 아이들

균형잡기

아이들이 언제든지 균형잡기놀이를 할 수 있게 그물과 밧줄을 높낮이가 다르게 엮어 놓는다. 길고 굵은 대나무 두 개를 평행하게 걸쳐 균형잡기놀이 공간을 만든다.

대나무 평행봉에서 균형잡기를 하는 모습

전통 탈곡기 체험

해마다 가을이 되면 부모와 함께 추수 프로그램을 진행한다. 추수한 벼를 몇 다발 유치원으로 나르는 것은 부모들 몫이다. 아이들은 전통 탈곡기를 이용한 타작을 체험한다.

옛날 탈곡기를 이용한 타작 체험

스키 타기

이이즈나 고원에는 눈이 많이 내린
다. 이러한 지역 특성을 살려 어린이
의 숲유치원에서는 스키 타는 시간
을 자주 가진다. 아이들은 스키를 타
고 눈밭을 달리며 신 나는 눈의 세계
를 경험한다.

이이즈나 고원에서 스키를 타는 아이들

식물을 이용한 표현놀이

아침 모임 시간에는 아이들이 미리
준비한 식물을 이용해 표현놀이를
한다. 두 아이가 한 조가 되어 커다
란 나뭇잎으로 나비 모습을 표현하
기도 한다. 사진은 원장 선생이 커다
란 풀잎을 머리 위에 올려 토끼가 된
모습이다.

풀잎으로 토끼를 표현하는 원장 선생님

나무집짓기

아이들이 톱으로 나무를 직접 자르
고 못질을 하며 나무집을 짓는다. 며
칠 동안 여러 아이가 힘을 모아 완성
하는 활동을 통해 다른 친구들과 협
동심을 가지게 되고 아울러 공동체
성과 사회성을 키워간다.

통나무를 이용해 집짓기를 하는 아이들

식물을 이용한 실험

이 실험을 할 때에는 독초가 혹시 있지 않는지 교사는 주의를 기울여야 한다. 겨울을 제외한 대부분의 계절에 할 수 있는 실험이다. 여러 가지 풀과 꽃을 갈아서 물에 섞어 보는 실험을 한다. 플라스틱 병에 담아 색을 비교해 보고 향기를 맡아 본다.

꽃과 풀잎을 갈아 여러 가지 색을 만들어 보는 모습

나무 기둥 사다리

두 나무 사이에 굵은 나뭇가지를 이용해 사다리를 만든다. 이 사다리를 오르내리며 아이들은 신체 발달과 더불어 모험심을 기른다.

오래되어 낡거나 썩은 사다리는 안전사고를 일으킬 수 있으니 교사는 자주 사다리를 살펴보아야 한다.

사다리를 타고 나무에 오를 수 있게 만들었다.

나무에 오르기

나무에 오르는 아이들에게서는 자기 조절 능력이 강하게 작용한다고 숲유치원 교사들은 말한다. 아이들은 자신이 올라가고 싶은 만큼, 올라갈 수 있는 만큼 오른다.

교사의 도움을 받아 나무에 오르는 아이

계곡에서 놀기

계곡은 훌륭한 놀이 공간이다. 돌을
이용해 성을 쌓고 물길을 막으며 겨
울잠에서 깨어난 개구리를 만나고,
돌 밑에 사는 다양한 생명체를 발견
하며 자연을 알아간다.

계곡에서 노는 아이들

다 함께 눈썰매 타기

많은 아이가 함께 올라탈 수 있을 정
도로 크고 단단한 천막을 준비한다.
아이들이 천막 위에 올라타면 두 명
의 교사가 천막 양쪽 끝을 잡고 끈
다. 아이들은 떨어지지 않으려고 서
로 붙들고, 잡아 주며 하나가 된다.

그룹으로 썰매타기

오페레타 발표회

해마다 가을이면 나가노 시에 있는
커다란 강당을 빌려 한 해 동안 연습
한 연극 발표회를 한다. 각 팀이 개
구리와 토끼, 너구리 등의 동물 모양
모자를 쓰고 틈틈이 연습한 공연을
한다.

오페레타 공연을 위해 연습하고 있는 아이들

하루 활동 스케치

9시 30분: 아침 모임

기도로 하루를 열며 계절에 맞는 시를 읊거나 그램 책을 읽는다. 그리고 교사의 기타 반주에 맞춰 노래를 부르고, 간단한 인형극을 보며 마음의 눈을 뜬다.

인형극으로 시작하는 아침 모임

10시: 야외 활동

오전에는 유치원 주변의 드넓은 초원을 뛰어다니며 마음껏 논다. 아이들은 작은 오두막집과 경사지 등 익숙한 장소로 달려가고, 뛰어 오르며 분주하게 움직인다.

낡은 프라이팬과 냄비 등은 훌륭한 소꿉놀이 장난감이다.

12시: 점심시간

집에서 준비해 온 도시락을 그룹별로 각자의 방에서 먹기도 하지만, 날씨가 좋으면 바깥으로 나가 들판에서 먹는다. 월 1회 아이들이 직접 계절의 요리를 만들어 먹는다. 밖에서 불을 피워 요리를 하는데 조금 큰 아이들은 땔감을 구해 오고 작은 아이들은 밥 지을 준비를 한다. 군인들이

준비해 온 도시락을 다 함께 먹는다.

사용하는 반합에 밥을 짓는 색다른
경험을 한다.

13시: 실내 놀이

점심 식사가 끝난 뒤에는 실내 활동
을 한다. 나뭇조각, 책상, 의자, 천,
수제품 장난감 등을 사용해서 논다.
자신들의 놀이공간을 커다란 천을
이용해 자유자재로 만들어 내거나,
고양이나 닌자(忍者) 등 각양각색의
모습으로 변신하며 논다. 그리고 오
전 자유 활동에서 체험한 것을 그리
고 그려 놓은 그림을 오려서 붙이는
표현놀이를 한다.

실내에서 쌓기 놀이를 하다가 한 아이가 도롱뇽을 잡아와
서 움직임을 관찰하고 있다.

14시: 귀가 모임

함께 모여 놀던 아이들은 각 그룹으
로 다시 나누어진다. 담당 교사와 함
께 하루 생활을 되돌아보는 시간이
다. 교사는 아이들이 서로 각자 체험
한 것을 이야기하는 시간을 갖도록
해 준 다음, 그림책이나 옛날이야기
를 들려주면서 일과를 마친다.

노래와 동작놀이를 하며 마무리 모임을 하는 모습

사계절 프로그램

봄

봄의 들판에서 모내기

밭 만들기

봄 소풍, 산나물 채집

여름

물놀이, 들판운동회

부모와 함께하는 등산

여름 야외 숙박

가을

허수아비 만들기

부모와 함께 추수하는 날

아이들이 만든 작품 전시

겨울

썰매타기 , 눈장난, 스키타기

크로스컨트리 스키타기

유치원 숙박 체험

아버지와 함께하는 날

오페레타Operetta 발표회

숲의 아이 (森の子)
http://www.ultraman.gr.jp/morinoko/

숲과 유기농 농장을 운영하는 숲유치원

나가노 시에서 고속버스로 한 시간을 달린 뒤 기차로 갈아타고 조그마한 시골 역에 내렸다. 멀리 북알프스 전경이 펼쳐지는 이런 시골에도 숲유치원이 있을 만큼 숲유치원은 일본 전국에 걸쳐 뿌리 내리고 있다.

대피소로 사용하는 듯한 간이 건물 앞에서 흙 묻은 바지에 장화를 신은 에또 선생을 만날 수 있었다. 에또 선생은 일반 유치원에서 스무 해 넘게 일한 경험을 가지고 있고 그의 동료인 다른 교사는 자연과 환경에 해박한 지식을 갖추고 있어, 두 사람은 조화를 이루며 아이들과 함께 생활하고 있었다. 이곳 '숲의 아이 숲유치원'은 샤롬 휴테 운영자의 적극적인 후원으로 땅과 사람을 살리는 유기농법을 접하는 게 큰 장점이다.

마침 방문한 날이 점심을 만들어 먹는 날이라 더 흥미롭게 참관할 수 있었다. 교사와 아이들은 곡괭이를 들고 유기농 밭으로 가서 자신들이 심은 감자와 당근을 캤고, 다른 한쪽에서는 야생에서 자라는 마를 캤다. 아이들은 밭에서는 작은 농부였고, 감자와 당근을 썰 때에는 능숙한 주방장이었다. 거침없이 불을 지피는 솜씨로 보아 하루 이틀에 익힌 몸놀림이 아니었다. 교사와 아이들의 활동은 마치 일상생활을 하듯 자연스러워 보였다.

숲의 아이 숲유치원이 2002년 개원하기 전, 이 공간에서는 유아원 연령의 자녀를 둔 부모들이 일주일에 한 번 숲을 산책하는 "자주보육모임"이 진행되었다. 이곳 자주보육모임에 참여했던 아이들이 유치원에 입학할 때가 되자, 부모들은 '사람과 환경을 살리는 유아교육'을 할 수 있는 방법을 찾기 시작했다. 그즈음에 스웨덴에서 원사가 없는 유치원이 운영되고 있다는 것을 알고 숲유치원을 만들게 되었다. 학부모들은 당번제로 교사를 돕는다는 결정을 하고 본격적으로 원아를 모으기 시작했다.

원사도 없이 아이들이 행복할 수 있는 교육 환경을 마련해 주려는 부모들의 일념과 용기로, 2005년 숙박과 농업이 융합된 에코 커뮤니티인 샤롬 휴테에서 "숲의 아이 유치원" 개원식을 갖게 되었다. 그리고 숲 안의 작은 정원이라고 불리는 교육 장소에 대피소를 세웠다.

기둥과 지붕만 있는 대피소이지만 한쪽에 교육용품을 보관하고 아이들이 갈아입을 옷들을 두는 사물함도 있다. 아이들을 위한 시설물이 하나씩 들어설 때마다 학부모들이 함께했고, 샤롬 휴테 자연농법에 대한 교육을 받기 위해 몇 주 혹은 몇 달씩 거주하러 오는 사람들도 기꺼이 도왔다.

보육자 3명에 보육 보조자 1명 그리고 25명 원생이 함께하는 숲의 아이 유치원도 통합 연령으로 구성되어 있다. 교사와 학부모 전원이 운영에 참여해 함께 상의하고 결정하는 공동보육을 원칙으로 한다. 특히 캠프, 달 구경, 수확 축제 같은 행사가 있을 때에는 학부모들이 적극적으로 교사를 돕는다. 아이들은 자신의 엄마가 아닌 친구 엄마와의 교류를 통해 또 다른 사랑을 느끼면서 자신들이 믿고 의지할 수 있는 대상으로 신뢰를 쌓아간다. 또한 엄마들은 자신의 아이만이 아니라 다른 아이들도 보듬는 귀중한 시간을 갖게 된다.

이곳에서는 가을이 되면 숲유치원 입학 설명회를 두 차례 개최한다. 최근에는 숲유치원 활동을 지원하는 서포터회원 제도를 시작했다. 개인과 법인 회원으로 구분해서 신청을 받는데 모든 서포터 회원에게는 입회특전이 주어지고 회보를 보내고 있다. 그 밖에도 주말프로그램으로 지역에 사는 초등학교 1-6년을 대상으로 하는 숲놀이 클럽 멤버를 모집하고 있다. "마을 산

탐험대"라고 불리는 이 클럽은 매달 1회 함께 모여서 인근 마을의 산을 오르면서 지역에 대한 역사와 문화를 배우고 체험하는 시간을 가진다. 다양한 연령층의 아이들이 사계절을 함께 보내며 서로 돕는 상생의 원리를 이해하고 터득하는 시간을 가진다.

야외 대피소

나무 위의 집과 화장실

교육은 기본적으로 야외에서 이루어지며 흙, 불, 물, 식물 등과 관련된 자연 체험을 한다. 한겨울 동안에는 휴업 중인 레스토랑 공간을 빌려 사용하지만, 아무리 추운 날이라고 해도 하루에 한 번은 야외 활동을 한다.

1월

나가노는 겨울이 일찍 찾아오고 눈이 많다. 그래서 겨울이 되면 유치원 주변의 숲길과 논밭은 온통 썰매장으로 변한다. 겨울에는 눈을 이용해서 많은 놀이를 하는데 둥그렇게 눈집을 만들기도 한다.

눈으로 지은 집

한 해 동안 감기에 걸리지 않는다는 풍습에 따라 크리스마스와 설날에 장식했던 소나무 장식을 태우며 버드나무 가지에 쌀 경단을 만들어 구워 먹는 행사를 한다.

소나무 장식을 태울 준비를 하고 있다.

2월

특별 프로그램으로 아이들이 직접 우동을 만드는 시간이다. 국숫발을 길게 만들려고 애를 쓰던 아이들이 점점 더 국수 가락이 길어지자 뱀 우동이라고 부른다. 육수까지 만들어 맛있는 우동으로 점심을 먹는다.

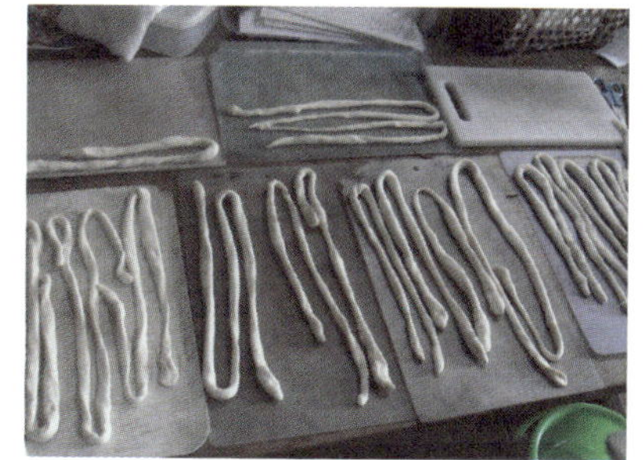

아이들이 손으로 만든 우동가락

3월

졸업식이 있는 달이다. 안내장을 만들어 학부모와 아이들을 초대한다. 샤롬 휴테의 지하 방에서 축하 공연으로 노래도 부르고 기념사진 촬영을 한다.

졸업식을 하는 아이들

4월

농장에서 일하는 분들에게서 유기농 재배 방법에 대한 설명을 듣고 체험 학습을 한다. 화학비료 대신 퇴비를 이용하고, 씨앗의 발아율을 높이기 위해 씨앗을 점토로 감싸서 심는 법을 배운다.

점토로 씨앗을 감싸고 있는 아이들

해마다 인근에 있는 논을 빌려서 아이들과 모내기를 한다. 키가 작은 벼 모종이 물에 잠기는 모습을 본 아이들은 숨을 쉴 수 없을 것이라며 안타까워하기도 한다. 논바닥을 서슴없이 오가며 모내기를 하는 아이들은 어느새 물장난을 한다. 모내기가 끝나면 논 옆에서 있는 드럼통에 물을 데워 목욕을 한다.

모내기를 하는 모습

인근 농업학교에서 키우고 있는 양의 털을 깎는 달이다. 교사와 아이들은 양털에 묻은 먼지를 떼어내고 다듬으면서 양털의 생김새와 촉감을 체험한다.

양털에 묻은 먼지를 떼어내고 다듬는 아이들

큰 비가 내려서 숲의 아이 유치원 옆길에 시냇물이 흐르면 이곳이 아이들에게는 새로운 놀이터가 된다. 아이들은 빗물이 고인 웅덩이에 때죽나무 열매를 섞어 흰 거품을 내는 놀이를 한다.

빗물이 고인 웅덩이에서 노는 아이들

가까운 공원에서 개최하는 일식 관측 프로그램에 참가해 우주 현상을 체험한다.

화요일마다 진행되는 요리 시간에는 부모들이 만든 화덕에 불을 지피고 직접 준비한 재료로 피자를 만들어 먹기도 한다.

괴물 모양 화덕에 피자를 굽는다.

8월

햇콩을 수확해 껍질을 벗기며 색깔과 모양 느낌을 살펴보며 이야기를 나눈다. 그리고 8월 말이 되면 숲에는 여름이 남기고 간 흔적들을 발견할 수 있다. 아이들이 찾은 여름의 흔적들을 하얀 천이나 접시 위에 올려 보관한다.

처음으로 수확한 콩을 다듬는 모습

9월

들판에 모여 같은 지역에 있는 야외 보육을 하는 유치원생들과 사탕 따먹기, 공 넣기, 줄다리기 등을 한다.

다른 유아교육기관과 함께하는 야외 활동 모습

가을 수확제는 부모님과 아이가 함께 참가하고 즐기는 축제다. 부모는 아이들을 위해 그리고 아이들은 부모를 위해 연극 공연 준비를 한다. 이럴 때 벽이 없는 대피소는 훌륭한 공연 장소로 사용된다.

가을 축제에서 인형극과 연극을 하는 학부모와 아이들

여름에 뿌린 씨앗이 커다란 무로 자랐다. 땅속 깊이 박힌 무를 캐낸 아이들은 수확의 기쁨을 마음껏 누리며 즐거워한다.
그 밖에도 재래식 절구를 이용해 떡방아를 찧기도 한다.

수확한 무

가을이 되면 산 정상까지 소풍을 간다. 숲속에는 어느덧 다양한 열매가 맺혀 있고 나뭇잎들이 갖가지 아름다운 색깔로 바뀌어 있다. 아이들은 준비해 간 봉투에 식물의 열매와 잎을 모은다.
어머니들이 아이들과 함께 벼 베기 행사에 참여해 낫질을 하고 볏단을 나른다. 추수가 끝나고 나면 볏짚을

학부모들과 함께한 가을 소풍

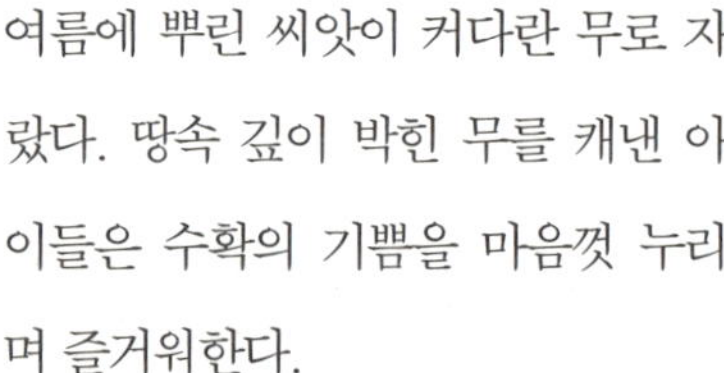

얻어 커다란 허수아비를 만들고 볏
단으로 집 짓기 놀이도 한다.

옛 농기구를 사용하여 벼를 선별하
는 작업을 한다. 수작업으로 더디게
조금씩 이루어지지만, 아이들은 조
금도 조급해하지 않는다. 작업이 끝
난 뒤에는 대나무 막대기에 맛있는
빵 반죽을 감아 모닥불에 구워 먹는
다. 빵 반죽을 태우지 않고 굽는 방
법을 알기 위해 아이들은 서로 힘을
합치고 의견을 나눈다.

엄마와 아이가 함께한 벼 베기

대나무 가지에 빵 반죽을 감아 굽는 모습

12월

크리스마스 축제에 부모들이 아이
들을 위해 특별한 음식을 준비한
다. 식사를 마친 뒤에는 전나무 가
지로 만든 나선형 장식 위에 놓인
사과 모양의 초에 불을 붙이며 소
원을 빈다.

크리스마스 촛불의식

8시 45분~9시 15분

등원하는 대로 자유롭게 놀면서 친구들을 기다린다. 그러나 금요일에는 등원하는 대로 그림 그리기를 시작한다.

등원해서 자유롭게 노는 아이들

10시 10분~10시 30분

각자 놀던 것을 정리하고 화장실에 다녀온다.

10시 30분

오늘 할 일을 점검하고 그림책 읽기, 계절에 맞는 노래 부르기, 이야기 나누기 등을 하며 아침 모임을 시작한다.

교사가 함께할 프로그램을 설명하고 있다.

10시 45분

날마다 활동 내용이 다르다. 월요일에는 산책을 하고 화요일에는 야외에서 음식을 만들어 먹는다. 음식은 유기농 농장에서 아이들이 가꾼 채소를 재료로 쓴다. 수요일에는 나이

매주 화요일은 점심을 만들어 먹는 날이다.

별로 나누어 산책을 하고 목요일에는 주로 들판으로 산책을 나간다. 금요일은 부모님이 보육에 참가하는 날이다.

12시

화요일을 제외한 다른 날에는 모든 아이가 도시락을 준비해 와서 다 같이 점심을 먹는다. 도시락은 단순히 음식을 먹는 게 아니라 어머니의 정성과 사랑을 먹는 것이다.

각자 도시락을 준비해서 함께 점심을 먹는 모습

13시

요일에 따라 농장에서 노작 활동을 하거나 놀이를 한다.

삽과 괭이를 들고 유기농 농장으로 가는 아이들과 교사

13시 30분

주변 정리를 하고 헤어지는 마무리 모임을 한다.

둥글게 서서 마무리 모임을 하는 모습

14시

부모님과 함께 집으로 돌아간다. 부모들은 지역별로 몇 개의 그룹으로 나누어 아이들의 등원과 하원을 돕고 있다.

꽃 숲유치원(花の森ようちえん)
http://hanamorien.exblog.jp/

개인 공원 안에 있는 숲유치원

일본 사이타마에서도 유난히 산이 많은 지역인 치치부에 있는 무궁화 공원에 '꽃 숲유치원'이 있다. 산언덕에 세워진 무궁화공원이라는 간판을 보고 올라가니 입구에서 젊은 사람이 한국말로 "안녕하세요?"라며 반갑게 인사한다. 자기 아버지가 한국 사람이라고 소개한 그가 바로 꽃 숲유치원을 설립한 하세가와 노부에다. 숲유치원 건물은 크고 번듯한 건물에 잘 꾸며진 실내 공간을 갖추고 있어 숲유치원이라기에는 어울리지 않다고 생각했는데, 거기에는 그럴만한 사연이 있었다.

지금은 초등학생이 된 설립자의 아이가 다니던 유치원에서 원장이 바뀌면서 지식 교육 중심으로 교육 방침을 전환한 것이 숲유치원을 설립하게 된 계기가 되었다고 한다. 원장의 교육 방침을 문제 삼은 학부모들과 졸업생 학부모들이 새로운 유치원을 설립하자며 의기투합한 것이다. 2008년 초 소수의 학부모 설립추진위원회가 결성되고 장소를 섭외하게 되었는데 여의치 않은 상황이 전개되었다. 무리하게 설립에만 목적을 두고 장소를 섭외한다는 느낌이 들 정도로 아파트 방 한 칸, 주택 창고 등이 거론됐다. 아이들이 활동하는 곳의 환경을 생각하자는 자성의 목소리가 높아지면서 설립추진위원회는 와해될 지경에 이르렀다. 이 무렵 설립자는 자신의 아버지를 설득해 무궁화 공원 안에 있는 휴업한 식당을 숲유치원으로 사용할 수 있게 되었다. 그러면서 학부모 설립추진위원회는 되살아나기 시작했고, 부모들은 식당 건물을 숲유치원으로 바꾸는 데 온 힘을 쏟았다. 영아를 둔 한 엄마는 아이를 등에 업고 공사에 참여했다. 부모들은 공원에 자라는 다양한 수종의 묘목과 동식물 그리고 박물관이 모두 아이들의 교육 공간으로 활용될 수 있음에 고마워했다. 석 달간의 준비 기간을 거쳐 그해 4월에 다섯 명의 원생으로 출발하는 비인가 보육시설 꽃 숲유치원이 개원했다. 일본에서는 5명 이상 아이들로 구성된 비인가 보육을 할 경우에는 해당 부서에 신고만 하면 된다.

유치원 개조 공사에 참여한 가족

새롭게 단장된 유치원 건물

꽃 숲유치원에는 유치원에서 추구하는 교육 이념과 취지에 공감한 다양한 연령층의 주부들이 자원봉사자로 참여하고 있다. 예순 나이를 훌쩍 넘긴 할머니가 매주 수요일 점심 도시락을 챙겨 자원봉사를 하러 오기도 한다. 그녀는 무궁화 공원에 있는 숲과 놀이터, 박물관, 미술관에서 활동하는 아이들을 말없이 보살핀다. 그 밖에 자원 봉사자들은 축제와 바자 준비, 유치원 청소, 텃밭 가꾸기, 주방 일 등을 하며 꽃 숲유치원이 순조롭게 운영될 수 있도록 돕는다. 정부로부터 보조금을 받지 못하는 비인가 시설이어서 자원봉사자들의 손길은 더욱 큰 도움이 된다.

운영 조직은 생활부, 총무부, 공익부, 학부모 모임으로 나누어져 있는데,

숲유치원 초기에는 일손이 모자라 한 사람이 여러 부서를 맡을 수밖에 없었다. 이 가운데 스태프진과 학부모, 졸업생 부모, 자원봉사자 들이 함께 참가하는 공익부는 유치원의 예산을 담당한다. 예를 들면 식당을 운영하는 한 부모는 무궁화 공원에서 키우는 닭이 낳은 계란으로 만든 카스테라를 팔아 그 수익금을 기부한다. 그리고 천연 비누, 그림엽서, 염색 제품 들을 만들어 여름과 겨울 방학 전에 바자를 열어 판매한다. 학부모 모임은 이 바자를 책임진다.

특히 여름 바자는 해마다 열리는 무궁화 공원의 축제 기간에 열리기 때문에 많은 방문객에게 꽃 숲유치원을 알리는 좋은 기회이다. 지역 주민과 초중고생까지 자원봉사자로 참여하는 여름 바자를 마치며 숲유치원은 여름방학에 들어간다.

거의 모든 숲유치원에서 지적되는 교사의 열악한 근무 조건은 일본에서도 마찬가지다. 그럼에도 교사들은 새로운 대안유아교육을 꿈꾸는 교육자로서 숲유치원 교육에 대한 확신과 신념을 가지고 있다. 자비로 연수와 세미나에 참여하는 등 자기 계발을 하는 데에도 여념이 없다. 교사는 정부로부터 어떠한 제약도 받지 않기 때문에 획일화된 교육의 틀에서 벗어나, 자연에서 아이들과 자유롭게 공부하고 즐긴다.

꽃 숲유치원 입구

교사와 자원봉사자

꽃 숲유치원에서는 닭, 토끼, 염소를 기르고 있다. 우리를 청소하고 배설물을 퇴비장에 모으는 일은 큰 아이들이 맡고, 작은 아이들은 주로 먹이를 준다. 아이들은 따뜻한 마음으로 정성스럽게 동물들을 돌보고 친구가 되어 함께 생활하며 따뜻한 감성을 지니게 된다.

식당놀이

손님 역할을 맡은 아이들은 식탁 앞 의자에 앉아 음식을 주문한다. 주방장 역할을 하는 아이는 색깔과 종류가 다른 돌멩이와 나뭇가지, 열매 등을 접시에 담아 음식을 내놓는다. 주문한 음식이 달라질 때마다 식탁 위에는 창의성과 상상력이 담긴 갖가지 모양의 음식이 등장한다.

자연물로 음식을 만드는 식당놀이를 하는 모습

텃밭 가꾸기

당번을 정해 숲유치원 언덕에 있는 텃밭에 물을 주고, 염소 똥을 땅에 묻고, 음식물 찌꺼기로 퇴비를 만든다. 아이들은 자연환경을 생각하는 생활 습관을 몸에 익히고 자연 순환의 이치를 이해하게 된다.

텃밭에 물을 주고 모습

천연염색

산에서 자라는 비파 열매를 모아 천연염료를 만든다. 아이들은 열매가 직물에 색을 입히는 훌륭한 천연염료가 된다는 사실을 알게 된다. 아이들은 티셔츠 일부를 실로 묶어 무늬를 내고 염색이 잘 되도록 주무르고 말리는 전 과정을 체험한다

염색이 잘 되도록 천을 주무르는 모습

소꿉놀이

검은 흙이 깔린 유치원 마당에서 한 아이가 맛있는 음식을 차려놓고 교사를 초대해서 "소스를 뿌려 맛있게 드셔요!"라고 말한다. 말과 글로는 가르칠 수도 배울 수도 없는 감성과 지성이 자라난다.

소꿉놀이를 하고 있는 모습

벼 베기 행사

가을이 되면 봄에 모내기를 했던 농가를 방문해 벼 베기를 한다. 부모와 함께 낫을 들고 노랗게 익은 벼를 한 묶음씩 천천히 베어 나간다. 쌀이 밥상에 오르기까지 땅과 햇빛과 물과 바람, 농부의 땀과 정성이 깃든 것을 배우는 중요한 프로그램이다.

벼 베기를 하는 엄마와 아이

월요일 아침에 아이들이 숲유치원에 오면 염소들은 좋아서 어쩔 줄 모른다. 아이들도 마찬가지이다. 우리 밖으로 나와 자유를 만끽하는 염소와 아이들의 행복한 웃음소리가 숲유치원을 가득 채운다. 주말 동안 염소가 잔뜩 똥을 싸놓은 오두막집 주변 청소와 닭장 청소는 5-6세 원생들이 한다. 영아들은 협동해서 우리를 청소하는 모습을 보게 되는데, 그 자체가 살아 있는 교육이 된다.

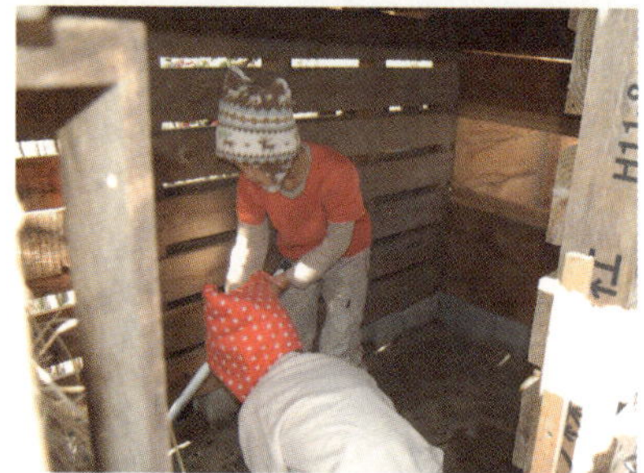

유치원에 있는 우리를 청소하는 모습

지역에서 열리는 전통문화 행사인 '사자춤 봉납식'에 참석한다. 아이들은 자신이 속한 지역의 문화를 배우며 자긍심을 가진다.

사자춤 봉납식에 참석한 아이들

고구마 구워먹기

모닥불을 지펴서 고구마를 구워 먹
는 행사는 텃밭의 햇고구마를 수확
하는 초가을에 열린다. 잿더미에 덮
여 있는 고구마를 집게로 꺼내 유치
원 마당에서 맛있게 나누어 먹는다.

유치원 마당에서 고구마를 굽는 모습

신문지로 집 만들기

실내 활동으로는 신문지로 집 만들
기가 있다. 신문지를 길게 감아 기
둥을 만들고, 넓게 펴서 벽과 지붕
을 만든다. 신문지 집은 자주 무너
지지만 다시 세우기를 반복하며 완
성한다. 여러 가지 형태로 집을 지
어 본다.

신문지로 만든 집

볏단 움집 만들기

벼 베기가 끝난 뒤에 논에 쌓여 있
는 볏단을 이용해 움집을 만든다.
움집 만들기를 시작하기 전에 아기
돼지 삼형제 이야기를 들은 아이들
은 튼튼한 집을 짓겠다며 대나무에
볏단을 단단히 묶는다.

볏단으로 움막집을 만드는 모습

벚나무 열매로 그림 그리기

아이들이 유치원 마당 여기저기에 떨어진 벚나무 열매를 주워서 천연 물감을 만든다. 천연물감은 화학물 감과는 그 색상과 채색의 질감이 다르다.

벚나무 열매로 만든 천연물감으로 그림을 그리는 모습

초 만들기

밀랍을 이용해 성탄절에 쓸 초를 만든다. 중탕으로 녹인 밀랍에 심지를 넣고 빼는 과정을 반복하면 조금씩 두툼해지면서 초가 만들어진다. 향기로운 밀랍 향기는 아이들의 후각을 일깨운다.

밀랍으로 초를 만드는 모습

떡 치기 대회

새해가 되면 모든 부모가 모여 아이들과 함께 떡을 만들며 소원을 빌고, 한 해 동안 열심히 생활할 것을 약속한다. 이러한 잔치를 통해서 숲유치원 아이들은 가족애를 느끼는 것은 물론이려니와, 공동체의 삶이 어떠한 것인지 배우게 된다.

떡 치기를 하고 떡을 만드는 모습

축산 농가 방문

소를 어떻게 기르는지와 농부들이 얼마나 많은 일을 해야 하는지를 경험하는 시간이다. 축산 농가 방문을 마친 뒤에는 근처 언덕에 올라 아이들에게 소와 관련한 그림책을 읽어 준다.

축산 농가에 방문한 아이들

조롱박으로 갓 만들기

아이들이 모종을 심어 기른 조롱박으로 등을 만든다. 조롱박 아래부분을 넓게 오려 내고 여러 가지 색상으로 물감을 칠을 한 다음 드릴로 구멍을 낸다. 조롱박 안에 전구를 넣으면 구멍 사이로 빛이 새어나오는 등불이 된다.

조롱박에 구멍을 내는 모습

수박 치기

수박철이 되면 실내에서 수건으로 눈을 가리고 수박치기를 한다. 수박치기가 끝난 뒤에는 모두 모여 맛있게 수박을 나누어 먹는다.

눈을 가리고 수박을 치는 아이

할로윈 축제

서양에서 시작된 축제지만, 이곳 아이들에게는 이미 익숙한 축제다. 아이들과 선생님 모두 뾰족한 모자를 만들어 쓰고 정령과 마녀로 변장을 하고 즐거운 한때를 보낸다.

할로윈 축제를 맞아 변장한 아이들과 교사

자연 탐험

숲에서 탐험을 한다. 아이들은 숲에서 만날 동식물에 대한 호기심과 여러 가지 모험을 생각하며 한껏 들뜬다. 푸른 나무 사이로 들리는 새소리에 귀 기울이며 숲을 탐험한다.

비탈진 언덕을 오르는 아이들

하루 활동 스케치

9시

일과는 유치원 건물을 다 같이 돌며 몸을 푸는 활동으로 시작한다. 아이들과 어울려 염소도 함께 뛴다.

10시

오늘의 숲 활동 목적지는 유치원에

염소와 함께 뛰어 노는 아이들

서 조금 멀리 떨어진 곳에 있는 숲 속 정자다. 여름날 숲길을 걸으며 시원한 바람을 피부로 느끼고, 주변에서 움직이는 온갖 미지의 세계를 만나면서 아이들의 두 눈은 빛난다.

숲길을 걷는 아이들

11시 30분

모두 함께 "대지가 음식을 만들었습니다. 해님이 열매를 맺도록 도와주셨습니다"라고 외친다. 한바탕 숲에서 뛰어논 아이들에게 밥은 그야말로 꿀맛이다. 엄마의 사랑이 듬뿍 담긴 도시락을 열고, 아이들은 행복한 점심시간을 보낸다. 목요일은 "한솥밥의 날"이다.

유치원 한쪽에 마련된 야외 식탁

13시 45분

점심을 마친 뒤부터 이어지는 자유 시간에 아이들은 유치원 건물 안에 있는 나무 기둥을 오르거나, 팽이치기, 그림 그리기 등을 하며 집에 돌아갈 준비를 한다.

맨발로 기둥을 오르는 모습

14시

통원버스를 타고 집으로 돌아간다.

네꼬보꼬 숲유치원 (森のようちえん ねっこぼっこ)
http://plaza.rakuten.co.jp/morinoyoutienn/

엄마들이 교사로 활동하는 숲유치원

네꼬보꼬 숲유치원은 엄마들이 교사로 활동하는 부모주도형 숲유치원이다. 11월말인데도 황금빛의 가을 풍경이 펼쳐지고 있는 숲 앞에 네꼬보꼬 숲유치원 아이들과 부모님들이 모여들기 시작했다. 아이들을 데려다 주고 급하게 돌아가는 엄마도 있었지만, 대부분 30분 정도 아이들과 놀아주고 부모들끼리 서로 이야기를 나눈 뒤에 돌아갔다. 숲놀이 장소에 도착해서 한참 놀고 있는데, 한 어머니가 개를 데리고 와서 아이들 노는 것을 애정 어린 눈으로 한참 동안 둘러본 뒤에 다른 학부모와 정담을 나누고 돌아갔다.

훈훈한 기운이 도는 행복한 가족공동체와 같은 네꼬보꼬 숲유치원은 월요일부터 금요일까지 3세 이상의 아이들이 함께 활동하고 있다. 갑작스러운 날씨 변화에 대비한 대피소가 없어 비나 눈이 올 때에는 숲에 있는 정자를 이용하고, 장마로 야외 활동이 어려울 때에는 실내 활동을 할 수 있는 가정에 모인다. 그래서 부모들은 늘 일기예보에 귀를 기울이고 있으며, 활동 장소가 바뀔 경우에는 변경된 장소를 아침 8시까지 메일로 알리도록 되어 있다. 숲에서 활동하는 중간에 날씨가 좋지 않으면 주변에 있는 시설로 대피하거나 학부모 긴급연락망으로 도움을 요청하며, 폭설이나 천둥 번개를 동반한 폭풍우주의보가 발령되면 활동하지 않는 것을 원칙으로 한다.

네꼬보꼬는 '양지에서 햇볕 쪼이기'라는 뜻을 담고 있다. 2006년 학부모

아이들을 데려다 주며
정담을 나누는 학부모들 모습

들은 눈에 보이지 않는 아이의 뿌리 부분, 곧 그 어떤 것도 극복하면서 의욕적으로 살아가는 힘을 기르게 해주자는 의미에서 지은 이름이라고 한다. 이곳 숲유치원에 함께하는 부모들은 숲유치원의 안전과 지속적인 운영 그리고 교사 고용 책임에 대한 동의서를 제출해야 하고, 숲에서의 안전한 계절 활동을 위해 자세한 정보를 서로 주고받는다. 그러나 이보다 중요한 것은 '자연에서 아이들이 자유롭게 성장하는 것을 지켜본다' 는 교육 이념에 함께하는 마음이다.

학부모는 일주일에 1회 정도 보육 당번을 하고 있다. 당번인 학부모는 겨울(12월부터 2월)에 아이들이 숲에서 간식으로 먹을 수 있는 수프를 만든다. 물론 '할 수 있는 사람이 할 수 있는 범위에서 한다' 라는 생각으로 보육을 담당한 스텝들과 협력한다. 부모주도형 숲유치원은 인성에 가장 큰 영향을 주는 유아기에 학부모들이 서로 정보를 교류하며 보육을 하는 것이 큰 장점이다.

네꼬보꼬 숲유치원은 아이들에게 '마음의 고향' 을 만들어 주는 것을 목표로 몇 가지 활동 규칙을 만들었다.

첫째, 아이들이 가지고 있는 의지를 믿고 아이 스스로 생각하고 행동할 때까지 천천히 기다린다.

둘째, 자연의 신비로움에 감동하고 친구들과 함께 공감하고 기뻐할 줄 아는 마음을 키운다.

셋째, 아이들이 스스로 놀이를 찾고, 순번을 지키고, 때로는 다투면서 자연스럽게 사회성을 기를 수 있도록 배려한다.

넷째, 사람과의 관계를 정성스럽게 맺어 간다. 아이들은 스스로 인내하고 자기 생각을 조절하며, 아울러 자신이 생각하는 바를 상대에게 전달할 수 있는 용기를 배운다.

다섯째, 아이들이 편안한 마음으로 생활하고 활동할 수 있도록 배려한다.

여섯째, 어른들은 필요 이상으로 아이들에게 간섭하지 않고 본래 아이들이 가진 힘을 마음껏 시도할 수 있는 교육 환경을 마련한다.

끝으로, 다른 숲유치원과는 달리 네꼬보꼬유치원에서는 배가 고프면 언제든지 밥을 먹을 수 있다. 부모주도형 네꼬보꼬 숲유치원은 가족공동체가 되어 훈훈하고 편안한 분위기 속에서 부모 자신들이 세운 교육 목표를 묵묵히 실천하고 있다.

네꼬보꼬 숲유치원에서는 늘 자연의 은혜에 감사하는 기도를 한다. 아침에는 "우리는 숲이나 사람을 소중하게 생각하겠습니다", 낮에는 "태양아, 고마워! 대지야, 고마워! 생명을 주고 맛있는 음식을 먹게 해주어서 고마워", 집으로 돌아갈 때에는 "오늘 하루 고마웠습니다"라며 자연의 은혜에 감사하는 기도를 한다. 그리고 아이들은 숲에서 지켜야 할 몇 가지 약속을 하는데 그 내용은 이러하다. 어른이 보이지 않는 곳으로 가지 않으며, 나무껍질을 벗기거나 나무뿌리를 함부로 밟지 않는다. 자신이 싫다고 느낀 것은 다른 사람에게도 하지 않는다. 열매를 따고 싶을 때는 어른에게 물어 본다. 숲에 올 때는 장난감을 가지고 오지 않는다. 또한 싸움을 하게 되면 맨손으로 일대일로 싸우고, 어느 쪽이든 그만두고 싶다고 말할 때에는 곧 멈춘다.

아침 모임

숲으로 들어가기 전에 둥글게 모여 아침 인사를 나누는 노래를 부른다. 독일 숲유치원에서 하루를 시작하면서 하는 아침 모임을 도입한 것이라고 한다. 교사는 이렇게 아침 모임을 시작한 지 얼마 안 되어 아이들이 아직은 낯설어한다고 했다.

숲에 들어가기 전에 둥글게 모인 아이들과 학부모

통나무로 만든 생일 케이크

들꽃과 풀로 장식한 나무 생일 케이크는 계절에 따라 다른 모습을 담아

낸다. 생일을 맞이한 자녀의 어머니는 소박한 간식거리를 마련하고 되도록이면 많은 학부모들이 참석해서 축하를 해준다. 생일을 맞은 아이는 많은 사람으로부터 축하를 받으며 자기자신이 많은 사람에게 사랑 받는 소중한 존재임을 스스로 알게 된다.

나무토막과 나뭇잎으로 만든 케익

대나무 기차놀이

대나무 막대기를 발견한 아이들은 곧 기차놀이를 시작한다. 앞뒤 자유자재로 달릴 수 있는 대나무 막대기 기차는 아이들이 원하는 곳이면 어디든지 단숨에 데려다 준다.

대나무 막대기 기차를 타고 있는 아이들

밀랍 양초 만들기

여름에는 부모와 함께 양봉장 견학을 간다. 벌을 키우는 모습을 구경하거나, 방금 채취한 벌꿀을 먹는다. 또 크리스마스에 사용할 양초를 만들기 위해 밀랍을 산다. 끓는 물에 중탕을 해서 녹인 밀랍에 양초의 심을 늘어뜨려 담그고 말리는 작업을 되풀이하면서 굵은 양초를 만든다.

완성된 밀랍 양초

화원 놀이

비가 오는 날에는 공원의 시설을 빌려 실내에서 활동하기도 한다. 아이들은 산에서 모은 여러 가지 색의 꽃잎과 열매를 가지런히 늘어놓고 화원놀이를 한다. 색에 대한 시각적인 감각이 발달되는 놀이다.

걸상 위에 다양한 색상의 꽃잎과 열매를 올려놓은 모습

양모 다듬기

목장에서 봄에 깎은 양털을 사서 천연염색을 한다. 이렇게 준비된 양털로 아이들 이름표와 자연 소재 인형, 크리스마스 선물 등을 만든다.

양모를 다듬는 모습

등산하는 날

5-6세 아이들만이 따로 등산하는 날이 있다. 아이들은 숲 입구에 있는 등산로 안내판을 자세히 들여다보고 어떤 등산로를 이용할지 선택한다. 등산하면서 나침반으로 동서남북 방향을 배운다.

5-6세 아이들만의 등산 모습

천연염색 준비

햇볕이 따가운 여름에 천연염색을

할 준비 작업을 한다. 콩을 갈아 즙을 낸 물에 광목을 넣고 한참 치댄 다음 널어 말린다. 이렇게 염색한 천으로 큰 아이들은 졸업 작품으로 헝겊신을 만들고 작은 아이들은 줄넘기 줄을 만든다.

콩을 갈아 즙을 낸 물에 광목을 넣고 잘 치댄 뒤에 말린다.

말에게 먹이 주기

이곳 아이들이 날마다 하는 활동 가운데 하나다. 말에게 다가가 먹이를 줄 수 있게 될 때까지 아이들은 나름대로 성장 과정을 거친다. 말을 쓰다듬을 수 있게 될 정도로 친숙해지는 데에는 시간이 필요하다. 취학 연령 아이들이 유치원을 떠나는 3월에는 말을 탈 기회가 있다.

말을 쓰다듬고 먹이를 주는 모습

냇가에서 놀기

아이들과 넓게 보를 만들어 놓은 냇가를 찾아 다른 자연물을 만나는 환경을 마련해 준다. 아이들은 물속에서 가지각색의 돌을 찾아내어 그 생김새를 비교하고, 물가에 있는 돌 위에 진흙을 쌓아 나뭇가지와 도토리로 고슴도치를 만든다.

진흙으로 만든 고슴도치

나뭇가지 낚싯대로 가재 잡기

비가 그친 지 얼마 되지 않은 날에는 다 함께 시냇가로 간다. 아이들과 나뭇가지를 주워 그 끝에 덩굴이나 실을 감은 뒤, 마른 멸치나 마른 오징어 따위를 끼워 가재를 잡는다.

나뭇가지 낚싯대로 가재 잡기를 하는 모습

요일별 하루 활동 스케치

9시 30분: 아침 모임

부모들은 약속된 장소로 아이들을 데려온다. 숲으로 산책하러 가기 전까지는 모임 장소에서 자유롭게 놀며 친구들을 기다린다.

산 입구 약속 장소에서 친구들을 기다리는 모습

9시 45분: 산책(월/수/금)

마을 주변 산을 산책한다. 아침 모임에서 오늘은 어느 장소로 가 어떤 숲 활동을 할지를 결정한다. 아이들 상황과 날씨에 따라 교사가 활동을 제안할 때도 있다.

아이를 업고 배낭을 가슴에 두른 채 활동하는 교사 모습

9시 45분: 야외 요리(화)

야외에서 요리하는 날이 되면, 함께 만들어서 함께 먹는 재미를 알기 때문에 아이들이 약간 들뜨는 경향이 있다. 서로 맡은 일은 다르지만 나이에 따른 경험을 하는 것이기 때문에 나름대로 성장할 기회가 된다. 아이들은 불 지피기에 실패하면서 안타까워하기도 하고 불에 대기도 하고, 불로 음식을 만들기도 하면서 불에 대한 여러 경험을 쌓는다.

불을 지피고 밥을 짓는 모습

9시 45분: 색채놀이(목)

물감이 잘 번지는 도화지를 물에 충분히 적신 다음 빨강, 파랑, 노랑 삼원색 물감으로 그림을 그린다. 색과 색이 어우러지며 번져가는 색채를 체험한다. 이러한 활동은 그림을 완성하는 것이 목적이 아니라 색과 색이 만나는 순간을 관찰하고 그 과정에서 일어나는 아름다운 색의 조화를 느끼는 데 비중을 둔다.

물감이 번지는 색채놀이를 하는 모습

11시 30분: 자유놀이(매일)

네끄보고 숲유치원에서 주로 자유놀

이를 하는 곳은 원숭이 놀이터이다. 이곳은 경사가 심해 미끄럼 놀이를 하고 나면 엉덩이가 원숭이 엉덩이처럼 빨개지기도 하는데, 그런 모습을 보고 아이들이 붙인 이름이다.

점심 시간

배고픈 아이들이 한두 명 도시락을 꺼내 먹기 시작하면 점심시간이 시작된다.

원숭이 놀이터에서 미끄럼을 타는 모습

13시: 마무리 모임

집으로 돌아가기 전 마무리 모임에서는 촛불을 켜고 오늘 하루도 즐겁게 보낸 것에 대해 감사 기도를 한다. 초에 불을 붙이는 것과 불을 끄는 것을 누가 할 것인지 미리 정한다. 촛불이 켜지면 합창을 하고 교사는 아이들에게 책을 읽어 준다.

책을 읽어 주며 마무리 모임을 하는 모습

13시 30분: 귀가

숲에서 활동하고 나오는 자녀를 기다리던 부모와 교사와 아이들이 만나 그날 경험한 일을 이야기하고 헤어지는 인사를 한다.

숲 활동을 하고 나온 아이들과 이야기를 나누는 부모들

 외국 숲유치원 관계자들은 정부기관이 주도하여 숲유치원 프로그램을 제공하는 우리나

라 사례를 보며 부러움과 놀라움을 감추지 못한다. 산림청에서 국제 세미나를 주관하고, 숲유치

원 프로그램을 제공하는 것은 자연 자산인 숲을 '문화와 교육의 숲'으로 활용할 수 있도록 국민

에게 환원한다는 점에서 정부 정책의 순기능을 실감할 수 있다.

우리나라 곳곳에 자연을 닮은 사람들이 우리 아이들이 자연인으로 자랄 수 있게 애쓰고 있다.

각기 다른 공간에서 서로 다른 방법으로 아이들에게 쏟는 마음과 정성은 하나같이 대자연의 섭

리와 상통한다.

산림청 숲유치원

체험형 숲유치원

2008년 무더운 여름, 숲유치원 연구 용역 수행을 위해 서울, 인천, 홍천, 춘천, 인제, 양구, 수원 등 북부지방 산림청 관할 각 국유림관리소의 숲유치원 대상지를 조사했다. 몇 군데를 제외하고는 숲유치원으로 맺어진 새로운 인연의 발걸음이었다. 각 관리소 담당자들에게 동행을 부탁하기에 미안할 정도로 불볕더위가 이어지는 날들이었다.(그때 숲유치원 대상지 조사에 함께해 주신 담당자들께 다시 한 번 고마운 마음을 전한다.)

그해 말, 국내에서는 처음으로 숲유치원 홍보를 겸한 연구 용역 발표회를 산림과학원에서 가졌고, 2009년에는 산림청과 함께 '숲유치원 국제 세미나'를 준비하였다. 이 행사는 외국의 앞선 숲유치원 사례를 비판적으로 수용하며 '한국형 숲유치원'이 나아갈 길을 찾아보자는 뜻에서 마련된 것이었다. 산림청 녹색사업단이 지원해 주었고, 독일과 스위스, 일본의 숲유치원 관계자들도 흔쾌히 응해 주었다.

산림청 주최로 숲체원에서 열린 '제1회 숲유치원 국제 세미나 및 캠프'는 그렇게 여러 사람이 어우러져 이루어 낸 새로운 꿈의 결과였다. 외국 어린이들과 함께하는 국제 캠프 행사까지 진행되면서 특히 인천대학교 숲유아 교육 연구소 분들이 애를 많이 쓰셨다.

무엇보다도 이러한 행사를 열 수 있도록 여건을 마련해 준 산림청 녹색사업단의 결단은, 숲유치원 불모지인 우리나라에 새로운 숲 교육의 가치를 확산한 대단한 시도였다. 그날 참석한 외국 숲유치원 관계자들은 정부기관이 주도하여 숲유치원 프로그램을 제공하는 우리나라 사례를 보며 부러움과 놀라움을 감추지 못했다. 산림청에서 국제 세미나를 주관하고, 숲유치원 프로그램을 제공하는 것은 자연 자산인 숲을 '문화와 교육의 숲'으로 활용할 수 있도록 국민에게 환원한다는 점에서 정부 정책의 순기능을 실감할 수 있다.

산림청은 현재 국공립 기관으로서는 처음으로 각 관리소 별로 지역 생태관찰원을 비롯해 녹색체험교육의 적지를 선정해 '숲유치원'이라는 자연 현장 중심의 프로그램을 운영하고 있다. 우수한 자연 숲과 숲해설가 제도, 국민의 숲, 생애주기별 산림복지 정책 등 산림청의 고유 자원과 업무 정책의 효과적인 통합이 숲유치원이라는 특별한 탄생을 가능케 한 것이라 여겨진다. 무엇보다도 그동안 시행해 온 숲해설가 교육을 통해 배출된 우수한 인력 인프라는 전국 숲을 교육장으로 활용할 수 있도록 해당 지역의 생태 현황을 조사하여 자료화를 마친 상태이다.

숲유치원은 설립자가 추구하는 교육 목표와 방향, 숲에서의 교육 방법, 장소 등에 따라 그 유형이 달라진다. 국내에서도 비인가로 진행되는 전일제 숲유치원과 인가받은 어린이집에 속한 숲유치원반 그리고 정해진 요일에 숲을 찾는 숲유치원 프로그램 등 다양한 유형으로 진행되고 있다. 북부지방산림청 산하 6개 국유림관리소와 숲체원이 2008년부터 시작한 숲유치원 프로그램은 지역에 있는 보육기관 아이들을 대상으로 추진되고 있다. 현재는 21개소로 확대 운영될 정도로 관심이 높다. 이 프로그램은 숲해설가가 진행하고 있으며 일반 유치원 아이들이 숲에서 마음껏 자연체험을 할 기회를 주고 있다. 그래서 산림청 숲유치원 프로그램은 오래전부터 지적되고 있는 공교육의 정형화된 교육 체계에서 벗어나, 자유와 창의성을 중요시하는 새로운 교육 목표를 달성하는 데 이바지할 것이라 여겨진다.

 그런가 하면, 2008년에 실시한 안정적인 한국형 숲유치원 도입을 위해 '(사)나를 만나는 숲'에서 완료한 정책연구 용역인 "숲속 유치원 프로그램 개발 및 효율적 운영 방안"을 비롯해 2010년 개시한 숲유치원의 다양한 운영 방법과 효과를 분석하는 장기 연구용역은 숲유치원에 대한 산림청의 체계적 정책 의지를 반영하고 있다.

 전자 연구용역 내용에 제시된 한국형 숲유치원 시범 사업지인 인천 청량산의 국유림 지역은 북부지방 산림청이 조성을 마치고 현재 두 유형의 숲유치원이 운영되고 있다. 오래전부터 숲유치원 프로그램을 진행해 오던 숲해설가들은 인천 지역 일반 유치원 아이들이 청량산 자연을 만끽할 수 있도록 애쓰고 있다. 프로그램이 없는 날에도 온라인을 통해 현장의 연구 대상 내용에 대해 논의하는 모습은, 자연 숲이라는 무궁무진한 교육 내용을 연구하고 준비하는 교육자로서 참된 모습이 아닐까 생각한다.(아래에 이분들의 활동 상황을 사진과 함께 자세히 소개하겠다.)

 이곳에는 위에서 언급한 연구용역 내용에 제시된 한국형 숲유치원 시범 사업이 진행되고 있다. 청량산이 국유림 지역이라 산림청이 사업을 수행하기가 수월하며 또한 인천대 숲유아교육 연구소가 새로이 만들어져 구성원들의 숲유치원에 대한 이해와 의지가 집결되어 시범 사업지로 선정하였다.

 그 밖에도 산림청과 서울시가 공동으로 정릉 북한산 기슭에 조성한 숲유치원 부지에도 숲해설가들이 일반 유치원생을 대상으로 활발하게 움직이고 있다. 이곳은 서울 도심에서 가장 가까운 숲유치원 활동을 할 수 있는 국유림 지역으로 그 의미가 크다. 행정구역상으로는 성북구 정릉동으로 정릉에서 시작되는 녹지대는 국유림 지역으로 이어지며 약 5~6부 능선부터는 국립공원 지역으로 숲 생태가 도심이라고 여겨지지 않을 만큼 우수하다. 북한산에서부터 흘러 내려오는 능선에는 계곡물이 흐르는가 하면, 암벽 바위가 만들어 낸 훌륭한 '바위 숲'이 있다.

오랜 동안 군사 시설이 있던 이곳을 산림청과 서울시가 아이들이 체험할 수 있는 공간으로 만들기 위해 사업을 시작했다. (주)하늘그린과 함께 여러번 현장 답사를 하며 숲유치원 공간으로서 설계를 수행하였다. 당시 완성된 설계 내용은 산림청이 이 지역 숲 가꾸기 사업을 할 때 추후 교육장으로서의 활용 목적을 위해 현장토론회와 함께 적용되었다. 이 내용은 이어지는 성북구의 조성사업에도 적용될 수 있도록 노력하여 현재의 공간으로 탈바꿈하였다.(이 설계 내용은 2008년 연구용역 최종결과 보고서에 삽입되어 있다.)

공사 전

공사 중 모습

요즘 이곳에는 민간단체로서 연구원들과 함께 숲 활동을 하는 '햇살 자연학교'에서 부모님들과 아이들이 함께하는 숲유치원도 운영되고 있다. 주 1회 모여서 활동하는 비인가 숲유치원으로 주말에는 아빠들도 참여한다.

선진 교육인 숲유치원은 아이들만이 아니라 전 연령층이 동심의 세계로 돌아가 자연을 만끽할 수 있는 프로그램이며, 국내의 우수한 산림 생태를 교육의 숲으로 활용하고 정착화하여 국민의 건강뿐만 아니라 정서적인 부분까지 아우르는 교육이다. 이미 기존의 교육에서도 생태 및 환경 교육의 필요성을 인식하고 있지만, 대도시에는 활동할 공간과 프로그램 등이 부족한 상황이라 새로운 정책 의도를 충족하는 게 어려운 실정이다. 이런 현실 상황을 고려할 때 산림청의 숲유치원 프로그램은 '국민의 숲'을 제공하여 대도시 및 중소 도시, 읍, 면 단위까지 전개될 수 있는 기틀을 마련한 것이나 다름없다. 자연 중심의 녹색교육인 숲유치원 프로그램을 전국화하는 것은 건강한 미래세대를 육성하는 교육의 숲으로서 산림 가치를 새롭게 부각할 좋은 기회다.

2010 제1회 숲유치원 국제 세미나 캠프에 참가한 스위스 숲유치원 교사와 아이들

다음 자료는 북부지방 산림청에서 제공한 것으로 2008년, 2009년 두 해 동안 숲유치원 프로그램 참여 실적에 따른 호응도를 가늠해 볼 수 있다.

- 숲 해설 활동 실적: 3,771회, 대상 총인원 54,952명
- 숲유치원 활동 실적: 294회, 대상 아이들 인원13,333명 (전체 활동의 24퍼센트)
- 숲유치원 참여 보육기관: 68개 유치원 등
- 숲유치원 협약 보육기관: 32개 유치원 등(전체 참여기관의 47퍼센트)

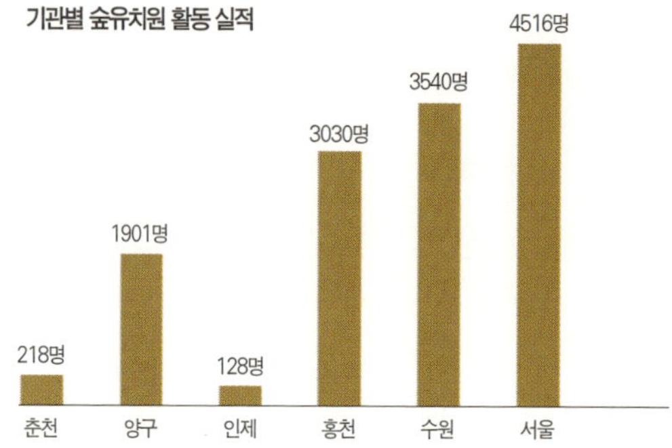

기관별 숲유치원 활동 실적

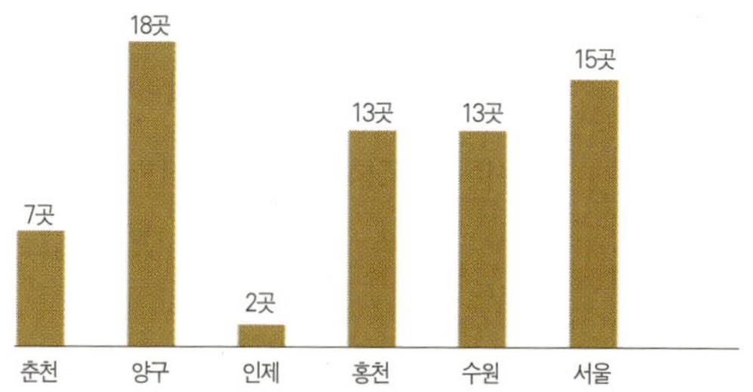

기관별 숲유치원 참여 보육기관

구분	2008년		2009년	
	참여 횟수	참여 인원	참여 횟수	참여 인원
계	4,065	68,285	10,061	132,115
숲 해설 활동	3,771	54,952	8,880	96,150
숲유치원 활동	294	13,333	1,181	35,965
협약 보육기관	32개 기관	81개 기관		

위 도표에서 보듯이 북부지방산림청이 지역 아이들을 위하여 제공한 전체 숲 활동 프로그램 횟수는 2008년 4,065회에서 2009년 10,000회를 넘었다. 내용을 분석해 보면 숲 해설 활동이 두 배 이상, 숲유치원 활동이 무려 4배 이상 증가한 것을 볼 수 있다. 이런 증가 추세는 2009년, 2010년까지 계속 이어지고 있다.

숲 활동 모습

각 국유림관리소는 지역에 있는 보육기관과 협약을 맺는다. 협약을 맺은 보육기관 중에는 일주일에 두 번씩 정기적으로 참여하는 기관도 있다. 물론 협약을 맺지 않은 보육기관도 참여하고 있다. 아래 사진은 인천 청량산에서 숲유치원 프로그램을 진행하는 숲해설가들이 제공해 주었다.

자연물 떡꼬치

이른 봄에는 싱싱한 자연물을 거의 찾아볼 수 없다. 대신 마른 풀과 마른 나뭇가지와 낙엽은 쉽게 찾을 수 있다. 이 시기에는 마른 가지와 낙엽 따위로 옥수수, 핫도그, 어묵 등을 만들며 논다. 낙엽을 이용해 돛단배, 깃발, 바람개비, 부채 등 여러 가지 사물들을 얼마든지 만들 수 있다.

나뭇가지와 나뭇잎으로 만든 떡고치

우리는 하나

숲 활동을 시작하기 전에 마음을 집중하여 즐거운 상상을 한다. 아이들이 서로 손가락을 엮기 전에 여러 가지 박수놀이로 숲을 향하는 부드러움과 우리가 모두 함께라는 모둠 행동이 필요할 때도 있다. 손을 엮어 하나의 모양을 이루었을 때, 성

엄지손가락을 엮어 하나가된 아이들

취감도 맛보고 친구의 체온을 느낄 수 있다. 교사는 "애들아! 둥근 연못에 가서 올챙이를 관찰하자!" 하면서 앞으로 할 활동을 알려준다.

줄타기놀이

활동 장소로 가면서 만나는 어떤 시설물도 아이들에게는 자연스럽게 놀잇감이 된다. 아이들은 도로시설물인 경계목 위를 두 팔 벌려 균형을 유지하며 걸어간다. 그러면서 '나비처럼 날아가 볼까?' '잠자리가 되어 볼까?' 하며 신 나는 상상의 날개를 펼친다.

통나무 경계목 위를 걷는 아이들

아까시 나뭇잎 가위바위보/아까시 나뭇잎 점

여름에 숲을 찾아오는 친구들은 햇빛이 많은 곳보다는 시원한 나무 그늘을 찾는다. '아까시나뭇잎 점치기'는 아까시 나뭇잎을 하나씩 따면서 정해진 두 문장을 말해 마지막 남은 잎을 떼면서 점을 치는 놀이다. 예를 들어 나뭇잎을 한 장 떼면서 '엄마는 나를 사랑한다' 말하고, 또 하나를 떼면서 '엄마는 나를 사랑하

아까시 나뭇잎으로 놀이를 하는 아이들

지 않는다' 말한다. 아까시 나뭇잎
은 홀수로 끝나기 때문에 늘 '사랑
한다' 점괘가 나온다. 또 다른 놀이
로는 '아까시 나뭇잎 가위바위보'
가 있다. 2명씩 가위바위보를 해서
이긴 사람이 나뭇잎을 한 개씩 떼어
내는 놀이다. 놀이를 변형해서 가위
바위보를 해서 진 사람이 잎을 한
개씩 떼어 내기도 한다. 간혹 나뭇
잎으로 코피 나는 것을 흉내 내는
친구도 있는데, 이처럼 아이들은 스
스로 기발한 놀이를 만들며 논다.

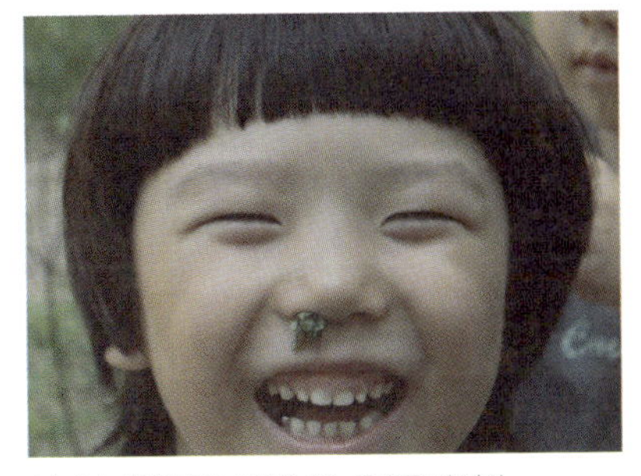

아까시 나뭇잎으로 코피를 막는 흉내를 낸 아이

벌 날갯짓 소리 듣기

아이들이 벌, 거미를 무서워한다면,
거미와 벌에 대한 두려움을 없애기
위해서 거미를 손에 올려놓고 관찰
하기도 하고 벌은 잡아서 관찰 통에
넣고 붕붕거리는 날갯짓 소리를 듣
게 한다. 그러고 나면 아이들은 벌
과 거미의 움직임을 자세히 관찰하
게 되고 곤충에 대한 막연한 두려움
에서 벗어나게 된다. 몇 번 시도한
끝에 쏘이지 않게 벌을 잡는 법을
배운 용감한 아이도 있다.

벌 날갯짓 소리를 듣고 있는 아이

같은 모양 찾기

같은 모양의 자연물을 찾으면서, 관
찰력이 높아지고 주변에 대한 호기
심이 커지면서 아이들은 자연과 금
방 친해진다. 자신들이 수집한 자연
물에 애정을 가지면서 자연스럽게
자연과 가까워지는 것이다. 아직은
숲이 낯선 유아들이 솔방울을 모아
엄마 소나무에게 솔방울을 가져다준
다. 솔방울이 엄마 소나무에게서 떨
어질까 걱정돼서 한참 동안 지켜보
기도 한다.

같은 모양의 자연물을 찾는 모습

도깨비 가면 만들기

나무에 얽힌 전설을 들려주거나 동
화를 읽어 주고 나뭇잎을 가지고 놀
이 활동을 하면 아이들은 좀 더 빨리
나무와 친해진다. 개암나무 이야기
에 나오는 열매 깨무는 소리가 집 무
너지는 소리인 줄 아는 어리석은 도
깨비 이야기를 해 주면서, 숲에 있는
큰 나뭇잎으로 도깨비 가면을 만들
어 본다.

나뭇잎으로 만든 도깨비 가면

물푸레나무는 왜 물푸레나무일까?

숲에서 놀이를 하다 보면 아이들은 몇 가지 나무 이름 정도는 자연스럽게 익히게 된다. 야구방망이나 훈장님 회초리로 쓰이는 목질이 강한 나무인 물푸레 나뭇가지를 물이 담긴 주스 병에 넣고 시간이 지나 살펴보면 물이 푸르스름해진다. 그 모습을 본 아이들은 물이 마술을 부린다고 말하고, 또 어떤 아이들은 아니 나무가 마법을 건 것이라고 서로 이야기하며 무척 신기해한다.

물 색깔이 변하는 모습을 보는 아이들

거미가 줄을 탄다

수많은 곤충과 거미가 모두 숲의 주인이지만, 아이들에게는 두려움의 대상이 된다. 특히 거미에는 독이 있다고 생각하기 십상이다. 그러나 많은 거미종이 독이 없고 오히려 사람에게 이롭다는 사실을 알게 되면서 아이들의 마음속에 있는 두려움이 사라진다. 이렇게 숲에 있는 곤충들을 알아가면서, 아이들은 모든 살아 있는 생명이 소중하다는 것을 배우게 된다. 거미와 친구가 되는

거미의 움직임을 관찰하는 아이

방법 가운데 하나로, '거미가 줄을 타고 올라갑니다'라는 노래를 부르며 다 함께 거미를 관찰한다.

청량산 숲유치원 프로그램 활동 계획안

활동 주제	고마운 친구 지렁이			작성자(청량산 숲해설가) 강인숙, 김은영 박상미, 박인숙, 신청옥, 심유정	
활동 목표	흙 속을 돌아다니며 흙을 기름지게 만드는 지렁이를 관찰한다. 지렁이가 생태계에서는 없어서는 안 되는 고마운 친구임을 배운다.				
활동 장소/대상	청량산/산림청 숲유치원 프로그램 7세				
활동 일시	2010년 4월 19일	참가 인원	총 22명	활동 시간	10:15~12:00
준비물	교사: 꽃삽(친구들 화장실용), 휴지			보조 교사	

활동 과정 개요

단계	주요 활동 내용	소요 시간
도입	1. 인사 나누기(5분) -청량산아! 안녕? -우리는 숲속에 초대된 손님 2. 몸 놀이(10분) -짝짓기 놀이 -무궁화 꽃이 피었습니다.	15분
전개	3. 올챙이는 얼마나 자랐을까? -웅덩이에 사는 개구리, 올챙이 관찰 -도롱뇽 유생 관찰 4. 지렁이 찾아보기 -지렁이는 흙 속을 돌아다니며 흙에 포함된 유기물을 먹고 똥을 싸서 좋은 흙을 만들고, 나무와 풀들은 그 흙에서 잘 자란다. -지렁이는 어디에 많이 살고 있을까?	1시간10분

단계	주요 활동 내용	소요 시간
	마른 땅의 흙 파기와 낙엽이 많이 쌓인 곳의 흙 파기 -지렁이는 왜 낙엽 밑에 살고 있을까? -지렁이는 무엇을 먹고 자랄까? -지렁이 똥은 냄새가 날까? 지렁이 똥을 만져 보고 냄새도 맡아 본다. -사람이 싼 똥은 왜 냄새가 날까? -지렁이는 자기 몸무게의 몇 배나 되는 양을 먹을까? -우리는 우리 몸의 몇 배나 되는 음식을 먹을 수 있을까? -지렁이나 토끼똥에서 냄새가 나지 않는 이유는 뭘까? 초식동물과 잡식동물이 먹는 먹을거리 이야기. * 흙을 파서 관찰한 지렁이를 제자리로 돌려보내고 "미안해, 고마워" 하고 인사한다. 인사	
마무리	5. 아이들과 함께 이야기 나눔	10분

활동이 끝난 뒤 숲해설가들의 평가

햇볕이 내리쬐고 낙엽이 없는 땅을 팠을 때에는 지렁이를 볼 수 없었는데, 낙엽이 쌓인 곳에서는 지렁이를 쉽게 만날 수 있었다. 그 까닭을 굳이 설명하지 않아도 아이들은 스스로 흙을 파면서 배우게 되었다.

처음에는 아이들이 꽃삽으로 땅을 파는 일이 쉽지 않았다. 삽질이 어설퍼서 흙을 잘 파지 못하고 파낸 흙이 옆에 있는 친구 눈에 튀기도 했다. 흙 놀이, 지렁이 관찰을 몇 차례 반복하니 꽃삽을 잡는 손에 힘도 들어가고 네 번째 관찰 활동에서는 제법 능숙하게 땅을 파서 지렁이를 곧잘 찾아냈다.

흙을 파다가 땅벌, 꽃무지 애벌레, 굼벵이, 지렁이, 개미 들을 만났다. 아이들은 땅속에 많은 친구가 살고 있음을 알게 되었다.

흙 속에 사는 생물을 찾다가 지루해지면 두꺼비집도 만들고 흙 덜어내기 놀이도 한다. 다리가 아프면 아이들은 자연스럽게 흙에 털썩 주저앉기도 한다. 요즘에는 흙을 밟을 기회도 장소도 별로 없다. 아이들은 포장도로를 걸어 학교로 가고 학교 운동장에는 인조잔디가 깔려 있다. 아이들은 흙을 밟고 만지면서 자라야 한다. 아이들이 흙을 만나는 기회를 더 만들 생각이다.

숲유치원 프로그램 활동 장소(13개 관리소)

구분	숲유치원	활동 장소
춘천국유림관리소	강촌 숲유치원 (숲속 다람쥐학교)  	
홍천국유림관리소	삼마치 숲유치원  	
서울국유림관리소	청량산 숲유치원  	
서울국유림관리소	수락산 숲유치원  	
수원국유림관리소	장안 숲유치원  	
인제국유림관리소	뫼동무 숲유치원  	
양구국유림관리소	팔랑리 숲유치원  	

구분	숲유치원	활동 장소	
춘천국유림관리소	검봉 숲유치원		
홍천국유림관리소	어론 숲유치원		
서울국유림관리소	북악산 숲유치원		
양구국유림관리소	푸르미 숲유치원		
북부지방산림청	숲체원 숲유치원		

(사진 제공: 북부지방산림청)

서울시 송파구 숲유치원

구립 어린이집에서 운영하는 숲유치원

"숲유치원을 만들어 보려고 합니다" 송파구청의 이한일 과장은 지난해부터 계속 생각해 오던 것을 실행에 옮기고 싶다며 결의에 찬 목소리로 말했다. KBS 환경스페셜에서 방영된 '숲이 학교로 들어왔다'를 보고 결심을 굳힌 것이었다. 고무적인 이야기였지만, 당시 나는 2007년부터 서울시와 숲유치원을 준비해 왔던 경험에 비추어 현실적으로 어려울 것이라고 판단했다. 그로부터 몇 달 뒤 송파구청에서 숲유치원 교육을 겸한 지역 주민 및 교사들을 위한 포럼을 개최한다는 연락이 왔다. 처음에 숲유치원 설립 계획을 듣고 반신반의하던 나를 되돌아보았다. 숲유치원 설립을 위한 움직임이 본격화되면서 내가 변해야 할 시점임을 깨닫게 되었다.

그 뒤로 숲유치원 설립을 위해 내가 할 수 있는 것이 무엇인지 고민하며, 송파구청 관계자들과 논의를 거쳐 현행법에 저촉되지 않는 범주에서 숲유치원을 설립하는 방안을 마련했다. 우선 대상을 구립 보육시설로 축소하고 숲유치원 시범 운영에 참가할 보육시설 선정을 위한 설명회를 열었다.

숲유치원에 관심을 보이는 어린이집은 많았지만, 날마다 숲에서 활동해야 하는 것과 교사 인력 부족이 문제였다. 더군다나 숲유치원 교육 효과에 대한 검증된 결과도 없지 않느냐는 우려의 목소리가 나오면서 선뜻 나서는 곳이 없었다. 설명회가 그렇게 끝나고 마는가 싶었는데, 맨 앞줄에 앉아 있던 한 원장님이 손을 번쩍 들고 참여 의사를 밝혔다.

송파구 내에서의 숲유치원에 대한 인식 확대와 홍보라는 첫 계단을 디디면서 새로운 숲유치원 교육에 대한 관심과 실제 운영은 별개임을 알 수 있었다. 어렵게 숲유치원 시범 운영에 참여할 어린이집 두세 곳을 모았으나, 더 큰 문제가 우리를 기다리고 있었다. 학부모로부터 동의를 얻는 것이었다. 일반 유아보육시설을 숲유치원으로 바꾸는 것이라서 반드시 거쳐야 하는 절차였다.

현재 송파구에서 영아반으로 구성된 숲유치원을 진행하는 파인 8단지 박희숙 원장은 숲유치원 교육에 대한 믿음과 강한 의지가 결실을 맺어 2010년 3월부터 2-3세 영아를 대상으로 하는 숲유치원 활동을 시작했다. 어린이집 운영의 필수 과정인 평가 인증 부분을 숲 활동과 어떻게 연계할지 고민이 크다고 했다. 제도권 안에서 숲유치원을 하기 위해서는 이런 법적인 문제들이 해결되어야 할 과제로 남아 있다.

그동안 송파구청에서는 시범 운영에 참여하는 교사를 위한 숲유치원 교육, 학부모 설명회를 했고 대피소와 부대시설 준비를 했다. 학부모 설명회에 온 어머니들의 반응은 다양했다. 자녀가 실내에서도 천방지축 날뛰는데 숲에 나가면 위험하지 않겠느냐고 걱정하기도 하고, 공부는 언제 하느냐고 걱정하기도 한다. 그런 어머니들에게 2-3세 나이 아이들은 노는 것이 곧 배움이라고 말씀드리고, 아이가 산만해서 걱정인 부모에게는 숲유치원이 정서적으로 치유 역할을 할 수 있을 것이라며 권유했다.

천방지축으로 날뛰던 아이 때문에 걱정하던 어머니는 아이가 숲 활동을 한 뒤로는 일찍 잠자리에 들고 성격도 차분해졌다며 좋아한다는 말을 전해 왔다. 이것은 사실 아이한테 문제가 있는 것이 아니었다. 활력이 넘치는 아이를 실내에 가두어 두는 환경에서 나타나는 현상이었으니, 아이의 성품과 생활방식이 바뀐 것은 당연한 결과라고 하겠다. 아울러 부모들 공통으로 숲에 다녀온 아이들이 말이 많아졌다고 한다. 숲 활동에서 경험한 것들을 신이 나서 설명한다는 것이다. 숲유치원에 다니는 아이들이 일반 유치원 아이들보다 언어구사 능력이 뛰어나다는 독일의 한 연구 결과가 떠올랐다.

숲유치원 활동이 계속되면서 파인 8단지 아이들의 변화에 대한 이야기는 계속 들려왔다. "장박사님 말이 맞아요! 처음에는 손에 막대기를 하나씩 집어 들더니 이제는 한 움큼씩 집으면서 자연을 알아가는 것 같아요. 행동반경도 점점 넓어져서 넓은 숲이 좁게 느껴질 정도로 뛰어다녀요." 이처럼 날마다 2시간 이상 숲 활동을 하는 파인 8단지 어린이집은 국내에서 운영되는 숲유아원(Waldkinderkrippe)의 좋은 사례이다.

송파구청에서는 계획대로 유치원 연령 아이들을 대상으로 또 하나의 숲유치원 개원을 준비해 나갔다. 마침 2010년 3월에 새로 개원하는 가락본동 구립어린이집 윤영란 원장과 숲유치원 반을 개설하기로 하고 원생 모집 공고를 냈다. 송파구청 으뜸도시과에서는 보조교사 충원, 대피소 설치, 숲 소파 만들기 등 제도적인 측면까지 검토하며 지자체가 보유한 도심 공원을 숲유치원 활동 공간으로 활용하는 것에 강한 의지를 보였다.

자문 역할을 하는 나로서는 이보다 더 신 나는 일이 없었다. 서울 한복판에서 덴마크나 독일 도심에서나 볼 수 있는 공원을 이용한 숲유치원이 시범 운영된다는 사실이 뿌듯했다. 학부모 설명회가 열리는 날에도 신청자가 다섯 명밖에 안 됐지만, 원생 수에 상관없이 숲유치원 담당 교사와 숲해설가, 공익요원이 함께하는 것으로 일이 추진되었다. 그렇게 산고 끝에 개원식을 한 뒤에 연락해 보니 원생 수가 넘쳐서 대기자를 받고 있다고 한다. 이제는 숲유치원 내용을 어떻게 채울 것인지에 대한 조언이 필요한 시점이었다.

나는 아이들을 좀 더 자유롭게 활동하도록 하는 게 좋겠다는 의견을 냈다. 그러던 어느 날, 담당 교사한테서 온 한 통의 전화를 받았다. "박사님! 아이들이 나무에 오르기 시작했어요!" 그 말을 듣는 순간, 온몸에 전율이 일었다. 나무에 오르는 것이 아이들의 본성인 것 같다고, 나는 강연할 때마다 말을 해왔고 그것을 확인하는 순간이었다. 외국의 숲유치원 아이들에게서 흔히 볼 수 있는 모습이 나무에 올라가 노는 것인데, 국내에서는 숲 가꾸기를 잘해서 오를 나무가 없다고 걱정하던 참이었는데 아이들 스스로 오를 수 있는 나무를 발견한 것이다. 담당 교사와 원장 선생님은 아이들이 날마다 다른 놀이를 찾으며 노는 것을 상세히 기록한다고 한다.

교육에 대한 열린 사고로 국내에서는 처음으로 일반 어린이집에서 숲유치원을 시범 운영하는 송파구청 담당자들은 숲유치원을 하기 위해서는 교사 인력 충원과 운영 예산 보조가 필요하다고 말한다.

이제 국내에서도 미래지향적인 새로운 유아대안교육인 숲유치원이 그 문을 열었다. 이 아름다운 소문이 전국 방방곡곡에 퍼져 숲마다 아이들의 웃음소리로 가득한 날을 꿈꿔 본다.

숲 활동 모습

영아반 숲유치원이 시범 운영되고 있는 파인 8단지는 아침 간식을 먹고 10시-10시 30분경에 공원에 도착해서 활동하고 12시경에 어린이집으로 돌아간다. 처음 시작할 때와는 달리 아이들은 공원에서 상당히 멀리 떨어져 있는 숲 소파가 있는 활동 장소까지 단숨에 달려갈 정도로 다리에 힘도 붙고 방향 감각도 생겼다.

가락본동의 17명 통합 연령 숲유치원 아이들도 이 공원에서 활동을 하고 있다. 공원 안에 설치된 대피소에서 9시 30분에 만나 간식을 먹고 공원길을 따라 이동한다. 굴곡진 계단을 오르내리면서 숲 소파가 있는 활동 장소에 도착한 뒤에 아침 모임을 하고 자유롭게 논다. 점심은 부모들이 순번을 정해 유치원에서 숲으로 가져와 먹는데 일주일에 하루는 도시락을 준비해 온다. 급식이 비교적 오래전부터 이루어진 국내 교육 현장에서 도시락을 준비하는 부분은 학부모의 절대적인 도움이 필요하다. 종일반 숲유치원이라 오후 3시까지 활동하고 집으로 돌아간다.

파인 8단지 어린이집

대피소

파인 8단지 어린이집과 가락본동 어린이집이 함께 사용하는 대피소는 관리하기에 어려움이 있어서 공원 입구에 자리 잡게 되었다. 원목으로 지어져 나무 향이 가득하고 공원 풍경이 여느 숲 못지않다.

숲유치원 대피소 모습

숲 소파에서

파인 8단지 영아반 숲유치원 아이들이 숲 소파가 있는 놀이 장소에 도착해서 교사가 읽어 주는 동화를 듣고 있다.

숲과 친해지기

갖가지 모양과 굵기의 나뭇가지는 아이들과 숲이 만나는 연결고리가 된다. 숲에서 놀기 시작하는 아이들은 너나할것없이 손에 나뭇가지를 움켜쥔다. 길고 굵은 나뭇가지를 한 아름 끌어안고 마치 보물처럼 소중히 다룬다.

독일 숲유치원 교사와 함께

독일에서 온 야나 선생이 초록빛 나무 열매로 사람 얼굴을 만들어 주었다. 아래위로 방수복을 단단하게 차려입은 야나 선생은 아이들한테는 방수복이 반드시 있어야 한다고 강조했다. 아이들은 오히려 비가 올 때 더 많은 놀이를 발견하며 즐겁게 노는데 그러려면 우선 복장이 자유로워야 한다.

숲 소파에서 아이들과 책 읽기를 하는 모습

나무 막대기로 땅에 무언가를 그리는 아이

나무열매로 사람 얼굴을 표현하고 있는 야나 선생님

바람놀이

맨몸으로 직접 느껴보는 바람은 어떨까? 시원해서 함성을 지르기도 하고 돗자리에 누워 나뭇잎을 흔들며 지나가는 바람을 느껴 본다. 잎사귀들이 발을 맞추어 춤을 추는 듯하고 나무도 흥겨워 나뭇가지를 살랑살랑 흔든다. 바람을 느끼며 숲속을 뛰어다니는 아이들은 그 자체로 자유로운 존재가 된다.

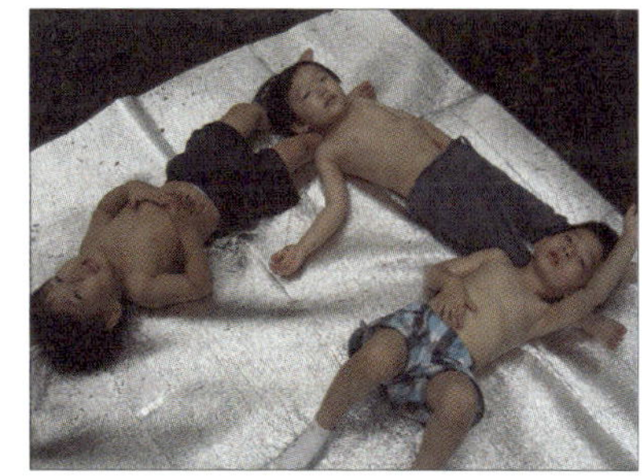

윗옷을 벗고 바람을 느끼고 있는 아이들

밧줄놀이

독일 숲유치원 교사 디륵 고틀레 선생이 영아반 아이들이 놀 수 있도록 나무와 나무 사이에 밧줄을 엮어 주었다. 밧줄 중간마다 매듭을 지어 아이들이 밧줄을 잡고 오르기 편하게 했다.

밧줄놀이를 하는 2-3세 아이들

가락본동 어린이집(만3~5세)

내 가방에 색칠하기

4-6세 통합 연령 아이들이 함께하는 가락본동 숲유치원반 아이들이 유치원에서 나누어 준 가방에 색연필로 마음껏 색칠을 하고 있다. 어린아이들이 똑같이 생긴 가방 중에서 자기 가방을 찾는데 어려움을 겪는 데서 나온 아이디어다. 이후 한두 명씩 물통과 도시락, 야외용 방석 등을 담을 수 있는 등산용 가방을 사용하기 시작했다.

각자의 가방에 색칠하는 아이들

처음 시도하는 연장놀이

감자나 오이를 벗기는 다목적 칼로 연장놀이를 시작했다. 나뭇가지를 잡고 껍질을 벗기는 아이들은 놀이에 빠져들어 시간 가는 줄 모를 정도로 집중한다. 단계별로 연장놀이의 수준을 높일 계획을 하고 있다.

연장 다루기를 하는 아이들

나무에 오르기

동서양을 가리지 않고 숲유치원에 다니는 아이들은 누구랄것없이 나무에 오르기를 즐긴다. 교사나 학부모가 가르쳐 주지 않고 또 나무에 오르라고 말하지도 않아도 아이들은 스스로 올라갈 수 있는 나무를 찾는다. 아이는 나무 일부가 되어 숲을 이룬다.

나무에 오른 아이

다람쥐 친구

한 아이가 나무 위에서 움직이고 있는 다람쥐 친구를 발견했다. 숲을 찾아온 숲유치원 친구들에게 인사를 하러 왔나 보다. 숲유치원 아이들은 이리저리 나무를 타는 다람쥐 친구의 몸놀림을 신기해하며 쳐다본다.

재빠르게 나무를 타는 다람쥐를 바라보는 아이들

숲 활동에서 아이들의 변화된 모습

영아그룹 숲유치원(글, 그림-파인 8단지 박희숙 원장 제공)

아이들이 숲 활동을 하면서 가장 눈에 띄게 변한 것이 걸음걸이다. 처음에는 선생님의 손을 잡고 다니며 계단이나 내리막길이 나오면 겁을 먹고 앞으로 나아가지 못하던 아이들이 지금은 교사의 도움 없이도 숲 활동 장소까지 혼자 걸어간다.

가파른 내리막길도 균형을 잃지 않고 잘 내려가고, 난간을 붙잡지도 않고 긴 계단을 오르내린다. 그 모습을 보면서 이곳을 찾은 사람들은 놀라워하고 신기해한다.

내리막길도 넘어지지 않고 혼자서도 계단을 오르내리는 아이들

처음 숲 활동을 시작할 때 아이들은 오금공원에 도착해 학습장으로 이동하는 거리를 많이 힘들어했다. "안아 줘" 하며 울기도 하고 바닥에 털썩 주저앉아 떼를 쓰기도 했지만, 지금은 학습장으로 이동하는 길에서도 아이들은 끊임없이 주위를 살피고 만지고 관찰을 한다. 길가에 개미를 보고 "개미"

나뭇잎을 주워 부채질하며 걷는 모습

개미를 관찰하는 아이들

히며 그 자리에 쪼그리고 앉아 개미가 움직이는 모습을 관찰하기도 하고, 그 전날에 없던 꽃이나 돌이 놓여 있으면 꼭 가서 만져보고 확인한다.

아이들이 처음 흙을 만졌을 때에는 "지지" 하며 흙을 조심스럽게 만지거나, 만진 뒤에는 닦아 달라는 행동을 했다. 하지만 흙과 점점 친숙해지면서 흙놀이를 좋아하게 되고, 흙 속에 함께 사는 벌레, 지렁이, 개미에게도 관심을 두게 되면서 흙이 몸이나 손에 묻어도 더는 닦아 달라거나 그것에 신경이 쓰여 놀이를 못 하는 일은 없어지게 되었다. 지금은 흙과 벌레가 아이들이 가장 좋아하고 관심을 보이는 놀잇감 가운데 하나다.

흙바닥에도 털석털석 잘 앉는다.

흙물을 찍어 열매 도장을 손바닥에 콩콩 찍는다.

5-7세 숲유치원 그룹(글, 그림-가락본동 어린이집 윤영란 원장 제공)

비 오는 날의 놀이

처음에는 아이들이 젖은 흙바닥에 발자국을 찍거나 자연물을 그대로 붙이는 놀이를 했으나, 지금은 젖은 모래를 이용해 성을 쌓거나 물이 흐르는 곳을 계곡이라고 부르며 나뭇가지로 다리를 놓는다. 계곡을 더 깊이 파서 물이 더 빠르게 흐르게 하거나 계곡 주위를 돌로 꾸미는 놀이를 한다. 누가 가르쳐 주지 않아도 아이들은 스스로 놀이를 만들고 다양하게 발전시킨다.

축축하게 젖은 흙으로 놀이를 하는 아이들

물 흐름에 따라 놀이는 여러 형태로 변한다.

통나무 의자 놀이

통나무 의자 위로 걸어 다니며 중심잡기 놀이를 하던 아이들이 어느새 나뭇가지에 깃발을 달아서 통나무 의자를 배로 만들어 타고 논다. 깃발을 단 나뭇가지가 부러지자 또 어느새 작은 나뭇가지를 둥글게 돌리면서 시계놀이를 하고, 또 다른 아이는 나뭇가지를 운전대라고 하면서 운전하는 시늉을 한다. 쉽고 단순한 놀이에서 복잡하고 규칙이 있는 놀이까지 다양한 놀이를 스스로 만들어 내는 아이들은 그야말로 놀이의 어머니인 셈이다.

통나무 위에서 균형잡기 놀이를 하는 아이들

나뭇가지로 만든 낚싯대를 가지고 노는 아이들

나무토막 놀이

나무토막을 이용해 그림을 그리거나 톱밥을 묻혀 초콜릿을 만들기도 한다. 나무토막을 원 안에 던져 넣는 놀이를 하던 아이들이 스스로 톱질을 해 보겠다며 톱을 잡고 쓸겅쓸겅 톱질을 한다. 잘게 잘린 나무토막을 이용해서 볼링놀이를 하거나, 비탈길에서 나무토막을 굴려서 잡기 놀이를 한다.

작고 둥근 나무토막에 색칠을 하는 모습

나무토막에 톱밥을 묻혀 만든 초콜릿

나뭇가지를 이용한 놀이

나뭇가지를 들고 다니거나 싸움놀이를 하던 아이들이(물론 아직도 싸움 놀이를 하고는 있으나) 비 오는 날에는 나뭇가지를 이용해서 낚시놀이를 하거나 나뭇가지를 쌓고 땅에 꽂아서 개미집이나 성을 만든다. 요즘은 연장놀이 날에 나무를 땅에 박아 집을 만든다.

나뭇가지와 나뭇잎으로 만든 장난감

나뭇가지를 이용해 집을 짓는 아이들

소꿉놀이

처음엔 땅 파기만 하고 놀던 아이들이 나중에는 파 놓은 구덩이에 냄비를 올리고 여러 가지 자연물로 음식을 만드는 소꿉놀이를 한다. 나뭇잎을 따거나 그냥 흙을 올리다가 나중에는 흙과 물을 섞어 떡을 만들거나 케이크를 만들고, 나무막대에 초코시럽을 발라 초콜릿 과자를 만드는 등 요리 형태가

헌 후라이팬과 냄비는 좋은 놀잇감이 된다.

흙과 물을 섞어 만든 떡을 만드는 아이들

다양해진다. 요즘에는 만든 요리를 마지막에 함께 모아서 어떻게 만들었는지 이야기하고 생일을 맞이한 아이가 있으면 생일파티도 한다.

숲 활동을 하면서 개선되었으면 하는 점

〈파인 8단지 박희숙 원장〉

아이들의 안전과 위생이 가장 걱정이다. 아이들이 뛰어다니는 흙 길에 쇠심이나 날카로운 유리조각 등 위험한 요소들이 있어 늘 마음을 쓰게 된다. 놀이를 하고 난 뒤에 아이들의 손을 물수건으로 닦아 주긴 하지만, 더운 여름에는 아이들이 흙 묻은 손으로 얼굴에 흐르는 땀을 닦거나 눈을 비비는 일이 많은데 혹시 나쁜 균이 들어가지 않을까 싶어 걱정이다. 숲에도 손을 씻을 수 있는 작은 공간이 있으면 아이들의 위생뿐만 아니라 놀이 활동에도 많은 도움이 될 것 같다. 마지막으로 아이들이 차량으로 이동을 하다 보니 활동하는 시간이 충분하지 않은 것 같아 조금 아쉽다.

〈가락본동 어린이집 윤영란 원장〉

학습장 시설 관리 부분

오금공원에 있는 학습장을 이용하는 데 있어서 아이들이 힘들게 옮겨 놓은 나무나 아이들이 직접 만들어 놓은 작품들을 다른 사람들이 망가뜨리거나, 혹은 공원 시설 관리하시는 분들이 치워버릴 때가 있어서 아이들이 실망하고, 똑같은 작업을 되풀이해야 하는 경우가 많다. 이는 숲 활동에 대한 이해 부족과 공원 내 학습장이 모든 사람이 드나드는 공간이라서 생기는 어려움이다.

- 여름에는 물놀이하거나 수중생물을 관찰할 수 있는 계곡이나 작은 시냇물이 있으면 좋겠다는 생각을 한다. 여름에는 무더위에 아이들이 무척 힘들어한다. 숲유치원을 만들 때에는 이러한 점을 생각하여 아이들이 여름을 좀 더 신나고 재미있게 보낼 수 있도록 배려해야 한다.

학부모들과의 관계 부분

아이들이 등원할 때, 학부모들이 계속 머물러 있으면서 자녀들의 모습을 지켜보거나 모임 장소에서 원을 만들어서 이야기를 할 때 뒤에서 지켜보는 경우가 많다. 이때 아이들은 교사가 하는 이야기에 집중하지 못하고 엄마에게 신경을 쓰거나 떼를 쓰게 된다. 그러면 교사는 아이들과 함께 이야기 나누기를 진행할 수 없게 되어 대부분 학습장으로 올라가서 이야기 나누기를 하게 된다. 부모들은 아이들을 모임 장소에 데려다 준 뒤에는 특별한 용건이 없으면 바로 돌아가는 것이 좋다. 또한 부모들이 출입할 수 있는 경계선을 정할 필요가 있다.

통합 연령반은 여러 나이의 아이들이 함께 활동하는데, 나이별로 학부모들 교육 욕구가 크게 다르다. 7세 아이를 둔 한 부모는 영어나 학습에 대한 욕구와 함께 현장 체험 학습에 대한 교육 욕구도 크다. 나이 차이에서 오는 부모들의 다양한 욕구를 적절하게 조절할 필요가 있다.

복장 부분

아이들 복장이 기능성 옷이 아니어서 놀이를 할 때에 땀을 많이 흘리고, 반팔에 반바지를 입었을 때에는 모기나 곤충에 물려 힘들어 할 때가 있다.

교사도 아웃도어 복장을 샀으나, 옷값이 비싼 탓에 날마다 아웃도어 복장을 하기란 쉽지 않다. 숲유치원을 진행하려면 거기에 맞는 복장이 반드시 따라야 하는데 아동이나 교사 모두 가격 부담이 크고 그리고 얼마나 오래 사용할 수 있을까? 하고 생각했을 때 숲유치원이 아니면 필요 없을 거라는 생각에 고가의 복장 구입을 피하고 있다. 복장을 제대로 갖춰 입지 않아 숲에서 벌레에 물리거나 병충에 쉽게 노출되고 다치는 경우가 많다.

운영 부분

시설장이 일반 어린이집과 숲유치원을 관리하는 것이 무리가 된다. 일반 어린이집 일도 많고 숲유치원도 좀 더 질 좋은 교육을 하려면 교사와 협의하고 의논해야 할 일이 많다. 그러나 거리상의 문제나 일의 이원화로 말미암아 시간과 여건에 많은 제약을 받는다.

운영 부분에서 가장 어려운 부분은 먹을거리다. 어린이집에서 이루어지는 간식과 점심이 문제다. 어린이집에서 숲유치원까지 음식을 나르는 일은 보통 힘든 일이 아니다. 지금 학부모들이 당번을 정해서 도와주고 있지만, 지속적인 협조를 받기란 쉬운 일이 아니고, 특히 여름 같은 경우는 위생도 문제가 된다.

교사 후기

〈교사 유연희, 조윤상〉

숲 체험 프로그램 실행을 놓고 많이 망설였다. 영아 전담 시설인 우리 어린이집에 이 프로그램이 맞기나 할까? 우리 아이들은 아직 신변 처리도 미숙한 영아들인데. 너무 현실감이 떨어지는 프로그램이라는 생각에 머릿속이 복잡했다.

기존에 알던 생태학습 프로그램은 모두 유치반(5세~7세) 대상이었고, 나 역시 그게 정석인 줄 알고 있었기 때문이다. 상당히 획기적인 시도라는 점에서 점수를 줄 수도 있겠지만 그렇다고 선뜻 나서기에도 두려웠다. 숲 체험 프로그램 실행 2주차. 얼마 지나지 않아 나의 그런 걱정들은 기우에 지나지 않았음을 알게 되었다.

숲에 나가 맑은 공기를 마시며 자연과 호흡하고 자유롭게 뛰어노는 아이들의 밝은 미소를 보면서 그동안의 걱정은 싹 사라졌다. 앞으로 가야 할 길이 더 멀고 힘들겠지만, 숲에서 행복해하는 아이들을 보면서 긍정적인 실행 효과를 기대해 본다.

처음엔 달리며 뛰기만 하던 아이들이 지금은 주변에 어떤 것들이 있나 확인하면서 다니고, 작은 곤충이나, 꽃 등에 관심을 두기 시작했다. 장난감이 없으면 못 놀던 아이들이 땅을 파서 냄비라고 하고, 나뭇잎을 이불이라고 하면서 장난감을 만들어서 노는 모습들을 볼 수 있었다. 또한 낙엽이나 비탈길을 보면 미끄럼틀처럼 내려오면서 즐거워하고, 돌이나 나무줄기를 가지고 여러 가지 놀이를 하면서 즐거워한다. 무엇보다 장난감이 없어도 스스로 자연물을 이용해서 놀잇감을 만들어서 논다는 사실이 무척 놀랍다.

학부모 후기

"공원에서 재미있었어! 엄마 주려고 이거 갖고 왔어!"라고 말하며 아이는 주머니에서 먼지 묻은 낙엽과 솔방울 하나를 꺼낸다. 예전에는 볼 수 없었던 모습이다. 그리고 10시, 11시가 되어도 자려고 하지 않던 아이가 9시만 되면 잠자리에 든다.

- 일반 유치원을 다니기 싫어했으나, 숲유치원에 다니면서부터는 "오늘은 기대가 된다"는 말을 자주 한다. 활동을 마치고도 집에 오기 싫어할 만큼 숲을 좋아하게 되었다.
- 자면서 이를 갈았는데 지금은 80퍼센트가 줄었다.
- 변비가 사라지고, 비염 증세도 많이 호전되었다.
- 전에는 조금만 다쳐도 눈물을 뚝뚝 흘렸지만, 지금은 아주 강해졌다.
- 손에 흙 묻는 것을 싫어했는데 지금은 땅바닥에 구르고도 즐거워한다.

베타니아 특수어린이집
http://www.bethany.or.kr

장애우 아이들이 함께하는 숲유치원

베타니아 특수어린이집은 1995년에 장애 아동을 위한 조기교육센터로 출발해, 1998년 장애아를 전담하는 특수어린이집으로 개원했다. 특수어린이집은 여느 어린이집과는 달리 특수교사, 언어치료사, 작업치료사, 물리치료사 등이 보육교사와 함께 아이들을 돌보고 있다. 2004년부터는 풀인 Pull-in제도를 도입해 치료사, 보육교사, 특수교사가 함께 장단기 목표를 세워 장애 아동을 교육현장에서 치료하며 가르치고 있다. 그러면서, 생태교육과 발도르프 교육을 적극 도입하여 아이들이 텔레비전이나 컴퓨터 같은 유해한 환경을 멀리 하고, 플라스틱 장난감이 아닌 자연물 장난감을 갖고 활동할 수 있게 하였다. 아울러 직접적인 학습이 아닌 놀이를 통해 창의적 사고를 지닌 미래 동량으로 자랄 수 있도록 지원하고 있다.

베타니아 특수어린이집은 2009년부터 새로운 목표를 세웠다. 그것은 다름 아닌, 2015년까지 '아동, 청소년 복지 서비스 모델 구축'하는 것이었다. 목표를 이루기 위한 노력이 이어지는 가운데, 베타니아 특수어린이집은 숲에서 이루어지는 유아교육을 눈여겨보게 되었고, 이러한 숲 활동을 베타니아 아이들한테 접목할 수 있을지 연구하게 되었다. 이를 계기로 우리나라 숲유치원의 산파 역할을 한 장희정 박사를 초빙하여 숲유치원의 철학적 배경과 필요성, 숲유치원 교사의 역할, 숲에서의 놀이 등에 관한 교육을 전 교직원이 받았다. 또한 숲유치원을 개원하기 위해 전 교직원 연수는 물론 독일, 스위스 숲유치원 현장에 대표교사를 보내 해외연수를 받았으며, 국내 여러 숲유치원을 탐방하고 숲유치원협회에서 주관하는 교육을 받으며 숲유치원 개원을 준비하였다. 또 산림청 관계자의 자문을 받았다. 그런 과정을 거쳐 2011년 1월에 숲유치원 개원을 위한 부모설명회가 열렸다.

장희정 박사는 이 설명회에서, 숲 활동이 아이들에게 미치는 교육적 효과에 대해 성심껏 설명해 주었고, 많은 부모님이 숲유치원에 대하여 이해하게 되었다. 설명회에 힘입어, 특수교육이 필요한 아이들 13명과 일반 발달 아동 16명을 모집하였다. 교사는 보육교사 3명, 특수교사 2명과 언어치료사와 작업치료사 각 1명 공익요원 1명이 배치되었다. 반은 특수교육이 필요한 아동반(7명)과 특수교육이 필요한 아이들과 일반 발달 아동이 함께 활동하는 반으로 구성하였다.

숲 활동 장소는, 아이들이 마음껏 뛰어놀 수 있는 넓은 활동 공간, 아이들을 한눈에 살필 수 있는 장소, 적당한 경사면이 있고 다양한 수종이 있는 곳을 선정했다. 숲 활동 장소는 현재 사용하는 곳 외에도 두세 곳을 더 마련할 계획이다. 이는 다양하고 폭 넓은 숲 활동에도 도움이 될 뿐만 아니라, 한 곳에서 숲 활동을 하게 되면 자연을 훼손할 수도 있기 때문이다.

베타니아 특수어린이집에서 운영하는 '숲에on반'은 일반 아동뿐 아니라, 특수교육이 필요한 아이들에게 새로운 방식의 교육 지평을 열 것으로 기대된다. 특히 숲에서 이루어지는 작업치료와 감각통합치료, 언어치료 시도는 유아교육 분야에 있어서는 세계 최초로 이루지고 있어 관심이 모아지고 있다.

(베타니아 특수어린이집, 서기진)

아이들이 어린이집 버스로 등원하면, 어린이집 앞마당에서 아침모임을 가진 뒤에 숲으로 이동한다. 숲속 놀이터에 도착한 뒤에는, 이야기 나누기-간식-자유놀이-라이겐-요일별 놀이-마무리모임-명상을 하고 어린이집으로 돌아와 옷을 갈아입은 뒤 점심을 먹는다. 점심을 먹은 뒤에는 실내에서 자유놀이를 한다. 그 뒤 어린 아이들은 동화를 듣고 몸짓놀이를 하고 낮잠을 자고, 큰아이들은 자유시간을 갖는다. 숲 활동 내용은 다음과 같다.

아침모임

아이들과 교사는 아침모임을 통해 서로 인사를 나눈다. 이때 교사는 그날 일정을 이야기하고, 아이들이 무엇을 생각하고 어떤 활동을 하고 싶은지 헤아린다. 숲으로 출발하기 앞서 가볍게 몸을 풀고 숲 활동 장소로 이동한다.

숲으로 이동

숲속 놀이터까지 이동하는 길은 교사와 아이들에게 중요한 여정이다. 이 길을 걸으며 아이들은 해가 뜬 날은 해가 뜬 대로, 비가 온 날은 비가 온 대로 풀잎과 만나고 꼬물거리는 벌레와 하늘을 훨훨 나는 새들과 만난다. 숲 활동 장소로 이동하는 과정에서, 아이들은 다양한 자연물과 뭇 생명을 만날 뿐 아니라 친구들과 호흡하는 법을 익힌다. 아이들은 편한 길로 가지 않고 굳이 험한 길로 들어서기도 하는데, 이런 활동을 통해 아이들은 도전정신을 키우므로, 교사들은 아이들의 모험을 존중하며 지켜보는 것이 중요하다. 다만, 자연 숲은 여러 사람들이 다니는 열려 있는 공간으로 안전에 주의해야 한다. 이곳저곳 자유롭게 숲을 탐색하며 걷도록 하되, 아이들이 길을 잃거

강아지풀로 물결을 만들며 노는 모습

비탈길을 오를 때에는 친구가 도와준다

나 낯선 사람을 따라가지 않도록 평소에 일러둘 필요가 있다. 안전사고를 막기 위해 교사들은 줄 맨 앞과 중간, 그리고 맨 뒤에 서서 이동한다. 그리고 가는 중간에 약속 장소를 정하여 처음에 함께 출발한 친구들이 도착했는지를 아이들이 확인하게 한다.

숲 소파에 앉아 간식 먹기

숲 놀이터에 도착한 뒤에는, 예전에 엄마, 아빠와 아이들이 함께 만든 숲 소파에 둘러앉아 이야기를 나눈다. 그날 이야기 주제는 일 년 계획표에 따라 진행하되, 그날 아이들이 나누고 싶은 이야기가 있으면 바뀔 수도 있다. 이 시간에 그날 하고 싶은 숲 놀이를 제안하는데, 놀이는 그날 여건에 따라 조금씩 바뀌기도 하고 다른 놀이로 발전하기도 한다.

이야기 나누기 시간이 끝나면 즐거운 간식시간을 갖는다. 아이들은 인스턴트 음식이 아닌 제철음식을 먹는다. 숲 활동하는 곳에는 손을 씻을 만한 깨끗한 물이 없어, 각자 집에서 물수건을 준비해 오게 한다. 먹다가 떨어뜨린 음식은 통에 담아 집으로 가져가서 버려야 한다. 음식 부스러기를 먹기 위해 들쥐 등이 올 수 있는데, 그렇게 되면 배설물과 털 따위가 숲 소파에 남기 때문이다.

숲길에서 만난 경사면에서 미끄럼을 타고 논다

나무를 타고 노는 아이들

자유놀이

아이들은 놀이를 통해 성장한다. 놀이에는 자연현상을 탐구, 관찰하며 사회성, 의사소통, 수학적 탐구, 감각 깨우기 등 모든 것을 다 활용하여 자신을 성장시킬 수 있는 요소들이 들어 있다. 아이들은 놀이를 하면서 대인관계를 맺고, 문제 해결 능력을 키우고, 다른 사람들과 효율적으로 의사소통하는 방법을 배운다. 이러한 놀이 효과는 일반 발달 아동들뿐 아니라 특수교육이 필요한 아이들한테도 적용된다.

자연물을 활용한 활동은 수없이 많다. 땅 파기, 미끄럼 타기, 나무 오르고 내리기 등이 있고 간단한 밧줄을 이용해 줄 그네, 해먹 그네, 줄타기 놀이도 할 수 있다. 교사들은 아이들이 자유롭게 활동할 수 있도록 돕는다.

화장실은 숲 가장자리, 곧 아이들이 놀이터 한쪽에 있다. 나뭇가지로 울타리를 만들고 천으로 둘렀다. 사용한 뒤에는 미리 준비해 둔 톱밥을 삽으로 뿌려 덮는다. 화장실은 한 달에 한 번씩 옮긴다.

라이겐Reigen

자유놀이를 한 뒤에는 시를 읊으며 라이겐을 한다. 라이겐은 운율이 담겨 있는 시, 노래, 동화 등을 몸짓으로 표현하는 것이다. 자연의 아름다움이 담겨 있는 시, 제 마음과 닿은 시를 읊으면서, 아이들은 풍부한 언어적 감수성을 얻을 수 있다. 교사의 몸짓에 따라 같은 시와 같은 몸짓을 한 달 동안 반복하게 되는데, 이러한 수업을 통해 아이들은 집중력과 끈기를 몸에 익힌다. 라이겐은 전이 활동을 돕는 중요 역할도 담당하는데, 특수교육이 필요한 유아들도 같은 동작과 시를 한 달 동안 반복하기 때문에, 배우는 속도가 조금 더디지만, 얼마든지 따라할 수 있다.

함께하는 놀이

함께하는 놀이를 통해 아이들은 약속과 규칙을 배운다. 숲 활동 장소는 지형이 고르지 않기 때문에 감각을 자극하고 지각을 발달시키며 크고 작은 근육들을 고르게 발달시킨다. 함께하는 놀이를 통해 아이들은 협동심과 사회성을 기를 수 있다. 함께하는 놀이 역시 자연물을 이용해 진행하는데, 이러한 자연물을 이용한 놀이를 통해 창의력을 키울 수 있다. 다만, 아이들이 놀이를 함께할 때에는 경쟁보다는 협동심을 배울 수 있도록 교사들이 곁에서 돕는다.

함께하는 놀이를 통해 협동심과 사회성을 기를 수 있다

숫자 맞추어 모이기 놀이를 하는 아이들과 교사

숲속 생일 잔치

생일을 맞는 아이가 있으면 숲속에서 작은 잔치를 벌인다. 생일은 아이 스스로 자존감과 자부심을 느낄 수 있는 좋은 기회이므로, 그날 주인공의 성장 모습이 담긴 사진첩을 가져오게 하여 다 함께 돌려본다. 교사는 아이 부모님이 쓴 편지를 읽어 주기도 하고, 생일에 어울리는 동화를 들려주기도 한다. 생일 선물은 친구들이 그린 그림이나 편지, 노래, 자연물로 만든 선물 따위다. 생일을 맞은 아이한테는 꽃이나 나뭇잎으로 만든 왕관을 씌워 주기도 한다.

생일을 맞는 친구한테 줄 나뭇잎으로 만든 잠자리

교사가 만들어 준 공룡

탐험

날마다 찾는 숲속 보금자리가 아이들한테는 편안함과 안락함을 주지만, 탐험 활동은 아이들한테 새로움에 대한 도전과 모험심을 심어 준다. 아이들은 탐험을 통해 편안하고 익숙한 활동 장소를 벗어나 새로운 장소에서 지금까지는 경험하지 못한 여러 상황을 맞닥뜨리게 된다. 아이들은 모험 길에서 새로운 세상을 만나게 된다. 처음 만나는 나무들과 처음 만나는 큰 바위. 처음 듣는 새소리, 처음 보는 꽃과 열매를 만난다. 이러한 탐험 활동은 일반 발달 아이들과 특수교육이 필요한 아이들 모두를 설레게 한다. 아이들의 지적인 호기심을 채워 주기도 하려니와, 새로운 장소에서 일어날 수 있는 새로운 상황과 문제를 해결해 나가는 능력도 키우게 된다.

　탐험 활동할 때, 교사들은 안전사고에 특별히 신경 써야 한다. 생각지도 못한 곳에서 뱀을 만날 수도 있고 벌을 만날 수도 있다. 그러니 탐험을 떠나기 전에는 반드시 약품상자, 호루라기, 전화기 등을 점검하고, 안전교육도 받아야 한다.

　베타니아는, 숲으로 새로운 여행을 떠나기 전에 아이들과 교사들이 둥글게 모여 안전을 기도하는 마음으로 간단한 의식을 갖는다. 다 함께 노래를 부르며 동그란 햇님 모양을 만든 뒤에는 이렇게 읊는다.

　나무야, 풀아, 곤충들아 우리가 숲으로 들어갈게.
　너희와 우리는 친구들,
　네가 들려주는 소리에도 귀 기울일게
　그리고 함부로 밟거나 꺾지 않을게
　우리를 품에 안아 줘서 고마워

좁은 산길을 만나면 한 줄로 서서 지나간다

뼈대만 남은 나뭇잎을 줍다

텃밭 가꾸기

　탐험 활동을 하면서 농사 지을 만한 땅을 발견하고, 교사와 아이들이 힘을 모아 한 달쯤 잡초를 뽑고 정성껏 땅을 일궈 작은 밭을 만들었다. 그 텃밭에 감자를 심었지만, 여름 내내 비가 왔기에 텃밭을 돌볼 수 없었다. 긴 장마가 지나고 찾은 텃밭은 온통 풀밭으로 뒤덮혀 있었다. 무성한 풀을 헤치고 찾아낸 감자라고는 달랑 한 뿌리였다. 베타니아 아이들에게 첫 텃밭 자리를 내어준 친절한 '산할아버지'는 다른 텃밭을 내주었지만, 이번에는 태풍으로 벚나무가 쓰러지는 바람에 텃밭을 망치고 말았다. 이를 아신 '산할아버지'는 또 다른 밭을 흔쾌히 내어 주셨다. 그런 우여곡절을 겪은 끝에 지금은 그 텃밭에 배추를 키우고 있다.

텃밭에 쓰러진 벚나무도 신나는 놀이터가 된다

어려움을 딛고 다시 일군 텃밭

목공놀이

　아이들이 숲 활동에 적응한 9월부터 목공놀이를 했다. 큰 아이들은 맥가이버칼을, 작은 아이들은 감자 깎는 칼과 톱과 망치를 사용해 목공놀이를 한다. 아이들은 먼저 안전하게 도구를 사용법을 배운 뒤에, 도구들을 이용해 나무를 다듬고 자르면서 목공놀이를 하게 되는데, 그런 과정을 통해서

나무를 잘라 보면서 나무 겉과 속이 다름을 안다

아이 손을 잡고 톱질하는 법을 알려 준다

자연스럽게 나무 냄새와 결과 성질에 대해 배운다. 아이들은 겉과 속이 다른 나무 색과 감촉 등을 보고 느끼며 목공놀이에 흠뻑 빠져든다.

목공놀이 도구가 위험하다지만, 이곳에서는 누구도 아이들의 경험을 제약하지 않는다. 목공놀이에 필요한 도구를 사용하는 것을 부모들한테 알리고 집에서도 도구를 안전하게 사용하는 방법을 알려주도록 하였다.

목공놀이는 보통 자유놀이 시간에 이루어지고, 교사는 아이들이 안전하게 도구를 사용하지를 곁에서 살핀다.

자연사랑, 말이 아닌 행동으로

베타니아 특수어린이집은 생태교육을 도입하던 해부터 폐지 교환을 통해 자연사랑을 실천하고 있다. 폐지를 팔아 모은 돈은 연말에 불우한 이웃을 돕는 데 쓴다. 폐지를 모으면서 아이들은 자연스럽게 자연을 사랑하고 환경을 보호하는 마음가짐을 갖게 되었고, 자원을 절약하는 생활 습관도 몸에 익히게 되었다. 폐지 줍기는 숲에서 어린이집으로 돌아오면서 하는데, 처음에는 폐지가 뭔지도 모르던 아이들이 이제는 누가 먼저랄 것도 없이 폐지 줍기에 앞장선다. 아이들은 제가 하는 일이 우리 숲을 깨끗하게 지키고 보호하는 일이란 것을 잘 알고 있다.

길에 버려져 있는 쓰레기를 줍는 모습

쓰레기를 담을 봉투를 미리 준비해 간다

특수교육이 필요한 유아들과 함께

일반아동 유아교육은 아이 스스로 환경과 적극적으로 접촉하면서 얻게 되는 경험 학습이 중심이지만, 특수교육이 필요한 아동은 태어날 때부터 장애를 지니거나 발달 지체 등으로 일상생활과 대인관계 등이 자유롭지 못한 경우가 많고, 아이가 주변 환경과 단절되면서 생기는 2차 발달 지연을 겪는 예도 많다. 이런 어려움을 겪는 아이들은, 그 아이한테 맞는 중재 과정이 필요하다. 베타니아 특수어린이집은, 일반 아동과 특수 아동이 함께 숲 활동을 하기에, 교사들이 두 가지 교육방식 사이에서 혼란을 겪을 때도 있다. 어디까지 중재해야 하고 어디쯤에서 중재를 멈추어야 할지, 어떤 상황에서 중재를 하는 것이 옳은지 그른지 따위를 늘 생각할 수밖에 없다. 그래서 베타니아에서는 유아교사와 특수교사, 언어치료사, 작업치료사가 머리를 맞대고 현장 상황과 개인 특성에 따른 교육방법을 끊임없이 연구한다.

먼저, '개별적인 요구'를 알기 위해 모든 교사와 치료사들은 학기가 바뀐 3월 한 달 동안 아이들을 면밀히 살펴본다. 관찰 평가는 숲 활동에서뿐만 아니라 검사 도구를 통해서도 이루어진다. 이러한 과정을 거친 뒤에 나온 결과를 종합하여 장단기 목표를 세우게 되는데, 목표는 일상생활, 사회 정서,

기초 인지, 의사소통, 신체 발달 부분으로 나누어 수립하고 보고서를 작성한다. 그렇게 작성된 보고서를 바탕으로 학부모와 생각을 나누게 된다. 이때 학부모 생각을 충분히 반영하여 장단기 목표를 확정하고, 이듬해 2월까지 진행한다. 단기 목표는 장기 목표를 달성하기 위한 세부 목표이다. 현재 베타니아 특수어린이집은 단기 목표 세 가지를 수립하고 있는데, 단기 목표 기간이 끝날 때 성취보고서를 작성하여 처음 세웠던 그다음 목표를 계속 시행할 것인지 아닌지를 부모와 협의해 결정한다.

목표 실행은 아이들이 숲 활동을 하면서 자연스레 생기는 상황을 이용하기도 하고 계획하여 접근하기도 한다. 이때에는 다른 아이들 활동과 전체 활동 흐름에 방해되지 않도록 진행한다.

진정한 통합은 물리적(일반아동과 동일한 공간 배치), 교수 활동(함께하는 활동에 의미 있게 참여하는 것), 사회적 통합(함께 어울리기)이 이루어졌을 때라고 한다. 이렇게 되기 위해서는 교사 간, 부모와 교사 간, 교사와 치료사 간 협력이 절대적이며, 아이의 다름을 인정하고 다양성을 수용하는 교사의 긍정적인 자세가 참으로 중요하다. 그리고 교사가 가지는 신념 또한 중요한데, 베타니아 특수어린이집은 날마다 새롭게 아이들과 만나는 힘을 얻도록, 교사가 스스로 돌아보는 시간을 갖는다.

숲은 우리의 친구

베타니아 특수어린이집은 일주일에 한 번씩 학부모가 찾아와 아이들한테 동화를 들려주고, 우리 조상들이 즐기던 세시풍속도 숲 놀이로 이어가고 있다. 그리고 숲속운동회를 열며 자연물을 활용한 손끝놀이, 명상 등을 한다. 숲에서 '뭐하고 놀까' 하고 고민할 필요가 전혀 없는 셈이다.

날마다 숲으로 나가고 일정한 근거지를 정하여 노는 것과 산책은 경험을 통해 다르다는 것을 알게 되었다. 오랫동안 산책을 해보니, 산책보다 숲속

엄마, 아빠와 함께 티피를 만드는 아이들

엄마, 아빠와 함께 만든 숲 소파는 우리의 보금자리

에 정한 놀이장소를 정하여 노는 것이 훨씬 더 놀이를 활성화시키고, 놀이가 창조적으로 변함을 알게 되었다.

오늘날 도시에 사는 많은 아이가 자연을 모른 채 살아가고 있다. 감각을 강하게 자극하는 컴퓨터 게임과 텔레비전이 아이들을 점령하고 있다. 유치원에 다녀온 뒤에는 이 학원 저 학원으로 실려 다니면서 주입식 교육방식에 끝없이 시달리며 자란다. 아이들 심신을 억누르는 이런 교육환경으로는 21세기가 요구하는 인성과 창의성을 갖춘다는 것은 무리다. 아이들이 자연의 품에 안겨 마음껏 뛰어놀면서 배울 수 있다는 것은 얼마나 황홀한 교육방식인가. 그런 과정을 거쳐 강건한 심신을 키운 아이들은 나중에 자라면서 무엇이든지 할 수 있는 자신감과 자립심을 갖게 되고, 이 세상은 사람과 사람의 협동, 그리고 사람과 자연의 조화 속에서 아름다이 펼쳐진다는 것을 가슴에 품고 살아갈 것이다. 그런 점에서, 숲은 아이들한테는 가장 좋은 친구요, 교실이요, 스승이다.

기타 숲유치원 사례

1. 전라남도 숲유치원

최근 들어 숲은 단순히 목재와 임산물을 제공해 주고 등산을 하는 공간의 개념에서 벗어나 자연을 체험하고, 배우고, 느끼는 교육의 장소로서도 각광을 받고 있다. 이러한 가운데 전라남도에서는 농어촌 지역의 유아 복지 증진을 위해 어린이들이 나무와 풀, 숲과 환경에 대해 쉽고 재미있게 이해할 수 있는 체험 교육 실행으로 자유와 창의성 중심의 정서 발달 및 건강 증진 도모를 위하여 2010년에 전라남도 산림자원연구소와 완도수목원, 화순 한천자연휴양림, 보성 제암산자연휴양림, 고흥 팔영산자연휴양림 등 9개소를 시범 운영지로 선정하여 운영해 오고 있다.

전남의 숲유치원이 가지는 차이점은 수목원이나 휴양림 등을 산림 체험 교육장으로 적극 활용하여 휴양림 등의 활성화와 더불어 한정된 인원이 아닌 더 많은 유아들이 숲을 경험할 수 있는 기회를 제공하는 데 있으며, 워크샵과 교육을 통해 전문적인 숲유치원 전담 숲해설가를 양성하는 등 전국의

조각배를 띄우는 아이들

곤충 목걸이를 만드는 아이들

지자체 중에서는 가장 빠르게 시작하였다는데 의의가 크다고 할 수 있다.

프로그램의 주요 내용을 살펴보면 우선 기본적으로 가까운 어린이집과 유치원을 대상으로 대상자를 모집한 후 유아들이 한 달에 한두 번 정도 수목원과 휴양림을 찾아 자연놀이 등 체험 위주의 프로그램을 경험하게 하는 것이며, 정기적인 참여가 아닌 1회적으로 참여하는 유치원이나 어린이집에 대해서도 숲유치원 프로그램을 제공해 주고 있다.

숲에 있는 다양한 돌멩이, 풀, 꽃, 나뭇가지 등이 모두 감각적인 놀잇감이 되고 숲으로 산책가기도 하는데 오목을 이용해 자유롭게 뛰어놀고, 함께 어울려 전래놀이를 하기도 한다. 아이들은 놀면서 자연과의 관계, 사람과의 관계를 배우게 된다.(전라남도청 강현철 글, 사진 제공)

2. 부산대학교 부설 어린이집

부산대 부설 어린이집은 1995년 설립된 국공립 보육시설로서 그동안 다양한 생태유아교육 프로그램을 실천해 오고 있으며, 현재 부산대 직장 보육 위탁시설도 겸하고 있다. 생태유아교육 프로그램 중 산책 프로그램을 가장 활발히 진행하고 있다.

산책 프로그램과 관련해 연령별로 나누어 살펴보면, 영아반은 일주일에 매일, 유아반은 일주일에 3회 이상 산책을 한다. 오전 새참을 먹은 후 10시경에 출발해서 영아반은 11시 30분, 유아반은 12시까지 산책을 갔다가 돌아온다. 한 달에 한두 번 정도 점심 도시락을 싸서 숲에 가서 점심을 먹고 돌아오는 긴 산책을 다녀오기도 한다. 산책은 주로 부산대 캠퍼스 내에 있는 숲이나 공원, 공터에서 한다. 아이들과 선생님이 함께 찾아낸 장소도 많이 있으며, '숲속교실', '풀벌레 마을', '개미공원', '쥐라기공원' 등 직접 산책 장소의 이름을 붙인 곳도 많다. 그리고 부산대에서 가까운 재래시장, 금정산 숲으로 산책을 갈 때도 있다. 비가 오는 날에도 산책을 한다.

통나무를 옮기는 아이들

쓰러져 있는 나무를 타고 노는 아이들

산책을 나가서는 바위나 잔디밭에 누워서 쉬거나 하늘을 바라보기도 하고, 물, 흙, 풀을 만져 보기도 하고 냄새를 맡아 보기도 한다. 다양한 종류의 돌멩이와 풀와 꽃과 나뭇가지 등이 놀잇감이 되는 것이다. 또래나 연령 간 통합하여 산책을 가기도 하는데, 그곳에서 온몸을 이용해 자유롭게 뛰어놀고, 함께 어울려 전래놀이를 하기도 한다. 아이들은 놀면서 자연과의 관계, 사람과의 관계를 배우게 된다. 이러한 산책 프로그램은 숲과 아이들의 만남인 한국 초기의 숲유치원 형태라 하겠다.(부산대학교 부설 어린이집 글, 사진 제공)

3. 숲과 문화 연구회와 학교

숲은 모든 것의 시작이다. 의식주와 경제 활동에 필요한 원료를 채취하는 곳이며, 물의 원천이고, 불의 발생지이며, 철학가, 문학가, 문화 예술인의 사색의 고향이기도 하다. 숲에서 인류는 지혜를 얻고 그것으로 문명을 창조했다. 시, 소설, 동화, 신화, 음악, 건축 등 우리 주변에 숲과 관련 맺지 않고 있는 것은 없다. 따라서 숲은 문화의 산실이라 할 수 있다. 문화는 숲으로부터 탄생했다. 그러나 이와 같은 사실을 깨닫고 있는 사람들은 많지 않으며, 전문인들조차 관심이 없는 실정이다. 설사 이해하고 있다고 해도 숲의 인류 문화적 중요성을 기록으로 남기거나 전달하려는 생각을 행동으로 옮기지

자연 체험 활동을 하고 있는 학부모들

넝쿨로 만든 줄넘기를 하는 아이와 교사

못한다. 이에 뜻을 같이하는 사람들이 이를 실천에 옮기기 위해 1992년 1월 초에 첫 모임을 갖고 연구회를 결성했다.

숲과 문화가 추구하는 지표는 다음과 같다. 숲과 문화는 우리를 둘러싼 환경의 급격한 변화와 더불어 사라져 가는 숲을 보전하여 우리의 생활을 푸르름 속에서 풍요롭게 유지될 수 있도록 지향한다. 숲과의 만남에서 우리의 생활이 비롯되었고, 숲과의 만남에서부터 우리의 문화가 시작되었다 . 숲은 우리에게 양식을 주었고, 생명의 물을 주었으며, 안식처를 주었다. 숲은 생활의 근거지인 동시에 문화의 모태이므로 숲을 떠난 우리의 생활, 우리의 문화란 생각할 수 없는 것이다. 숲과 문화는 나무와 숲, 인간과 숲, 환경과 숲, 그리고 문화와 숲에 대한 우리의 생각을 주고받으며, 이에 대한 새로운 인식들을 검토하고 정리하여 숲의 중요성을 강조하고, 우리의 삶에 기품을 더해 줄 수 있도록 하며, 먼 훗날까지도 가치 있는 기록으로서 남을 수 있는 것이 되도록 한다. 숲과 문화는 이러한 목적을 달성하기 위하여, 변하고 있는 숲의 가치를 재인식하고 계발하여, 숲과 인간의 생태적 조화로움을 추구한다. 숲과 문화 학교는 개인이 설립한 숲생태문화교육 전문기관으로서 숲, 생태, 환경, 문화, 관광, 교육(유아교육) 전문가 72명을 비롯 200여 명의 훌륭한 전문 인적자원과 전국에서 적극적 활동을 있는 2,000여 명의 회원을 두고 있다. 지난 20여 년간 수없이 많은 유, 초, 중, 고, 대학생들과 학부모,

일반인, 교사, 전문가, 교육 관련 기관, 지자체, 국가기관 등을 대상으로 다양한 숲생태 문화교육 및 환경교육 프로그램을 연구하고 교육하고 실천해오고 있다. 숲과 문화 학교 숲유치원을 소개함에 있어서도 유아들에게 온전히 하늘이 지붕이 되고, 놀이터, 학교 뜰, 마을의 숲(자연)이 교실이 되어주었던 1991년으로 거슬러 올라가야 그 실타래를 풀어낼 수 있다.

1991년~1994년 광주 화정동에서 '아이들을 행복하게 하는 특별한 선생님' 프로그램을 운영했다. 스스로 삶을 통해 자연과 부모님이 가장 훌륭한 스승이었음을 믿는 나는 내 아이와 세상의 아이들을 위해 3세~6세 아이들과 놀이터, 학교 뜰, 살고 있던 집 개나리 생울타리와 경계를 하던 소나무, 참나무 숲을 교실삼아 자연과 놀며 나무 그늘 아래서 늘 책도 읽어주었다. 많은 사람이 희한하게 여겼으나 3년이 지나니 스무 집이 함께하게 되었다. 1995년~2001년부터는 마을 도서관 설립과 함께 광주 봉선동에 '자연으로 떠나는 학교'를 운영하기 시작했다. 국어, 미술, 수학, 생태학, 교육학을 전공하고 전직 교사였던 엄마 5명이 교사가 되어 유치원과 초등 1, 2학년인 자신의 자녀와 마을 어린이들을 위해 자발적 참여. 엄마와 자연이 가장 훌륭한 선생님이라는 기치를 내걸고, 매주 5개 영역 각 1회씩 동네 숲에서 자연체험 활동을 통한 교육 프로그램 실시(자연체험 활동, 자연 속 미술 활동, 자연 속 언어 활동, 자연 속 오감놀이 활동, 자연 속의 수학 활동, 관계 형성 놀이) 월 1회는 가족 모두 동반 자연과 문화유적 탐방활동 실시. 이러한 것을 바탕으로 2002년 9월 전남 장성 깊은 숲속 청정한 곳에 숲과 문화 학교를 설립했고 2006년에는 숲과 문화 학교 부설 숲유치원이 설립되었다.

이외에도 교사 프로그램과 유아 대상 사계절별, 주제별. 캠프, 편백 숲으로 떠나는 아토피제로, 영유아 산림치유 응용, 자연놀이, 생태놀이, 엄마와 함께 가는 숲유치원 프로그램을 통해 한국적 숲 생태 유아교육의 원형을 찾고 이를 뿌리내리고자 노력하고 있다.(숲과 문화 연구회 강영란 글, 사진 제공)

숲 활동 프로그램

숲 활동 프로그램에 대한 부가 설명

이 장에서 소개하는 사례들은 외국 숲유치원 활동 모습으로서 우리가 참고할 만한 자료일 뿐, 그 사례 자체가 숲유치원의 교육 목표가 되어서는 안 된다. 활동 사례보다 중요한 것은 아이들이 주체적이고 자발적으로 활동하는 과정이며, 그것이 바로 숲유치원의 진정한 교육 목표임을 잊어서는 안 된다.

우리나라 숲유치원은 아직은 초기 단계여서 교육과정을 수행하는 데 현실적으로 적지 않은 어려움이 있다. 따라서 외국 숲유치원들의 활동 사례를 들어 우리 실정에 맞게 응용한 놀이 프로그램을 제시해 보았다. 그러나 숲유치원 고유의 교육 목표와 내용에 다소 거리감이 생길까 염려스러운 부분이 있다. 이러한 우려를 최소화하기 위해 사례마다 놀이 주제, 놀이 효과, 준비물, 놀이 방법, 응용 등의 기본적인 내용을 밝혀 실제 숲 활동 현장의 자연 여건과 아이들의 연령별 구성, 참여 인원, 계절별 날씨 등에 따라 적용할 수 있도록 하였다. 각각의 내용을 설명하면 다음과 같다.

놀이 주제: 놀이 주제는 사진에서 보이는 놀이 형태에 따라 분류하였다. 숲 활동을 하면서 아이들이 얼마든지 놀이 이름을 다르게 만들어 붙일 수 있다. 교사가 굳이 '이 놀이를 뭐라고 부를까?' 라고 묻지 않아도 아이들은 스스로 놀이 이름을 만들어 낸다.

놀이 효과: 놀이가 어떤 특정한 부분의 발달을 돕는다고 확언하기에는 어

렵다. 숲유치원의 놀이 목적도 마찬가지로 모든 교육의 결과를 평가할 때 발생하는 근본적 어려움을 내포하고 있다. 여기에서 밝힌 놀이 효과는 「숲에서 아이들과 함께(Mit Kindern in den Wald)」, 「놀이 공간인 숲(Spielraum Wald)」 등의 책에 실린 것을 종합한 것이다. 그리고 창의성, 공동체성, 사회성, 예술성, 주체성, 집중력, 인지 능력, 감각 능력(시각, 청각, 미각, 후각, 촉각), 의사소통 능력, 운동 능력(대근육, 소근육), 자립심, 성취감, 판타지를 중심으로 구분했다.

준비물: 놀이에 적합한 지형과 지물, 놀이에 필요한 교육 소재, 도구, 최소 인원 등 필요한 사항들을 제시하였다. 교사는 제시된 사항들에 얽매일 필요없이 그때그때 상황에 따라 지혜롭게 대처해야 한다.

놀이 방법: 숲유치원 아이들의 활동 모습을 직접 관찰해 보니 나이, 참가 인원, 교사 참여 여부에 따라 놀이가 다양하게 바뀌는 것을 볼 수 있었다. 여기에 제시한 사례들은 현장에서 응용할 수 있는 가장 기본적인 놀이로 얼마든지 변형할 수 있다.

응용: 놀이는 현장 상황에 따라 얼마든지 응용할 수 있지만, 그 가운데 한두 가지만 제시했다. 교사는 아이들이 나름대로 놀이를 변화시키고 응용할 수 있는 여지를 두어 창의성과 응용 가능성을 높이도록 해야 한다.

숲유치원에서 가장 중요한 활동은 아침 모임과 마무리 모임이다. 아이들이 하루를 열고 닫는 모임 장소는 숲을 대하는 아이들의 마음을 모으는 곳이기 때문이다. 주로 숲 소파를 이용하지만, 특별하게 따로 만들기도 한다. 아이들과 함께 여러 가지 모양과 색상의 돌들을 모아 원을 만들고, 그 원 안에는 탑을 쌓아 계절에 따라 꽃과 열매 따위로 장식한다. 대피소 앞 공간을 활용해서 만들게 되면 아이들이 둥글게 만들어진 모형에 따라 자연스럽게 둥글게 서게 된다. 그곳에서 노래하고 춤추며 그날 활동을 어떻게 할 것인지를 결정한다.

놀이 효과 창의성, 공동체성, 사회성, 의사소통 능력

계절 봄, 여름, 가을, 겨울

대상 영아반, 유아반, 취학반

인원 10-20명

준비물 주변의 자연 돌, 경우에 따라 장식할 화분, 인형

놀이 방법

1. 아이들과 함께 아침 모임과 마무리 모임을 위한 장소를 만드는 것에 대해 상의한다.

2. 어떤 소재로 모임 장소를 만들지 정한다.(예: 돌, 나뭇가지)

3. 만들려고 하는 원의 크기를 그린 다음 선을 따라 돌로 원을 만든다.

4. 원 안에 탑 형태로 다양한 크기의 돌을 쌓는다.

5. 탑처럼 쌓은 돌 위에는 숲유치원 활동을 하면서 계절과 주제에 따른 소재
   로 장식한다.

응용

숲 가꾸기 등을 하고 쌓아 놓은 나뭇가지를 이용해서 만들 수 있다.

달팽이집 놀이는 팀을 둘로 나누어 집 안쪽과 바깥쪽이 각 팀의 집이 된다. 각 집에 솔방울(밤, 도토리)을 담은 바구니를 놓고 가위바위보를 해서 이긴 사람이 상대 팀 집에 가서 바구니에 있는 솔방울을 하나 집어 온다. 솔방울을 많이 갖게 되는 팀이 이기는 게임이지만, 삐뚤빼뚤 나선형의 달팽이집을 지으면서 아이들이 공간 감각을 키워가고, 협동심을 기르는 준비 과정을 중요하게 생각하고 충분한 시간을 주어야 한다.

놀이 효과 공동체성, 사회성, 인지 능력, 운동 능력(대근육)

계절 봄, 여름, 가을, 겨울

대상 취학반

인원 10-20명

준비물 평평한 장소, 바구니, 솔방울, 밤, 도토리, 나무 열매 등

놀이 방법

1. 나뭇가지로 만들고 싶은 크기의 달팽이집 모양을 그린다.

2. 나선형 모양으로 달팽이집의 윤곽을 그어놓은 선을 따라서 놀이 장소에 있는 흙과 낙엽, 동맹이, 나뭇가지 등으로 집 모양을 만든다.

3. 두 팀으로 나누고, 출발 신호를 알리는 사람을 정한다.

4. 각 팀에서 한 사람씩 순서대로 달팽이집의 안쪽과 바깥쪽에 선다.

5. 출발 신호와 함께 동시에 상대 팀의 집 쪽을 향해 걷기 시작한다.

6. 만나는 중간 지점에서 가위바위보를 해서 진 사람은 자기 팀이 있는

쪽으로 돌아가고 이긴 사람은 계속 걸어가서 상대 팀 집에 놓여 있는 바구
니에서 솔방울을 하나 집은 다음 팀이 있는 곳으로 돌아간다.
7. 솔방울을 많이 갖게 되는 팀이 이긴다.

주의사항

가위바위보로 승부를 가르고 상대편보다 솔방울을 더 많이 가져야 이기는
놀이다. 출발 신호와 함께 상대 팀의 집 쪽을 향해 뛰면서 경쟁심을 부추기
는 놀이가 되는 것은 바람직하지 않다.

크리스마스 전 4주간의 강림절 기간에 진행하는 놀이다. 낙엽으로 덮여 있는 넓은 공간 위에 침엽수 가지로 달팽이집 모양을 만들어 교사 한 사람은 아이들과 함께 달팽이집 주변에 빙 둘러앉고, 다른 교사 한 사람은 달팽이집 안에 커다란 초를 켜고 앉는다. 간단한 손 인형극과 함께 돌아가며 아이들에게 부모의 사랑이 담긴 편지를 전달해 주는 놀이다.

놀이 효과 감성, 영성, 집중력, 감각 능력(시각), 의사소통 능력

계절 겨울

대상 영아반, 유아반, 취학반

인원 10-20명

준비물 침엽수 가지(전나무, 소나무 등) 가지, 손 인형, 부모가 아이에게 전하는 사랑의 글

놀이 방법

1. 침엽수로 달팽이집 모양을 만든다.

2. 교사 한 사람은 커다란 초를 켜고 달팽이집 안에 앉고, 다른 교사는 달팽이집 입구에 앉는다.

3. 아이들은 달팽이집 주위로 흩어져 앉는다.

4. 달팽이집 밖에 앉은 교사는 간단한 손 인형극을 준비해서 들려준 다음 한 사람씩 호명한다.

5. 이름이 불린 아이는 부모의 편지를 들고 달팽이집 안에 앉아 있는 교사에

게 간다.

6. 나머지 아이들은 조용히 앉아 편지 내용을 함께 듣는다.

주의사항

사랑의 글은 두세 줄로 간략하게 써 달라고 부탁한다. 어린 아이들과 할 때 놀
이 시간이 길어지면 주의력이 떨어지고 지루해질 수 있다.

발도르프 교육에서 하는 의식을 적용한 것이다. 긴 천으로 나선형 모양을 만들고 전나무 가지로 장식한다. 적당한 간격을 두고 초를 올려놓을 별 모양의 판을 놓아둔다. 달팽이집의 가운데에 직사각형 탁자를 놓고 그 위에 커다란 초를 올려놓는다. 실내조명을 약간 어둡게 한 뒤 한 명씩 사과 모양을 한 자신의 초를 들고 조용히 나선형 천을 따라 달팽이집으로 걸어 들어간다. 네모난 탁자 위에 놓인 촛불을 이용해 손에 들고 있는 초에 불을 켠 다음 별 모양 색종이 위에 초를 올려놓고 제자리로 온다. 초가 밝혀질 때마다 어둠은 가시고 방은 빛으로 가득해진다. 촛불이 모두 켜지면 다 함께 기도를 하고 크리스마스 노래를 부르며 마무리한다.

놀이 효과 예술성, 감성, 영성, 감각 능력(시각), 판타지

계절 겨울

대상 유아반, 취학반

인원 10-20명

준비물 침엽수 가지, 1m x 3m 천(색은 자유롭게 고른다), 색종이, 사과, 초, 50~70cm 높이의 직사각형 상자

놀이 방법

1. 1m × 2-3m 천의 폭을 삼등분으로 나누어 접은 뒤 나선형 모양을 만든다.

2. 나선형 모양을 만든 천 위에 침엽수 가지로 장식을 한다.

3. 침엽수 가지로 장식한 사이사이에 별 모양으로 오린 색종이를 30cm 정

도 간격으로 올려놓는다.

4. 나선형 모양의 제일 가운데 탁자 위에 커다란 촛불을 켜 놓는다.

5. 한 명씩 초를 꼽은 사과를 들고 조용히 걸어 들어가 탁자 위의 촛불로 손에
   들고 있는 초에 불을 켠 뒤 별 모양의 판 위에 차례대로 올려놓는다.

티피는 북아메리카 평원 지역 인디언의 천막이다. 인디언의 주거양식에 대한 내용을 이야기해 주고 그림으로 보여주면서 아이들이 티피를 어떻게 만들 것인지 생각하도록 한다. 티피 만들기는 다양한 주거양식에 대한 이해를 높이고 협동심을 기를 수 있다. 인디언 놀이와 책 읽어 주는 놀이 장소로 활용할 수 있다.

놀이 효과 공동체성, 운동 능력(대근육, 소근육), 판타지

계절 봄, 여름, 가을

대상 유아반, 취학반

인원 1-20명

준비물 굵기와 길이가 다른 종류의 나무, 낡은 헝겊, 천을 묶을 수 있는 끈

놀이 방법

1. 삽으로 흙을 파내지 않아도 바닥의 깊이가 낮게 만들어질 수 있는 약간 경사진 사면을 선택한다.

2. 교사는 되도록이면 큰 나무로 뼈대를 세울 수 있게 돕고 나이가 어린 아이들은 주변에 울타리를 쌓는 일을 한다.

3. 폭이 넓은 낡은 여러 가지 색상의 천으로 둘레를 씌운다.

숲에서 쉽게 얻을 수 있는 자연 소재인 돌과 나무토막을 쌓는 놀이는 간단한 삼차원 놀이다. 높게 쌓으려는 아이의 바람과는 달리 돌과 나무토막은 자주 무너지지만, 그것을 다시 쌓는 과정이 반복되면서 아이들은 지혜를 배우고 인내심이 생긴다. 상하좌우의 공간 감각과 함께 예술 감각이 형성된다.

놀이 효과 창의성, 집중력, 인지 능력, 감각 능력(시각)

계절 봄, 여름, 가을, 겨울

대상 영아반, 유아반, 취학반

인원 1-20명

준비물 크고 작은 돌멩이, 나무토막과 잔가지

놀이 방법

돌멩이와 나무토막을 갖고 노는 놀이에서는 딱히 어떠한 방법이 있다기보다는 아이들이 다가갈 수 있는 환경을 마련해 주는 것이 중요하다. 자연 그대로의 모습이 남아 있는 숲을 이용하는 경우와는 달리 도심공원에서 숲유치원을 하게 되면 돌멩이를 찾기란 쉽지 않다. 따라서 아이들과 함께 여기저기 흩어져 있는 돌들을 모으는 것도 숲 활동으로 가져갈 수 있다. 숲 활동 장소 주위에 한 무더기의 돌과 나무토막을 쌓아 놓은 영역을 만들어 준다.

동물들이 겨울잠에 드는 가을에 아이들과 함께 어떤 동물들이 겨울잠을 자고 어떤 곳에서 어떤 방식으로 겨울잠을 자는지에 대해 알아본다. 그런 다음 땅굴을 지나는 동물들의 느낌을 간접적으로 느껴 볼 수 있는 동물 터널 놀이를 한다.

놀이 효과 공동체성, 감성, 영성, 인지 능력, 운동 능력(대근육, 소근육), 자립심, 성취감, 판타지

계절 가을

대상 유아반, 취학반

인원 10-20명

준비물 3m x 7m 정도 되는 빛이 통과하지 않는 비닐, 커다란 돌

놀이 방법

1. 긴 통로가 될 수 있는 건천을 찾는다.

2. 건천 위에 비닐을 덮어 터널을 만들고, 바람에 날리지 않도록 비닐 양쪽 끝을 커다란 돌로 누른다.

3. 각자 어떤 동물이 되어 터널을 통과할지 정한다.

4. 한 명씩 터널을 통과하고 나와 그 느낌에 대해 이야기한다.

우리나라에서 하는 '얼음땡' 놀이와 비슷하다. 술래가 잡으러 오면 땅 위가 아닌 나무 기둥이나 돌 위에 올라서서 '동상'이라고 외쳐야 한다. 이때 술래는 '동상'이라고 외친 아이를 잡을 수 없다. 다만 그 아이가 돌이나 나무 기둥에서 떨어지면 술래에게 잡히게 된다.

놀이 효과 사회성, 인지 능력

계절 봄, 여름, 가을, 겨울

대상 유아반, 취학반

인원 10-20명

준비물 숲이나 공원 어느 장소에서든 올라설 수 있는 나무토막이나 조그만 바위

놀이 방법

1. 술래를 정한다.

2. 술래는 한 자리에 서서 '시작'을 큰 소리로 외치고 다른 사람을 손으로 치러 다닌다.

3. 술래가 손으로 치려고 하면 나무 기둥이나 돌 위에 올라 서서 '동상'하고 외치고 멈추어 서면 술래는 칠 수 없다.

4. '동상'하고 외친 뒤에는 움직일 수 없는데 다른 친구가 와서 '땡'하고 쳐 주면 다시 움직일 수 있다.

5. '동상' 하고 외치기 전에 술래가 몸을 치거나, '동상'을 외친 뒤에 움직이
   면 그 사람이 술래가 된다.
6. 술래가 바뀌면 다른 사람에게 술래임을 알린 뒤 다시 놀이를 시작한다.

응용

동상 놀이와 비슷한 '앉은뱅이' 놀이가 있다. '동상'이라고 말하는 대신
'앉은뱅이'라고 외치면서 자리에 얼른 앉는다.

노르웨이 동화에 나오는 숲의 정령 트롤이 친구와 함께 난쟁이와 요정을 방문하는 동화를 읽는다. 아이들과 함께 트롤의 얼굴과 닮은 형태의 돌멩이와 나뭇가지를 찾는다. 그런 다음 색연필이나 칼로 눈, 코, 입 등을 그린다. 아이들이 만든 여러 가지 형태의 트롤 얼굴을 트롤 인형 옆에 모아 놓은 다음 요정이나 난쟁이와 관련된 동요를 부른다.

놀이 효과 창의성, 감성, 영성, 집중력, 인지 능력, 감각 능력(촉각), 성취감, 판타지

계절 봄, 여름, 가을, 겨울

대상 유아반, 취학반

인원 1–20명

준비물 색연필, 칼, 헝겊 인형(놀이 주제 대상)

놀이 방법

1. 이 놀이의 주제에 나오는 캐릭터는 노르웨이의 트롤이지만, 우리나라 아이들이 좋아하는 인형을 선택하면 된다. 예를 들면 포켓 몬스터, 콩순이, 방귀대장 뿡뿡이 등이다. 가족의 얼굴, 친구들의 얼굴을 해도 좋다.

2. 교사는 인형과 관련된 이야기를 아이들에게 들려주거나 동화책을 읽어 준다.

3. 교사는 아이들과 함께 숲을 돌아다니며 인형 재료를 찾는다.

4. 아이들이 찾은 재료에 색연필, 칼 등을 이용해 눈, 코 , 입을 그린다.

5. 선택한 인형과 관련된 노래를 부르며 놀이를 마무리한다.

주의사항

뱀 혹은 벌이 활동하는 봄부터 가을까지는 아이들과 형상을 찾으러 우거진 숲으로 들어가기보다는 숲 가장자리의 안전한 곳을 활동 장소로 정하는 것이 좋다.

교사와 아이가 함께 악기를 만드는 놀이다. 교사는 아이들에게 집에서 사용한 병뚜껑을 모아오도록 한다.

손잡이와 병뚜껑을 엮을 수 있게 두 갈래로 갈라진 나뭇가지 사이를 철사로 묶는다. 한 번에 그룹의 모든 아이가 놀이에 참가하기보다는 하루에 2-3명 정도 순서를 정해서 하는 게 좋다.

놀이 효과 창의성, 예술성, 감성, 인지 능력, 감각 능력(청각), 운동 능력(소근육), 성취감

계절 봄, 여름, 가을, 겨울

대상 유아반, 취학반

인원 1-5명

준비물 병뚜껑, 철사, 나뭇가지, 망치, 못, 철사 절단기

놀이 방법

1. 두 갈래로 갈라진 나뭇가지를 준비해 잘 다듬는다.

2. 한쪽 가지를 철사로 엮는다.

3. 병뚜껑에 못으로 구멍을 낸 다음 철사에 끼운다. 그러고 나서 반대편 가지에 철사를 팽팽하게 묶는다.

주의사항

약간 난이도가 있는 놀이이기 때문에 집중적으로 맡아서 해줄 전담 교사가
필요하다.

응용

병뚜껑 악기와 함께 모든 아이가 각자 양손에 돌멩이, 솔방울, 나뭇가지 등
을 들고 리듬에 맞춰 숲 음악회를 연다.

숲유치원 활동에서 흔히 볼 수 있는 프로그램인 나무막대기 빵 굽기는 주로 생일 잔치나 여름, 가을 축제에 이루어진다. 불을 피울 수 있는 장소를 마련하고 밀가루 반죽을 좀 묽게 해서 독이 없는 나뭇가지를 이용해 빵을 만든다. 아이들의 협동심과 끈기 등이 발달될 수 있으며 불의 성질과 불을 대하는 자세를 배울 수 있다.

놀이 효과 공동체성, 사회성, 집중력, 인지 능력, 감각 능력(시각, 미각, 후각), 운동 능력(소근육), 자립심, 성취감

대상 유아반, 취학반

인원 1-10명

준비물 독이 없는 나무 막대기(80cm-1m 정도), 밀가루 반죽, 숯 혹은 나무, 칼, 라이터, 밀가루, 소금과 설탕, 이스트, 미지근한 물(혹은 우유와 물을 반반 섞는다)

놀이 방법

1. 독이 없는 나뭇가지를 골라 칼로 다듬는다.
2. 불을 피우고 화기가 강하지 않을 때부터 밀가루 반죽을 나뭇가지에 묻혀 굽기 시작한다.
3. 막대기를 돌려가며 굽는다.

응용

반죽을 되게 해서 나무 막대기에 뱀처럼 길게 감거나 약간 흐르는 듯한 묽
은 반죽을 반복해서 발라가며 굽는 방법이 있다.

가을 숲은 갖가지 모양과 크기의 낙엽으로 가득하다. 커다란 낙엽에 매직펜으로 눈, 코, 입 등을 그린 다음 나뭇가지에 끼운다. 나뭇가지 아래는 천을 둘러 몸통을 만든다.

놀이 효과 창의성, 감성, 감각 능력(시각), 자립심, 성취감, 판타지

대상 유아반, 취학반

인원 1-20명

준비물 60cm 정도의 가는 막대기, 검정 매직펜, 20cm x 30cm정도의 천, 털실, 크고 잘 마른 낙엽

놀이 방법

1. 가늘고 긴 나뭇가지를 골라 곁가지를 자른다.

2. 매직으로 낙엽에 눈과 입을 그려 얼굴을 만든다.

3. 2에서 준비한 낙엽을 나뭇가지에 끼워 넣는다.

4. 준비한 천을 나뭇가지에 두르고 윗부분을 끈으로 묶어서 몸체를 만든다.

응용

아이마다 각기 다른 형태의 나뭇가지 인형을 만들도록 한 다음 완성된 작품으로 인형극 놀이를 한다.

ANIMALS

온통 낙엽으로 뒤덮인 가을 숲! 나뭇잎 색깔이 변화는 이유도, 떨어지는 이유도 아이들에게는 중요하지 않다. 재주넘기를 하기 위해 수북하게 낙엽을 모으며 낙엽의 형질을 보고 느낀다. 준비 과정에서 협동심을 키우며 한 명씩 차례를 지키면서 활동을 하는 질서를 배운다.

놀이 효과 공동체성, 주체성, 감각 능력(시각), 의사소통 능력, 성취감

계절 가을

대상 영아반, 유아반, 취학반

인원 1~20명

준비물 낙엽

놀이 방법

1. 낙엽이 많이 쌓여 있는 평평한 장소를 선택한다.

2. 주변에 있는 낙엽을 한 아름씩 모아서 한군데 쌓는다.

3. 원을 그리고 선다.

4. 놀이 그룹의 대표가 재주넘기를 할 아이의 이름을 한 사람씩 부른다.

주의사항

차례를 지키지 않으면 서로 부딪쳐서 다칠 수 있기 때문에 순서를 잘 지켜
야 한다.

모양이 다양한 틀에 물을 채워 얼게 한 다음 나뭇잎으로 장식한다. 그러고 나서 다시 물을 부어 나뭇잎이 얼음 속에 자리 잡을 수 있게 한다. 그런 다음 만들고 싶은 모빌 두께만큼의 물을 부어 얼린다. 이 놀이는 기온에 따른 물의 성질을 인식하게 하며, 틀의 모양에 따라 다양한 얼음 모빌을 만들 수 있다.

놀이 효과 창의성, 예술성, 인지 능력, 의사소통 능력, 성취감, 판타지

계절 겨울

대상 영아반, 유아반, 취학반

인원 1-10명

준비물 여러 가지 모양의 통, 낙엽, 털실, 송곳, 성냥

놀이 방법

1. 통에 물을 얕게 부은 다음 얼린다.

2. 물이 얼면 그 위에 낙엽 등으로 장식을 하고 낙엽이 떠오르지 않을 정도로 물을 살짝 부어서 얼린다.

3. 장식한 낙엽 등이 얼음에 붙으면 낙엽 등이 잠길 만큼 물을 붓는다.

4. 송곳을 뜨겁게 데워 모빌에 구멍을 내고 털실로 엮어 나무에 매단다.

주의사항

물을 너무 많이 부어 얼리면 얼음이 두꺼워져 나무에 매달기 어렵다. 얼음
판 두께 조절에 신경을 써야 한다.

응용

물감을 이용해 얼음에 색을 입힐 수 있고, 열매나 조약돌 등으로 다양한 표
현을 할 수 있다.

둥근 플라스틱 통에 하얀 눈을 담아 꼭꼭 누른 다음 뒤집는다. 눈 모양의 둥근 케이크 위에 낙엽과 열매 등으로 장식한다. 가늘고 잔잔한 나뭇가지를 꽂아 초를 대신할 수 있고, 여러 가지 크기의 원통으로 케이크를 더 크거나 높게 만들 수도 있다.

놀이 효과 창의성, 공동체성, 예술성, 감성, 영성, 집중력, 감각 능력(시각), 의사소통 능력, 운동 능력(소근육), 판타지

계절 겨울

대상 영아반, 유아반, 취학반

인원 1-5명

준비물 둥근 플라스틱 통, 눈, 낙엽, 마른 열매, 나뭇가지 등을 담을 바구니.

놀이 방법

1. 둥근 플라스틱 통에 눈을 담아 꼭꼭 누른 다음 통을 뒤집어서 꺼낸다.
2. 장식할 낙엽과 마른 열매, 나뭇가지들을 바구니에 모은다.
3. 눈 케이크를 낙엽과 마른 열매, 나뭇가지 따위로 장식한다.

주의사항

둥근 케이크 모양을 만들 때 눈을 잘 다지지 않으면 쉽게 부서질 수 있다.

응용

삼각형과 직사각형 모양 등 여러 모양의 통을 이용해 과자와 빵 따위를 만든다.

색깔이 다른 흙을 찾아 따로따로 양동이에 담는다. 처음에는 양동이에 물을 부어가며 초콜릿 만들기 놀이를 하듯 흙을 반죽한다. 초콜릿 만들기가 끝나면 나뭇가지로 도화지에 그림 그리기를 한다. 아이들은 숲 활동 지역의 흙이 성분에 따라 제각각 색깔이 다르다는 것을 배우게 되며, 보통 사용하는 붓이나 물감이 아닌 흙물감과 나뭇가지를 이용해 그림을 그리면서 새로운 감각을 익히게 된다.

놀이 효과 창의성, 예술성, 감성, 집중력, 감각 능력(시각, 촉각), 자립심, 성취감, 판타지

대상 영아반, 유아반, 취학반

인원 1-20명

준비물 양동이, 모종삽, 물, 도화지. 나무 막대기(반죽용, 그림 그리기용)

놀이 방법

1. 교사는 활동 지역에 색깔이 다른 흙이 어디에 있는지 아이들과 찾아본다.

2. 양동이에 여러 종류의 흙을 담는다.

3. 양동이에 물을 부어 흙을 걸쭉하게 반죽한다.

4. 나뭇가지로 여러 가지 색깔의 흙을 이용해 도화지에 그림을 그린다.

응용

도화지에 흙으로 그림을 그리면서 크고 작은 나뭇잎과 나뭇가지를 함께 사
용할 수 있고, 주변에 있는 여러 유형의 나뭇잎에 그림을 그릴 수도 있다.

굵기가 다른 나뭇가지를 모아 새 둥지를 만든다. 둥지 안에 들어가 몸을 말아 새알이 되어 보기도 하고, 갓 태어난 새끼 새가 되어 보기도 하고, 어미 새가 먹이를 물어다 주며 새끼 새를 돌보는 모습을 흉내 내어 보기도 한다. 새끼 새 둥지 만들기를 전에, 새와 관련된 여러 가지 놀이를 한다. 새의 종류를 그림책으로 보고, 동화책을 읽거나 동요를 부른다. 새들의 생활이나 특성을 알면 더 다양한 활동으로 표현할 수 있다.

놀이 효과 창의성, 공동체성, 감성, 영성, 운동 능력(소근육), 성취감, 판타지

계절 봄, 여름, 가을, 겨울

대상 유아반, 취학반

인원 5–10명

준비물 가늘고 긴 나뭇가지들, 30cm 정도 높이의 나뭇가지 다수

놀이 방법

1. 아이들과 함께 새들이 어떻게 둥지를 만들며 알을 품고, 새끼 등을 돌보는지 조사해 보는 시간을 가진다.
2. 만들려고 하는 새 둥지의 크기를 정해서 30cm 높이의 나뭇가지로 대충 원 크기를 정한다.
3. 2번에서 원 크기를 표시해 놓은 나뭇가지를 중심으로 아이들이 주변에 있는 나뭇가지를 모아 새 둥지를 만든다.
4. 어미 새와 새끼 새, 새알 등의 역할을 돌아가며 한다.

주의사항

긴 나뭇가지를 나를 때는 2-3명이 함께하도록 유도한다.

숲에 쓰러져서 있는 통나무를 이용해 그림 그리기를 한다. 표피가 마른 상태면 천연물감을 칠하기가 더 좋다. 아이들이 표현하고 싶은 모양을 그리게 한 다음 조각칼이나 끌을 이용해 모양을 판다. 벚나무 열매처럼 강한 색상이 나는 열매를 이용해 물감을 만들어서 색을 입힌다.

놀이 효과 창의성, 예술성, 감성, 집중력, 인지 능력, 성취감, 판타지
계절 봄, 여름, 가을
대상 유아반, 취학반
인원 1-5명
준비물 색상을 띤 열매, 식초, 식용유, 잘 마른 통나무, 붓, 끌, 조각칼

놀이 방법

1. 아이들과 함께 천연물감을 만들 수 있는 열매를 찾는다.

2. 열매 즙을 내어 식초와 식용유를 작은 스푼으로 넣어 잘 섞은 뒤, 뚜껑이 있는 병에 넣어 사용하고 보관한다. 식초와 식용유는 착색에 도움이 된다. (열매즙:식초＝약 300ml:1ts)

3. 잘 마르고 굵은 나무를 찾는다. 여의치 않을 경우에는 마른 나무를 토막 내서 사용한다.

4. 아이들이 조각칼을 이용해 그리고 싶은 형태의 윤곽을 표시하도록 한다.

5. 표시된 안쪽의 나무껍질을 조각칼로 벗겨내 물감이 잘 스며들도록 한다.

6. 조각칼로 오려 낸 모양에 천연물감으로 색을 입힌다.

주의사항

아이들에게 손에 물이 들 수 있음을 알려 주고, 특히 도구를 사용할 때 다치
지 않도록 주의를 준다.

응용

1m 정도되는 나뭇가지의 껍질을 잘 다듬은 다음 흙을 파내고 세운다. 물감
으로 점을 찍거나 선을 그리며 나무에 색칠한다.

'우주의 원', '마법의 원'이라고 불리는 만다라는 자연물로 만드는 좋은 놀이다. 주변에 자라는 자연물이 어떤 것들이 있는지 알 수 있고 색의 조화를 느끼면서 모형을 만들게 된다. 만다라 만들기는 아이들이 성취감을 느낄 수 있을 뿐만 아니라 심신이 안정되는 놀이다.

놀이 효과 창의성, 공동체성, 사회성, 예술성, 감성, 영성, 집중력, 인지 능력, 감각 능력(시각, 촉각), 의사소통 능력, 성취감, 판타지

계절 봄, 여름, 가을, 겨울

대상 유아반, 취학반

인원 1-10명

준비물 계절에 따른 주변의 자연물(꽃잎, 나뭇가지, 솔방울, 도토리, 밤, 나뭇잎 등)

놀이 방법

1. 나뭇가지를 이용해 만들려고 하는 만다라의 윤곽을 만든다.

2. 칸마다 어떤 자연물을 채울 건지 결정한 뒤 같은 종류의 나뭇잎이나 솔방울, 꽃 따위를 모은다.

3. 교사는 아이들이 모은 자연물의 이름과 특성이 무엇인지 묻기도 하고 알고 있는 것을 이야기해 주면서 만다라를 만든다.

응용

나뭇가지 대신에 돌을 이용해서 만다라의 윤곽을 표시할 수 있다

다양한 모양의 도토리를 주워 팽이를 만든다. 엄지와 검지 두 손가락의 힘을 이용해 돌리는 놀이로 상대의 팽이보다 더 오래 돌 수 있도록 하는 놀이다.

놀이 효과 집중력, 인지 능력, 감각 능력(촉각), 운동 능력(소근육)

계절 가을, 겨울

대상 유아반, 취학반

인원 1~20명

준비물 도토리, 송곳이나 못, 성냥

놀이 방법

1. 끝이 뾰족한 도토리를 줍는다.
2. 도토리 깍정이에서 분리된 부분을 송곳이나 못으로 구멍을 낸 다음 성냥을 꽂아 돌릴 수 있는 손잡이를 만든다.
3. 두 명씩 짝을 지어 힘겨루기를 한다.
4. 여러 팀으로 나누어 단체전을 할 수도 있다.

응용

아이들에게 각각 도토리 5-10개를 나누어 준 뒤 지정된 구역의 돌, 나뭇잎 아래에 숨기게 한다. 팽이놀이가 끝난 뒤 숨겨 놓은 도토리를 찾아본다.

큰 나뭇잎을 골라 나뭇가지를 이용해 구멍을 내며 표현 놀이를 한다. 종이 접기, 종이 오리기 등은 동서양을 막론하고 전형적인 창의성 증진 놀이이다. 최근에는 치유 프로그램으로 활용할 정도이다. 이 놀이는 종이 대신 나뭇잎을 이용하여 아이들의 창의성을 표현할 수 있도록 한다. 교사는 놀이 전에 아이들이 표현하고자 하는 내용을 가볍게 물어 보고, 표현 놀이가 완성된 작품을 설명할 수 있는 기회를 주는 것도 좋다.

놀이 효과 창의성, 예술성, 감성, 집중력, 인지 능력, 성취감, 판타지

계절 여름

대상 영아반, 유아반, 취학반

인원 1-10명

준비물 나뭇잎, 나뭇가지

놀이 방법

1. 큰 나뭇잎을 필요한 숫자만큼 준비한다.

2. 개별적으로 사용할 나뭇가지를 줍는다.

3. 나뭇잎에 자유롭게 구멍을 내어 표현하도록 한다.

응용 실내 놀이를 할 경우, 폐지를 이용하여 동일한 표현놀이를 하면서, 옛
날에 나뭇잎이 종이를 대신한 적이 있다는 사실을 알려준다.

색상과 크기가 다른 나뭇잎을 모아 직사각형의 나무판 위에 종류별로 가지 런히 놓는다. 밀가루 풀을 조그만 플라스틱 그릇에 담는다. 붓을 이용해 나 뭇잎에 풀칠을 한다. 아이들 스스로 자신이 원하는 나무를 골라 자유롭게 나뭇잎을 꾸민다. 되도록이면 표면이 매끄러운 나무 기둥을 선택한다.

놀이 효과 창의성, 예술성, 감성, 영성, 집중력, 인지 능력, 감각 능력(미각), 운동 능력(소근육), 판타지

계절 봄, 여름, 가을, 겨울

대상 유아반, 취학반

인원 1-10명

준비물 다양한 나뭇잎, 밀가루 풀, 붓, 플라스틱 작은 통, 직사각형의 나무판

놀이 방법

1. 밀가루 풀을 준비한다.

2. 색상과 크기가 다른 여러 가지 나뭇잎을 모은다.

3. 직사각형의 나무판 위에 사용할 나뭇잎과 밀가루 풀이 담긴 통을 준비한 다.

4. 나뭇잎으로 장식할 나무를 선택한다.

5. 붓으로 나뭇잎에 풀을 발라 자유롭게 표현한다.

응용

찰흙을 이용해 나무 기둥에 얼굴 만들기를 한다.

아이들은 원을 그리고 선다. 원 중앙에 네모난 단색 천을 깔고 그 위에 5-7 종류의 나뭇잎을 올려놓는다. 20명의 아이들이 모두 함께할 경우에는 손으로 만진 나뭇잎의 감각을 잃어버리지 않도록 교사 한 명씩 7명 정도를 맡는다. 교사들은 분산해서 아이들 뒤에 서 있다가 같은 종류의 나뭇잎을 뒷짐 진 아이들 손바닥에 올려 만져 보게 한다. 그런 다음 깔개 위에 놓인 나뭇잎 가운데 자신이 만진 것과 같은 종류의 나뭇잎을 찾도록 한다.

놀이 효과 창의성, 예술성, 감성, 집중력, 인지 능력, 성취감, 판타지

계절 봄, 여름

대상 유아반, 취학반

인원 10-20명

준비물 5-7 종류의 나뭇잎, 가로세로 1.5m 정도의 단색 천

놀이 방법

1. 아이들은 둥글게 선다.

2. 원 가운데 가로 세로 60cm 정도의 크기로 접은 깔개를 놓는다.

3. 깔개 위에 5-7개 정도의 여러 종류 나뭇잎을 올려놓는다.

4. 20명 아이들이 함께할 경우 교사 3-4명이 아이들 5-7명 정도를 맡는다. 등 뒤에 나누어 서서 손으로 나뭇잎을 만져 보게 한다.

5. 손으로 느낀 감각으로 천 위에 놓인 같은 종류의 잎을 찾게 한다.

응용

교사는 나무와 나뭇잎의 특성을 이야기해 준다.

아이들과 함께 종이 상자에 여러 개의 칸을 만들어 호두나무, 개암나무, 도토리나무 등의 사진을 바닥에 부친다. 여러 개로 나뉘어진 네모 칸에 들어갈 만한 크기의 두툼한 종이에 나무 이름을 쓴 카드를 만든다. 그리고 사진에 있는 나무의 열매들을 종류별로 준비한다. 아이들은 나무 그림에 맞는 카드와 열매를 맞추며 나무 종류와 특징을 알게 된다.

놀이 효과 집중력, 인지 능력, 감각 능력(시각)

계절 가을, 겨울

대상 취학반

인원 1-5명

준비물 다양한 종류의 나무 사진과 열매, 두꺼운 도화지, 풀, 가위

놀이 방법

1. 30cm x 50cm 이상의 상자를 10-15cm 정도로 나누어 칸을 만든다.

2. 칸은 나무 열매를 담아 보관할 수 있을 정도의 크기로 만든다.

3. 각 칸에 여러 가지 나무 사진을 붙인다.

4. 아이들이 잘 읽을 수 있도록 카드에 나무 이름을 쓸 때에는 바른 글씨로 큼직하게 쓴다.

5. 바닥에 있는 나무 사진을 보며 알맞은 카드와 열매를 칸마다 담는다.

주의사항

상자를 마련하는 것부터 나무 사진을 준비하는 것까지 아이들과 함께한다.
자율적인 참가를 원칙으로 한다.

응용

5cm x 10cm 크기의 두툼한 종이에 5-6개 종류의 열매 사진을 가로로 길
게 부쳐 카드를 만든다. 카드의 사진이나 그림을 보고 순서에 따라 열매를
나열한다.

아이들과 함께 주변에 있는 통나무를 이용해 리듬 놀이를 한다. 한 통나무에 2-3명씩 짝을 이루어 3-4 그룹이 함께 놀이를 한다. 노래를 부르면서 리듬에 맞춰 통나무를 두드릴 수도 있고, 교사가 하는 리듬을 아이들이 따라서 두드리며 놀 수도 있다. 아이들이 번갈아 가며 자신이 두드리고 싶은 대로 리듬을 만들고 모두 따라서 하는 방법도 있다.

놀이 효과 공동체성, 사회성, 예술성, 감성, 영성, 집중력, 인지 능력, 감각 능력(청각), 운동 능력(소근육)

계절 봄, 여름, 가을, 겨울

대상 영아반, 유아반, 취학반

인원 5-10명

준비물 2-3명이 함께 앉아서 놀이를 할 수 있는 크기의 통나무, 직경 2-3cm x 길이 30cm 정도의 나뭇가지

놀이 방법

1. 교사와 아이들은 각자의 손에 맞는 30cm정도 길이의 나무 막대기 두 개를 찾는다.

2. 2-3명의 아이들이 짝을 지어 리듬놀이를 할 수 있는 통나무를 구해 마주 보거나 원을 그리고 앉는다.

3. 노래를 부르며 리듬에 맞추어 통나무를 두드린다.

4. 노래를 부르지 않고 교사가 두드린 리듬을 잘 듣고 그대로 따라 하는 놀
   이도 가능하다.

응용

모양과 크기가 각기 다른 넓적한 돌과 나뭇가지로 실로폰 모양을 만들어 리
듬놀이를 한다.

교사는 한 손으로 줄을 잡고 반대편 쪽에서는 아이들이 함께 줄을 잡아당기며 힘겨루기를 한다. 처음에는 3-4명의 아이들이 잡아당기다가 점차 인원을 늘려가면서 교사와 줄다리기를 한다. 교사와 힘을 겨루면서 아이들은 자연스럽게 협동심을 갖게 된다.

놀이 효과 공동체성, 운동 능력(대근육, 소근육)

계절 봄, 여름, 가을, 겨울

대상 영아반, 유아반, 취학반

인원 10-20명

준비물 7-10m 길이 밧줄

놀이 방법

1. 밧줄 한쪽 끝을 둥근 고리 모양으로 만든다.

2. 교사는 한 손으로 밧줄을 잡아당긴다.

3. 처음에는 2-3명의 아이들이 반대쪽에서 줄을 잡아당기기 시작한다.

4. 점차 많은 아이가 참가하면서 교사의 힘을 넘어서려고 애를 쓴다.

응용

외줄을 나무에 걸고 밧줄 양쪽 끝을 각각 한 명씩이나, 2~3명의 아이들이 잡
아당기며 힘겨루기를 한다.

커다란 단색 헝겊을 깔고 그 위에 한 아이가 누우면, 다른 친구들은 누워 있는 친구의 모습을 따라 돌멩이를 놓는다. 누워 있던 친구가 일어나면 돌멩이로 된 친구 모습이 나타난다. 친구의 모습을 흙과 나뭇잎, 나뭇가지 등을 이용해 꾸민다.

놀이 효과 창의성, 공동체성, 예술성, 인지 능력, 감각 능력(시각), 의사소통 능력, 운동 능력(소근육)

계절 봄, 여름, 가을, 겨울

대상 영아반, 유아반, 취학반

인원 1-5명

준비물 2m x 3m 단색 천, 돌멩이, 나뭇가지, 나뭇잎, 꽃잎

놀이 방법

1. 단색 천 위, 혹은 흙바닥에 한 아이를 눕게 한다.

2. 다른 아이들은 누워 있는 친구의 형태를 따라 돌멩이를 놓는다.

3. 2번이 마무리 되면 누웠던 아이는 돌멩이가 흐트러지지 않게 일어난다.

4. 친구의 형상을 흙이나 나뭇잎, 나뭇가지 등으로 꾸민다.

5. 흙바닥을 이용해서 친구 모습을 만들 때에는 나뭇잎과 꽃잎을 이용하면 눈에 잘 띈다.

응용

화선지 위에 한 아이가 드러눕고 한 아이는 크레용으로 윤곽을 그린다. 완
성된 친구 형상에 색칠하거나 나뭇잎, 꽃잎으로 꾸민다.

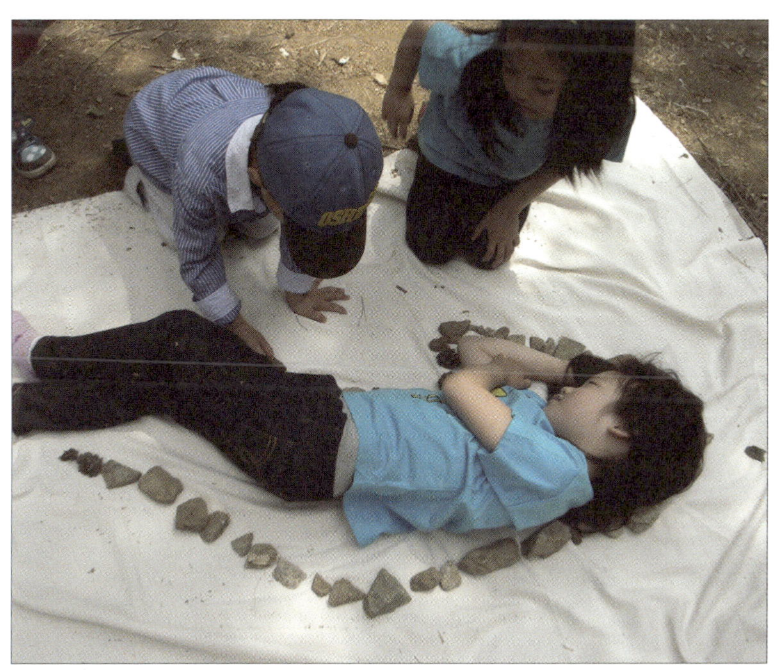

열 가지 종류 이상의 나뭇잎을 한 쌍씩 준비해 커다란 천 위에 흩어놓고 모두 종이(플라스틱)컵으로 덮는다. 한 번에 두 개의 컵을 열어 같은 종류의 나뭇잎을 찾는다.

놀이 효과 집중력, 인지 능력, 감각 능력(시각), 성취감

계절 봄, 여름

대상 영아반, 유아반, 취학반

인원 1-5명

준비물 열 가지 종류 이상의 나뭇잎 각 한 쌍, 1.5m x 1.5m 정사각형 단색 천, 종이(플라스틱) 컵.

놀이 방법

1. 1.5m x 1.5m 정사각형의 단색 천을 바닥에 간다.

2. 나뭇잎 한 쌍을 흩어 놓고 각각 종이컵으로 덮는다.

3. 순서를 정한 뒤 한번에 두 개의 컵을 열어 같은 종류의 나뭇잎 한 쌍을 찾는다.

응용

도토리, 밤, 작은 솔방울 같은 열매를 함께 사용해서 기억력 놀이를 한다.

두 명의 교사가 나무막대기의 양쪽 끝을 잡는다. 나무막대의 가운데 아이가 매달리면 10-15m 거리를 옮겨 가는 놀이다. 한 명씩 또는 팀을 둘로 나누어 할 수 있다. 지구력과 성취감 등을 느끼게 하는 놀이로 여름과 가을 축제 때 부모님과 함께하기에 적합하다.

놀이 효과 공동체성, 운동 능력(대근육, 소근육), 성취감

계절 봄, 여름, 가을, 겨울

대상 영아반, 유아반, 취학반

인원 1-20명

준비물 지름 5cm x 길이 2m 정도의 단단한 나무막대

놀이 방법

1. 출발지점과 도착지점의 선을 긋는다(나이가 낮은 아이일수록 이동거리를 짧게 한다).
2. 두 명의 어른이 통나무를 들고 한 아이가 매달린다.
3. 도착지점에 이를 때까지 매달려 있어야 한다.
4. 참가 인원이 많을 경우에는 두 팀으로 나눈다.

응용

1-2세 영아반 아이들은 의자를 이용한 놀이로 변형할 수 있다.

꽃의 요정으로 변신하고 싶은 친구를 정한다. 요정을 만들 때 필요한 꽃과 풀잎을 준비한다. 요정으로 꾸며진 친구들은 거울을 본 뒤 느낌을 말한다. 그리고 아이들은 각자 느낀 요정에 대해 발표하는 시간을 가진다.

놀이 효과 창의성, 공동체성, 사회성, 예술성, 감성, 영성, 집중력, 인지 능력, 감각 능력(시각), 의사소통 능력, 판타지

계절 봄, 여름

대상 유아반, 취학반

인원 1-5명

준비물 마사지 크림, 여러 가지 풀잎과 꽃, 거울

놀이 방법

1. 아이들에게 꽃의 요정에 대한 동화책을 읽어 준 뒤 꽃의 요정이 되고 싶은 친구를 정한다.

2. 모두 조용히 눈을 감고 꽃의 요정이 되는 상상을 해본다. 요정으로 변신할 친구의 얼굴에 크림을 바르고 준비한 풀잎과 꽃잎으로 장식한다.

3. 2번이 끝나면 꽃의 요정으로 변신한 친구의 얼굴을 거울에 비춰준다.

4. 그런 다음 다시 한 번 눈을 감고 요정의 세계에 몰입하는 시간을 가진다.

5. 4번이 끝나면 각자가 상상한 요정의 세계에 대해 이야기를 나눈다.

응용

젖은 꽃잎과 나뭇잎을 이용하면 얼굴에 크림을 바르지 않아도 된다. 얼굴
외에도 손등이나 손톱 등에 꽃잎을 붙이며 놀 수 있다.

가만히 드러누워 나뭇가지와 잎이 바람에 흔들리는 모습을 바라본다. 동적 활동에 익숙한 아이들은 이러한 정적 활동을 통해 자연의 또 다른 기운을 느끼게 된다. 하늘과 땅, 코끝을 스쳐가는 바람결, 새 소리, 곤충들의 울음 등 아이들은 수많은 존재들과 함께 있음을 느끼게 된다.

놀이 효과 감성, 영성, 감각 능력(청각, 후각, 촉각)

계절 봄, 여름, 가을

대상 영아반, 유아반, 취학반

인원 1–20명

준비물 낙엽이 쌓여 있는 평평한 장소

놀이 방법

1. 바람 부는 날 아이들을 마음껏 뛰어놀게 한 뒤, 등을 땅바닥에 대고 눕게 한다.

2. 조용한 가운데 5-10분 정도 바람에 흔들리는 나뭇가지와 잎을 바라보면서 자신을 둘러싸고 있는 것들을 느끼게 한다.

3. 마지막으로 1분 정도 아이들에게 눈을 감으라고 한 다음 차분히 대지를 느끼고 피부에 스쳐가는 바람결, 새소리 등을 느끼게 한다.

4. 서서히 눈을 뜨고 차분한 상태에서 일어나게 한다.

응용

아이들이 직접 새가 되어 날아보거나 바람결에 흩날리는 나뭇잎이 되어 이
리저리 움직이게 한 다음 땅바닥에 살며시 눕게 한다. 10~15분 간격으로
두세 차례 반복해도 좋다.

넓은 장소에서 큰 보자기를 펼치고 앉는다. 교사는 아이들과 함께 보자기를 들어 올리고 나서 먼저 보자기 속으로 뛰어들어갈 친구와 나중에 뛰어들어갈 친구를 정한다. 그런 다음 나중에 보자기 속으로 들어가는 친구들에게 신호를 보낼 당번을 정한다. 공기와 바람의 역학적 관계 등을 몸으로 느끼고 배우며 서로 배려할 줄 아는 마음을 기른다.

놀이 효과 공동체성, 인지 능력, 운동 능력(대근육, 소근육)

계절 봄, 여름, 가을

대상 유아반, 취학반

인원 10-20명

준비물 폭이 4m쯤 되는 팔각형 보자기

놀이 방법

1. 교사는 보자기를 펼쳐 놓고 아이들과 함께 가장자리에 둘러앉는다.

2. 보자기가 위로 들어 올려져 낙하산 모양이 되면 안으로 먼저 뛰어들어가는 친구들과 신호를 줄 때까지 붙잡고 있어야 하는 친구들을 정한다.

3. 신호 당번인 아이가 "모두 안으로" 라고 하는 구호를 외치면 나머지 친구들도 낙하산 속으로 뛰어들어가고 보자기가 모두를 덮으면서 놀이가 끝난다.

응용

비닐봉지에 낙엽을 담아 보자기 위에 올려놓고 높이 띄우는 놀이를 한다.

넓고 큰 나무토막을 이용해서 나무 시계를 만든다. 나무토막 가장자리에 시간을 가리키는 숫자를 표시하고 초침과 분침을 대신해 털실과 나뭇잎, 크레용을 이용하여 나무 시계판을 그린다.

놀이 효과 공동체성, 인지 능력, 운동 능력(대근육, 소근육)

계절 봄, 여름, 가을

대상 유아반, 취학반

인원 1-5명

준비물 2-5cm 두께의 나무판, 크레용, 털실, 풀, 사포, 매직펜

놀이 방법

1. 2-5cm 두께의 나무판을 구해 사포로 문질러 매끄럽게 한다.

2. 나무판 가장자리에 매직펜으로 시간을 가리키는 표시를 한다.

3. 초침과 분침을 대신해서 털실과 나뭇잎, 크레용 등을 이용해서 나무시계를 만든다.

응용

구멍 뚫는 기계를 이용해 얇은 나무판에 크기가 다양한 구멍을 내서 곤충의 집을 만든다. 정원이나 베란다에 놓고 어떤 곤충들이 찾아오는지 살펴본다.

단색으로 된 비닐 깔개 위에 꽃잎을 바구니에 담고, 여러 가지 풀과 장식용 끈 등을 올려놓는다. 직사각형의 하얀 카드에 장식하고 싶은 크기만큼 풀칠을 한 후 꽃과 풀잎, 리본 등을 이용해 예쁘게 꾸민다. 마지막 단계로 고운 모래가 담긴 상자에 카드를 올려놓고 살며시 모래를 끼얹어 주면 풀이 묻어 있는 카드 부위를 메우게 된다.

놀이 효과 창의성, 공동체성, 사회성, 예술성, 감성, 영성, 집중력, 인지 능력, 감각 능력(시각, 후각, 촉각)

계절 봄, 여름, 가을

대상 영아반, 유아반, 취학반

인원 1~20명

준비물 2m x 3m 단색 비닐 깔개, 고운 모래가 든 상자, 10cm x 15cm 하얀색 카드, 바구니, 풀, 가위, 다양한 색상과 크기의 꽃잎, 풀잎, 장식용 끈

놀이 방법

1. 단색 비닐 깔개 위에 다양한 꽃잎과 풀잎, 장식용 리본, 가위 풀 등을 올려놓는다.

2. 하얀 카드의 앞면에 풀칠을 하고 꽃잎과 풀잎 등을 자유롭게 부친다.

3. 2번이 완성되면 고운 모래가 담긴 상자 위에 카드를 올려놓고 모래를 살며시 끼얹어 준다.

4. 살며시 들어 올리면서 모래를 털어 낸 뒤 마를 때까지 기다린다.

Blumenbilder
Bitte spenden Sie
0,50 €
für den Verein
„Blühende
…schaften e. V."

매끄럽게 다듬은 나무판 위에 물감으로 색칠한 손도장을 찍는다. 아이들이 스스로 자신이 원하는 색상을 자유롭게 고를 수 있도록 하고, 각자의 손도장 그림 아래 이름을 써 준다. 손 모양이 새겨진 나무판을 낮게 매달아 놓으면 아이들은 자기 이름이 새겨진 손 그림 위에 혹은 친구들의 손 그림에 가끔 손을 대고 맞추어 본다.

놀이 효과 창의성, 공동체성, 예술성, 인지 능력, 감각 능력(시각), 운동 능력(소근육), 성취감, 판타지

계절 봄, 여름, 가을, 겨울

대상 영아반, 유아반, 취학반

인원 10-20명

준비물 다양한 색상의 물감, 붓, 25cm x 2m크기의 나무판

놀이 방법

1. 폭 25cm 길이 3m 크기의 나무판을 구해 한쪽 면을 반듯하게 다듬는다.
2. 반듯한 면을 사포로 문질러 매끈하게 한다.
3. 아이들이 다양한 색상의 물감을 손바닥에 바른 다음 나무판에 손도장을 찍는다.
4. 손도장이 마르면 그 아래에 이름을 써준다
5. 아이들 눈높이에 맞추어 나무판을 매단다.

사실을 찾아가는 길

지리산 실상사 회주인 도법 스님은 마하트마 간디를 일러 "사실만을 이야기하고 행동한 위대한 스승"이라 말한다. 그러면서 '사실'은 늘 단순 명백하다는 것을 실례를 들어 일러 주었다.

도시생활을 버리고 시골로 돌아온 간디는 지역 주민처럼 입고, 먹으며 진실된 생활을 찾아 간다. 많은 유명인사들이 그를 찾아 왔고 지역 주민들은 그가 유명하다는 것을 금새 알아 차렸다. 한 아주머니가 아이를 데리고 와 설탕을 많이 먹는 버릇을 고쳐 달라고 부탁한다. 잠깐 고민하던 간디는 2주 뒤에 아이를 다시 데리고 오라 한다. 2주 뒤, 간디는 그 아이에게 단 한 마디를 해 준다.

"애야! 설탕을 많이 먹으면 몸에 좋지 않단다!"

거짓말처럼 아이는 설탕을 많이 먹지 않았고 몸이 좋아졌다.

아주머니가 이해할 수 없다는 듯 물었다.

"그렇게 간단한 얘기라면 처음부터 말하지, 왜 2주 뒤에나 말하셨나요?"

간디가 대답했다.

"그때에는 나도 설탕을 좋아했고, 설탕을 많이 먹으면 몸에 안 좋다는 것을 몰랐지요. 지난 2주 동안 설탕 섭취량을 줄였더니 몸이 훨씬 좋아지는 것을 알 수 있었습니다."

이 일화를 통해, 사실만을 얘기하고 행동하려 한 간디의 철두철미한 생활철학과 실제 경험한 사실은 상대방이 쉽게 공감한다는 것을 알 수 있다.

　최근 교육에 대한 열의와 생활환경의 변화는 아이들이 놀아야 할 때 놀지 못하는 게 당연한 것으로 여겨지는 추세다. 마치 이 굴레에 합류하지 못하면 도태될 것 같은 거대한 흐름이 있다. 이와 관련해 여러 나라의 유아교육과정을 비교해 보면 공통점이 있다. 아이들에게 부여하는 다양한 요구들이 아이들을 행복하게 해주려는 어른들의 부단한 노력의 결집체로 여겨지는 것이다. 이렇게 당장 필요한 고기를 제공하는 교육 방법이 대세인 것처럼 보이지만 '교육 선진국'이라고 불리는 나라들의 교육과정을 분석해 보면 분명한 차이가 있다. 고기 잡는 법을 가르치기 위해서 30-40년 뒤 아이들이 잡아야 할 고기가 무엇인지를 예견하는 부분에 집중하고 있다. 생명공학 분야, 환경공학 분야, 정보통신 분야, 초정밀 분야, 우주항공 분야, 문화 컨텐츠 분야 등과 같은 고기 잡는 방법이 과연 아이들을 행복하게 할 수 있는가? 하는 물음의 해답을 교육과정에 포함시키려는 시도를 하고 있다. 심지어는 미래산업 기술 분야를 선정하는 그 자체가 당장 먹을 수 있는 고기를 주는 것보다 못하다고 치부하는 경향도 보인다.

　미래교육과정을 수립하기 위해 우리 아이들이 사회에 발을 들여 놓는 시점과 그 이후의 사회 변화상을 예측하는 게 변화속도가 가속되는 21세기에는 불가능 하다는 판단이 옳을 것이다. 그렇다면 과연 미래세대인 우리 아이들을 위한 교육과정을 수립하는 기준을 어떻게 정해야 하는지 난관에 봉착하게 된다. 기성 교육자들의 솔직한 자기고백은, 아이들로 하여금 미래 환경에서 주체적이고 자발적으로 행복을 찾을 수 있는 능력을 가르쳐 주어야 한다는 단순 명백한 결론에 다다른다. 우리 아이들이 추구할 행복의 준거를 예측하지 못함을 인정하는 사실적 결론이다.

　"이제 그 길(숲유치원) 밖에 없는 거 아녀?"라고 말하시는 도법 스님의 말씀처럼 홍익인간에서 미래산업 일꾼으로 교육이념이 바뀐듯 한 현 교육 상황에서 숲유치원은 아이들이 잡아야 할 고기가 무엇인지를 제시해 주는 최종적인 답으로여겨진다. 숲유치원 아이들이 사계절 숲 활동을 하면서 자연의 순리가 무엇인지 인지하고 온갖 어려움을 이겨내며 지혜를 터득하는 힘을 기름으로서, 어른들의 미래 삶에 대한 예견 능력을 뛰어 넘어 스스로 고기 잡는 방법을 고안해 내는 능력을 정직하게 배우는 게 숲유치원 교육의 궁극적인 이념일 것이다. 숲유치원이 새로운 길이라고 하는 것은 아이들이 주체적이고 자발적으로 자신의 행복을 찾아낼 수 있는 기본적인 역량을 배양할 수 있기 때문이다.

서울에서 지리산으로 이사를 했다. 큰아이는 대안학교에 입학하고, 작은아이는 시골 초등학교로 옮겼다. 남편은 교수직을 버리고 내려갔다. 우리 식구들의 과감한 결정에 대해 양쪽집안 어르신들과 가족, 친구들의 염려가 대단했다. 요즘과는 달리 대안교육에 대한 이해가 부족한 상태여서 무엇보다 부모님의 걱정이 크셨다.

눈물이 많던 큰아이, 아토피가 심해 학교도 못 가던 작은아이! 유엔 사무총장이 되어 세계평화를 이루려면 국제변호사가 되어야 한다는 법학도인 큰아이와 기필코 아토피 치료제를 만들겠다며 한약대에 다니고 있는 작은아이의 유치원 시절 꿈을 지금까지 이어가게 해준 것은 대안교육의 힘이라고 생각한다.

숲유치원!

우리 아이들 정신과 육체를 강건히 하고, 우리 사회를 건실하게 하며,우리 시대의 성찰문화를 되살릴 수 있는, 우리 어른들이 믿음을 가지고 꿋꿋이 걸어가야 할 길이다.

참고자료

국내문헌

불교사회복지연구 자료집 제5호(2008)

산림청 숲유치원 포럼 자료집(2008)

숲속유치원 프로그램 개발 및 효율적운영방안연구(산림청 2008)

송파구 숲유치원 포럼 자료집(2009)

숲과 문화 5, 6월(2009)

제1회 숲유치원 국제 세미나 자료집(2009)

제1회 숲유치원 국내 세미나 자료집(2009)

제2회 숲유치원 국제 세미나 자료집(2010)

국외논문

Alexandra Ludwig(2003). Lernort Wald als pädagogische Herausforderung für Kindergarten- und Grundschulkinder: Pädagogische Grundlagen, Skizzierung von praktischen Aktivitäten, Begründung erlebnispädagogischer Möglichkeiten und Ausblick. Universität Lüneburg.

Anja Halder(2002). Der Strandkindergarten - Möglichkeiten und Grenzen vor dem Hintergrund veränderter Lebensbedingungen von Kindern und Familien. Fachhochschule Kiel

Brown, P.-S, Sutterby, J.A., Therell, J.A, Thornton, C.D(2000). The Value and Contribution of Free play to Children´s Development. Austin: Children´s Institute for Learning and Development

Darling, John(1984). A Noill on Knowledge and Learning in Britisch Jornal of Educational Studies, V.32, N.2

Ernst U.K(2008). Forstpolitik und Waldpädagogik. Europäischer Waldpädagogik -Kongres aus Anlass von 15 Jahre Waldentdeckungszentrum Burfelt Lutzhausen.

Gorges, R(1999). Vernachlässigkeit der Waldkindergarten die Schulfähigkeit? In KiTa-aktuell Ausgabe Baden-Würtemberg Heft 5

Gorges, R(2000a). Waldkindergartenkinder im ersten Schuljahr- eine empirische Untersuchung. Hohenstein: Elgenverlag

Gorges, R(2000b). Der Waldkindergarten - ein aktuelles Konzept kompensatorischer Erziehung. Unsere Jugend, 6

Gugerli-Dolder, B(2003). Waldtag, Waldwochen, Waldkindergarten. In Gugerli-Dolder, B., Hüttenmoser, M.& Lindermann-Matthies, P.(Hrsg): Was Kinder beweglich macht, Wahrnehmungs- und Bewegungsförderung im Kindergarten. Pädagogische Hochschule Zürich

Hopkins, Richard(1976). Freedom and education: the Philosophy of Summerhill in Educational Theory, V.26, N.2

Janina Kuhlmann(2004). Begreifen im Wald - Ausführungen zum aktuellen Stand der Waldkindergartenpädagogik in Deutschland. Hochschule Merseburg

Meike Rank(2005). Der Waldkindergarten - Stärken und Schwächen eines neuen Konzeptes der Vorschulpädagogik aus Sicht der Mitarbeiterinnen von Waldkindergärten - Eine

Untersuchung im Rems-Murr-Kreis. Diplomarbeit Universität Stuttgart

Moore, R.C & Wong, H.H(1997). Natual Learning. Creativing enviroments for rediscovering natur's way of teaching. Berkley. Califonia Communications

Peter Häfner(2002). Natur und Waldkindergärten in Deutschland - eine Alternative zum Regelkindergarten in der Vorschulische Erziehung-. Inauguraldissertation Universität Heidelberg

Peter Häfner(2003a). Wie Schulfühig macht der Waldkindergrten? Kindergarten Heute 4

Richard Seeger(2003). Erlebnisorientiertes Lernen in Schule und Erwachsenenbildung mit besonderer Berücksichtigung der Waldpädagogik. Berufspädagogische Akademie des Bundes in Wien

Sandra Wingen(2002). Waldkindergärten als ökologische Bildungschance. Examensarbeit. Universität zu Köln

Sarah Kiener(2003). Kindergärten in der Natur - Kindergärten in die Natur? Fördert das Spielen in der Natur die Entwicklung der Motorik und kreativität von Kindergartenkinder? Institut für Psychologie. Linzenziatarbeit von Sarah Kiener. Universität Fribourg

Sonja Oswald(2004). Der Waldkindergarten- eine neue Alternative und Perspektive in der Vorschulpädagogik Diplomarbeit in Frankfurt

Stefnie Schellpeper(2005). Wald wird's erst mit vielen Bäumen. Chancen und Grenzen integrativer Förderung autistischer Kinder im Waldkindergarten.

Diplomarbeit Universität Stuttgart

Tschanutt, M(2000). Kinder brauchen Bewegungsfreiheit. Auswirkungen und mangelen Freiräumen auf der kindliche Entwicklung. In Jedelsky, B(Hrsg): Mehr platz! Bericht MA 18 Wien: Beiträge zur Stadtforschung, Stadtentwicklung und Stadtplanug.

Ursula Friedrich(1991). Ein Kindergarten ohne Tür und Wände, in Spielen und Lernen H.4

국외도서

Andreas Güthler(2005). Naturwerkstatt Landart. AT Verlag Baden und München

Andreas Erkert(2007). Raus in den Wald. Verlag Herder

Antje Neumann, Burkhard Neumann(1999). Waldführungen. Verlag ökotopia

Antonio Damassio(1994). Descaries Error pp.38-45.

Bach, H., Kiener, B.(2003). Die Zukunft der Erlebnispädagogik - Einer neuer Ansatzpunkt. erleben & lernen 1, S. 25.

Bomrotti, Sally(1996). Why do Parents choose Alternative Schools? in Educational Ledership

Börsch, A.(1998). Der Waldkindergarten aus der Sicht einer Erzieherin.

In: Arbeitsgmeinschaft Natur-und Umweltbildung S. 26-27

Bandura, A.(1977). Social learning theory. Englewood Cliffs : Prentice - Hall.

Donald, W., mayr, W. Umbach, K(2005). Berge voller Abenteuerer. Mit Kindern unterwegs. Ernst Reinhart, München-Zürich

Eberhard Bolay & Berthold Reichle (2007) Waldpädagogik. Schneider Verlag

Fitzke, D.(1998). Spielzeug zerbricht-Erlebnisse sind unsterblich.

In: Arbeitsgmeinschaft Natur-und Umweltbildung S. 90-94

Fiona Danks & Jo Schofield(2008) Spielplatz Natur. AT Verlag

Gaschler, P.(1999). Motorik vom Kindern und Jugendlichen heute.

In: Zeitschrift Haltung und Bewegung S. 3-9

Gebhard, U.(1994). Kind und Natur. Opladeen

Gorges(1999). Waldkindergartenkinder im ersten Schuljahr.

Gregg Jacobbs(2003). The Ancestral mind, pp.22-132.

Hajo Bach, Tobias Bach(2008). Erlebnispädagogik in Wald. E.R Verlag Mächen

Häfner, P.(2002). Natur-und Waldkindergärten in Deutschland-eine Alternative zum Regelkindergarten in der vorschulischen Erziehung, Dissertation an der Universität Heidelberg.

Höh, R.(1998). Outdoor Praxis. fuldaer Veranstalt, Fulda

Hufenus, H.-P.(2001). Handbuch für Outdoorguides. Ziel, Augsburg

Ingrid Miklitz(2001). Der Waldkindergarten. Verlag Cornelsen

Julian Jaynes(1976). The Origins of Consciousness pp.55-79.

Joseph Cornell(2003). Sharing Nature with children, V.1 Dawn Publication

Juliet Robertson, Penny Martin, Lynnette Borradaile, and Steven Alker(2009).Forest Kindergarten Feasibility Study. Glasgow and the Clyde Valley. Forest Commision Sotland

Karin Blessing(Hrsg.)&Silvia Langer & Traude Fladt(2008). Natur entdecken mit Kindern. Eugen Ulmer KG

Kathrin Saudhof & Birgitta Stumpf(1998). Mit Kindern in den Wald. Verlag ökotopia

Kirsten Bickel(2001). Der Waldkindergarten. Verlag Nordenmedia

Kölsch Wagner(2004). Erlebnispädagogik in der Natur. Verlag Reinhart

Köllner, S. und Leinert, C.(2005). Waldkindergärten. Verlag RIWA

Manfred Spitzer(2006). Lernen-Gehirnforschung und die Schule des lebens-Spektrum Verlag

Margrit Berthold & Jörg W. Ziegenspeck(2002). Der Wald als Erlebnispädagogischer Lernort für Kinder. Verlag Lüneburg

Miklitz, I.(2003). Der Waldkindergarten. Dimensionen eines pädagogischen Ansatzes, Neuwied, Berlin: Luchterhand

Michael-Hagedorn R. und Freiesleben K.(2003). Kinder unterm Blätterdach. Borgmann publishing GmbH

Naumann, S.(1998). Natürlich von Klein auf. Buchverlag Ravenburg

Niklas, E.J.(1997). Die kunst des Lebens in der Natur. Verlag Berghoff and friends, Belzig

Robert Woolfo & Paul Lehrer(1984). Principles and Paratice of Stress Management

Saudhof,K & Stumpf,B(1998). Mit Kindern in den Wald ökotopia Verlag

Schede, H-G(2000). Der Waldkindergarten auf einen Blick. Verlag Kösel

Veronika Straa β (2008). Mit Kinder die Naturentdecken. BLV Buchverlag GmbH

Zimmer, R.(1995). Leben braucht Bewegung-Förderung der ganzheitlichen Entwicklung durch Bewegung. Zeitschrift Haltung und Bewegung

해외 숲유치원 관련 웹정보

http://www.bundesverband-waldkinder.de

http://www.waldstrolche.de

http://www.naturkindergarten-rheinbach.de

http://cdl.niedersachsen.de

http://www.wald-online-bw.de

http://waldkindergarten.pyoworks.com

http://www.sdw.de

http://www.hws-albstadt.bl.schule-bw.de

http://www.neuffen.de

http://home.arcor.de

국내 숲유치원 및 숲 활동 현황

설립 유형	설립 주체	관리주체	장소	기타
국공립	산림청	홍천국유림관리소	삼마치 체험의 숲	삼마치 숲유치원 cafe.daum.net/sammachforest
		수원국유림관리소	하광교체험의 숲	장안 숲유치원
		인제국유림관리소	원대 산림레포츠의 숲	뫼동무 숲유치원 cafe.daum.net/inje-soop
		양구국유림관리소	팔랑체험의숲	팔랑 숲유치원 cafe.daum.net/nc19
			푸르미수목원	푸르미 숲유치원 cafe.daum.net/nc19
		춘천국유림관리소	백양 체험의숲	검봉 숲유치원 cafe.naver.com/igaemcafe.
			강촌체험의숲	숲속 다람쥐학교 cafe.daum.net/withsup
		홍천국유림관리소	어론 체험의 숲	어론 숲유치원
		서울국유림관리소	정릉체험의숲	북악산 숲유치원 cafe.naver.com/foresters
		서울국유림관리소	상계체험의 숲	수락산 숲유치원 cafe.naver.com/foresters
		서울국유림관리소	청학체험의 숲	청량산 숲유치원 cafe.daum.net/insansamo
		지방청	매지테마임도	매지숲유치원
			숲체원	숲체원 숲유치원
		양산국유림관리소	해운대 장산대청공원	양산 숲유치원
	서울 송파	파인 8단지 어린이집	시유림(오금공원)	매일반 운영(2, 3, 4세)
		가락 본동 어린이집	시유림(오금공원)	매일반 운영(5, 6, 7세)
	전라남도	산림자원연구소	나주산포산제리	산자연 숲속유치원
		완도수목원	완도군외대문리	새싹들의 난대림 숲속유치원
		장흥	유치자연휴양림	유치 숲속유치원
		보성	제암산 자연휴양림	제암산 숲속유치원
		고흥	팔영산 자연휴양림	팔영산 숲속유치원
		광양	백운산 자연휴양림	백운산 숲속유치원
		해남	가학산 자연휴양림	가학산 숲속유치원
		화순	한천 자연휴양림	한천 숲속유치원
		강진	주작산자연휴양림	주작산 숲속유치원
사립	법인/단체	생태유아공동체	국유림/시유림/사유림	전국 생태유아공동체 활동 www.ecokid.or.kr
		숲과 문화학교 cafe.daum.net/forestculture	국유림/시유림/사유림	계절별/방학 숲유치원 프로그램 및 숲유치원 캠프
		숲연구소 ecoedu.net	국유림/시유림/고궁	정기 숲생태 탐방 찾아가는 숲 체험교육 숲생태아카데미
		숲놀이학교 cafe.naver.com/forestplayschool	사유림(개인농원)	매일반 운영(4, 5, 6, 7세)

설립 유형	설립 주체	관리주체	장소	기타
사립	법인/단체	숲유아교육연구소 waldedu.co.kr	국유림	매일반 운영(4, 5, 6세)
		생태교육연대 어울림 cafe.daum.net/eoulforest	국유림/시유림	방과 후 숲유치원 토요일 숲유치원 (5, 6, 7세) 숲유치원교사 연수과정 운영 찾아가는 숲유치원 운영
		숲생태 지도자 협회 forestleader.or.kr	시유림(공원)	정기: 숲속 나들이 단기: 숲자람팀(초등 1,2,3세) 숲속 여행, 숲속나들이 (유치원 5, 6, 7세)
		유명산 숲학교 forestcampus.co.kr	국유림	유치원프로그램 (숲체험 생태교육/엄마 아빠 함께 하는 숲놀이/어머니 숲체 험 연수) 1일 현장 체험학습 수련회 프로그램 숲속 생태놀이 과정
		풀꽃나라 cafe.daum.net/wildflowerland	국유림/사유림	체험형 숲유치원 반딧불이 축제
	개인	아이다움 킨더가르텐 cafe.naver.com/idaum	시유림/사유림	매일반 운영(5, 6, 7세) 6개 그룹 운영 (1그룹 16명) 초등생을 위한 숲학교 주간 체 험교육 운영 엄마와 함께 자연놀이(3, 4세)
		햇살자연학교 cafe.daum.net/ecoaikingdom	국유림/사유림	부모님과 함께 하는 숲유치원 (매주 목, 토) 초등학생 대상(매주 일)
		우리들의 숲학교 blog.naver.com/forestschool	사유림(남한산성 내內)	성품학교, 생태놀이학교, 가족 성품학교, 가족생태놀이학교, 아웃도어 모험놀이
		어처구니 숲학교 cafe.naver.com/eocheoguni.cafe	사유림	아빠와 함께 하는 숲학교
		들풀생태마당 cafe.daum.net/emfvnf1024	국유림/ 시유림	방과 후 숲유치원 (주 21회, 월2, 4회)